CHARLES BLANC
DE L'ACADÉMIE FRANÇAISE ET DE L'ACADÉMIE DES BEAUX-ARTS

L'ARCHITECTURE

OUVRAGE ORNÉ DE 185 GRAVURES

PARIS
H. LAURENS, Éditeur
6, RUE DE TOURNON, 6

L'ARCHITECTURE

COLLECTION GRAND IN-8 ILLUSTRÉ

BROCHÉ : **4 fr.** — RELIÉ : **5 fr.**

La Seine, par LOUIS BARRON.	1 volume	avec	160	gravures.
La Loire,	—	—	135	—
La Garonne,	—	—	151	—
Le Rhône.	—	—	168	—

Ces 4 volumes forment la collection *Les Fleuves de France*, couronnée par l'Académie française.

OUVRAGES DE CHARLES BLANC

de l'Académie française et de l'Académie des Beaux-Arts.

Les Trois Vernet,	1 volume avec	31	gravures.
La Sculpture,	—	100	—
La Peinture,	—	67	—

La Peinture religieuse, par LECOY DE LA MARCHE, archiviste aux Archives nationales. 1 volume avec 71 gravures.

8061-03. — CORBEIL. Imp. ÉD. CRÉTÉ.

L'ARCHITECTURE

PAR

CHARLES BLANC
DE L'ACADÉMIE FRANÇAISE ET DE L'ACADÉMIE DES BEAUX-ARTS

OUVRAGE ORNÉ DE 185 GRAVURES

NOUVELLE ÉDITION

PARIS
LIBRAIRIE RENOUARD
HENRI LAURENS, ÉDITEUR
6, RUE DE TOURNON, 6

ARCHITECTURE

I

L'ARCHITECTURE EST L'ART DE CONSTRUIRE SELON LES PRINCIPES DU BEAU.

Dans tout véritable architecte il y a deux hommes, un artiste et un constructeur. Ces deux hommes sont réunis en un seul et ils doivent l'être, l'un pratiquant ce que l'autre a conçu, et tous les deux se concertant pour mettre l'utile à l'unisson du beau. Mais ce qui, dans l'architecture, concerne la science, doit être pour nous nettement distingué de ce qui est l'art.

Comme constructeur, l'architecte s'occupe du nécessaire et du commode ; il éprouve les matériaux, il en calcule la résistance et la pesanteur, il en détermine la coupe, et il dispose ses édifices de façon à les rendre à la fois solides et convenables, s'ils ont une destination, solides alors même qu'ils n'en ont aucune, c'est-à-dire quand ils doivent être purement symboliques. Comme artiste, l'architecte invente les combinaisons de lignes et de surfaces, de pleins et de vides, qui devront éveiller dans l'âme du spectateur des impressions d'étonnement ou de majesté, de terreur ou de plaisir, de puissance ou de grâce. Ainsi, avant que la science soit soumise en lui à toute la rigueur des mathématiques, son art, échappant aux lois de l'utile et à l'empire du nécessaire, s'élève à des conceptions que le sentiment seul devra juger, et il n'obéit encore qu'à ces grandes règles déjà tracées par le génie des autres ou que découvre son propre génie, et qui sont supérieures au calcul.

En définissant l'architecture « l'art de construire, disposer et orner les édifices », les législateurs de notre langue en ont presque fait disparaître le plus grand des arts du dessin. Dans leur définition, en effet, l'architecte n'est plus qu'un décorateur qui vient en troisième ligne apporter un ornement additionnel à l'édifice. Au lieu de proclamer l'importance de la beauté, son indépendance même, ils l'ont réduite à n'être qu'un simple accompagnement de l'utile ; ils ont désigné comme un pur accessoire de la construction ce qui en est la partie la plus subtile, la plus illustre, la plus élevée, la plus rare.

Telle n'est pas la définition de l'architecture pour ceux qui estiment à sa valeur cet art, tantôt sublime, tantôt beau, tantôt gracieux, mais toujours digne, toujours lié à la grandeur des nations et à leur gloire. « L'art de bâtir, dit M. Hittorff, peut se trouver chez les peuples les moins civilisés, tandis que l'architecture n'a pu être que le résultat de la plus haute civilisation. »

Quelques-uns, et notamment des écrivains anglais, veulent que l'architecture soit définie « le beau dans la construction, *beauty in building* » ; mais il faut prendre garde qu'une telle définition ne sépare le constructeur de l'artiste, et ne tende à propager cette idée funeste que des édifices peuvent se passer du beau, car on en viendrait bientôt à regarder la beauté comme une redondance. On serait amené peu à peu à bâtir sans *art*, et il arriverait ce qui est arrivé justement en Angleterre où la construction, abandonnée à des entrepreneurs de maçonnerie, a couvert des villes entières de bâtiments horribles. Là où le beau n'est pas proclamé essentiel, là où la science n'est pas déclarée inséparable de l'art, on s'habitue facilement au difforme, on tolère la laideur, on s'expose au monstrueux.

Il importe donc, en définissant l'architecture, de la rendre à jamais solidaire de la beauté. Si nous avons à la considérer dans cet ouvrage, non pas comme une science, mais comme un art, cette distinction entre l'artiste et le constructeur n'est pas une séparation. Nous devons les distinguer : nous n'entendons pas les désunir.

II

LA BEAUTÉ DE L'ARCHITECTURE RÉPOND A UNE IDÉE DE DEVOIR.

Dépourvu de beauté, un édifice peut être un ouvrage d'industrie : ce n'est plus une œuvre d'art. La définition même de l'architecture lui impose donc la loi d'être belle. Mais un autre sentiment le lui commande, un sentiment vague, non défini encore, et qui cependant réside au fond de la conscience universelle.

Si l'homme vivait dans le désert et qu'il eût la puissance d'élever à lui seul des bâtiments, il lui serait loisible de les concevoir bizarres, laids, grotesques même, puisqu'ils plairaient au constructeur et n'offenseraient les regards de personne ; mais dès qu'une société se forme, dès qu'elle occupe une étendue de pays limitée par des montagnes, des fleuves, ou des mers, dès qu'elle se réunit dans des cités, le droit d'ériger des constructions ne peut plus être séparé du devoir de les faire belles. Tout édifice intercepte l'air que nous respirons, la lumière qui nous réchauffe, le jour qui nous éclaire ; il couvre une portion de la surface du globe où se meut notre existence : il est donc juste qu'il nous dédommage, au moins par sa beauté, des bienfaits dont il nous prive. Qu'est-ce à dire ? On pourrait obstruer la circulation, comprimer l'air, nous dérober les rayons du soleil, et cela sans compensation ? L'on nous cacherait la vue du ciel, la grâce du paysage ou l'horizon de la mer, les beautés de la nature enfin, sans nous offrir en échange le spectacle d'une autre beauté ? Et que serait-ce donc si au droit de limiter et de bâtir l'on ajoutait encore la faculté d'affliger nos yeux par l'image de la laideur ? Le caprice d'un seul pourrait-il nous condamner, nous et nos descendants, à subir, comme un supplice de tous les jours, une difformité en pierres de taille ?... Non, les sociétés ne se formèrent pas à de pareilles conditions. Le respect qui leur est dû oblige le constructeur à devenir architecte, et lui fait du culte de la beauté un devoir.

Le philosophe américain Emerson appelle *égoïste* tout ce qui est bâti sans art, et ce mot renferme une pensée profonde qu'a développée en ces termes un artiste anglais, M. Garbett (*Rudimentary Treatise on design*) : « Le déplaisir que nous cause un bâtiment sans architecture est *vu* et *senti*, quoique la masse des spectateurs ne sache pas se rendre raison du défaut qui la choque dans la construction. Ce défaut, c'est l'égoïsme (*selfishness*). On peut rire si l'on veut, on peut me dire que c'est là un vice moral qui n'a rien à faire avec des pierres et des briques ; je maintiens, moi, que l'expression de ce vice moral ou de tout autre de la même nature a beaucoup à faire avec la beauté d'un édifice, car c'est l'esprit qui voit : l'œil se borne à lui présenter les objets ; c'est l'esprit qui les discerne. S'il en est ainsi, n'est-il pas évident que les qualités qui nous plaisent ou les défauts qui nous déplaisent dans un édifice appartiennent à l'ordre moral ? Est-il possible que le blanc et le noir, la ligne droite et la ligne courbe affectent l'esprit, si ce n'est par l'idée qu'ils représentent? Un édifice blesse les regards de tous les spectateurs lorsqu'ils sentent qu'on l'a élevé sans penser à eux, sans s'inquiéter s'il y avait des yeux au dehors comme au dedans. Cette rudesse égoïste doit être adoucie par la *politesse,* et cette politesse, nous l'appelons architecture. »

Dans les temps antiques, le soin de veiller à la dignité des bâtiments était une magistrature enviée. De même que la police de nos cités interdit sur la voie publique les dissonances trop cruelles, de même l'édile antique protégeait la vue des citoyens contre la laideur, et représentait ainsi la beauté dans la loi.

III

A LA BEAUTÉ DE L'ARCHITECTURE SONT LIÉES DEUX AUTRES QUALITÉS INDISPENSABLES, LA CONVENANCE ET LA SOLIDITÉ.

Qu'un édifice doive être conçu et disposé en vue de sa destination cela peut paraître une vérité banale, même un pur axiome, et cependant le monde est couvert de bâtiments qui ne sont pas en rapport avec leur objet, car où les fautes en architecture sont le plus fréquentes, c'est justement là où il s'agissait d'éclairer le goût par les simples lumières du bon sens.

La *convenance* est le talent d'approprier un édifice à sa destination, et de choisir pour tous les membres de cet édifice la forme qui se prête le mieux à leur fonction. Supposons, par exemple, que l'entrée d'une maison soit convexe : elle repoussera le visiteur au lieu de l'inviter. Si elle est concave, au contraire, elle appellera le spectateur qui veut entrer, puisqu'elle semblera s'ouvrir d'elle-même à son désir. Mais

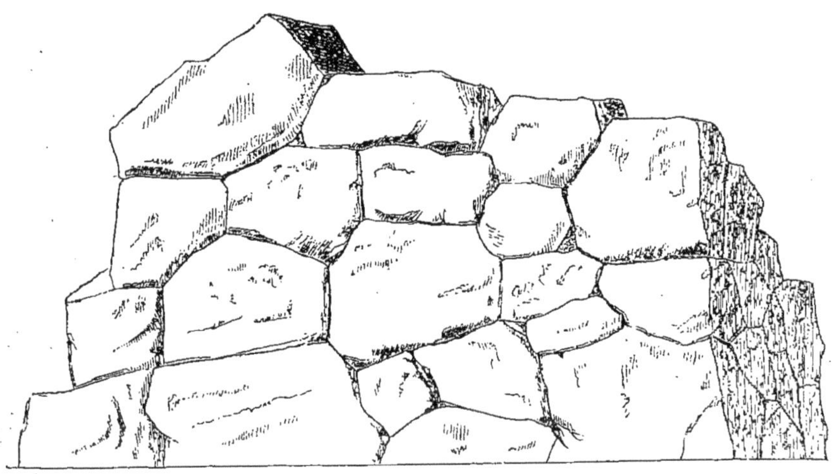

MUR CYCLOPÉEN.

supposons maintenant qu'un monument ait été commandé à l'architecte dans le but de réunir, à un moment donné, des multitudes d'hommes venus de divers points : la forme convexe de l'édifice sera très convenable, cette fois, et parfaitement appropriée, parce qu'alors l'entrée, ne se trouvant nulle part, devra se trouver partout. Voilà pourquoi les grands théâtres de l'antiquité étaient convexes. A Rome le Colisée, à Vérone l'Amphithéâtre, à Nîmes les Arènes, affectent la forme ovale, non seulement pour accuser au dehors la disposition intérieure, mais pour ménager à des masses d'hommes, accourues de tous les points de l'horizon, un accès facile, une entrée rayonnante qui ne les oblige ni à se heurter contre un angle, ni à se détourner de la ligne droite. On sentira par cet exemple comment telle configuration d'un édifice peut être, suivant la destination, conforme ou contraire à la convenance.

Quand elle est exquise, la convenance engendre toujours ce genre de beauté qui s'appelle le *caractère*, c'est-à-dire l'expression générale du monument, la première pensée qu'il fera naître dans l'esprit du spectateur. Du plus loin que vous l'apercevez, un édifice doit vous dire : Je suis un temple, un tribunal, une douane ; et s'il le dit clairement, c'est que déjà il possède une parfaite appropriation, qualité précieuse, mais qui n'est encore, pour ainsi parler, que le second degré du beau. Nous verrons, dans le cours de cet ouvrage, comment la beauté, même la plus haute, se lie bien souvent à la convenance, et en quoi elle en diffère.

Une autre qualité essentielle de l'architecture est la *solidité*. Celle-là regarde sans doute le constructeur beaucoup plus que l'artiste. Toutefois elle n'est pas sans avoir une relation, souvent intime et directe, avec la sublimité ou la beauté d'un monument. Il est telle construction des antiques Pélages ou des Pharaons qui peut éveiller en nous des pensées grandes, des sentiments d'une poésie solennelle, lorsque, par l'immensité de ses proportions et par la force évidemment inébranlable et indestructible de ses supports, elle nous annonce une durée sans bornes et nous fait songer à l'éternité, à l'infini. En parcourant la Grèce, on y rencontre çà et là des fragments de murailles énormes qui semblent avoir été construites avec des rochers qu'une race de géants aurait ajustés grossièrement et amoncelés. L'imagination populaire attribuait jadis à des cyclopes venus de la Lycie la construction de ces murs gigantesques, qui de nos jours encore ont conservé le nom de *murs cyclopéens*. Ainsi, voilà de simples pierres qui, par la seule solidité de leurs masses colossales, ramènent notre esprit aux temps fabuleux, aux temps héroïques, et s'adressent au sentiment du voyageur en lui faisant croire qu'elles n'ont pu être détachées des montagnes et superposées que par les frères des Titans.

Sous un autre aspect, la solidité de l'architecture touche à sa beauté. Un bâtiment qui ne serait pas solide ou qui le serait sans le paraître, lors même qu'on l'aurait fait admirable, ne nous laisserait pas le loisir de l'admirer, parce que la seule menace d'un péril troublerait en nous l'impression du beau. De là ce principe, sur lequel nous aurons souvent à revenir, que, dans tous les ouvrages de l'architecture, la solidité doit être non seulement réelle, mais apparente.

IV

A CES TROIS TERMES, CONVENANCE, SOLIDITÉ, BEAUTÉ, CORRESPONDENT TROIS OPÉRATIONS DE L'ARCHITECTE : LE PLAN, LA COUPE, L'ÉLÉVATION.

On entend par ces trois mots, le *plan*, la *coupe*, l'*élévation*, trois genres de dessin par lesquels l'architecte se rend compte à lui-même des divers aspects de son édifice futur, sous les trois dimensions, hauteur, largeur et profondeur.

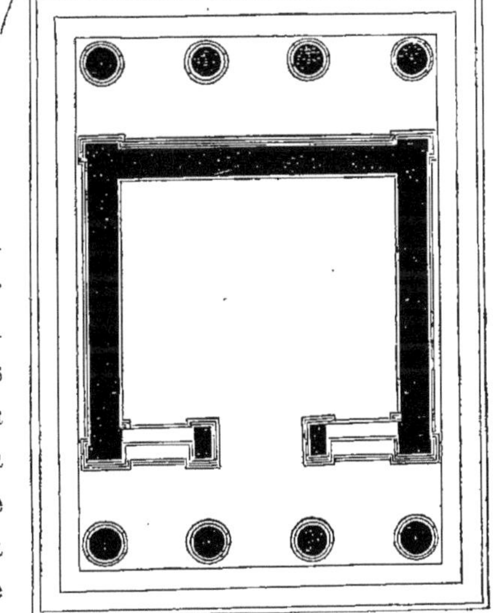

EXEMPLE DE PLAN.
(Temple de la Victoire Aptère, à Athènes.)

Le *Plan* est le tracé de toutes les lignes que présenterait l'édifice s'il était scié horizontalement au ras du sol. Il indique la distribution du bâtiment en faisant distinguer au constructeur les pleins d'avec les vides et en marquant ainsi la place que chaque partie occupera dans la construction. Que si le bâtiment a plus d'un étage, la disposition particulière de chaque étage est dessinée dans un plan particulier. Les Grecs avaient ingénieusement comparé le plan d'un édifice à l'empreinte que laisse par terre le pied d'un homme. Aussi appelaient-ils le plan *ichnographie*, du mot ἴχνος, qui signifie l'*empreinte du pied*.

La *Coupe*, qui dans les vieux livres s'appelle aussi *profil*, est le dessin qui figure l'édifice tel qu'il s'offre à notre pensée quand nous l'imaginons coupé, scié verticalement, soit dans le sens de sa façade principale, soit parallèlement à ses côtés. En d'autres termes, la coupe représente le bâtiment comme si l'architecte, pour nous en montrer l'intérieur, avait enlevé une des façades. La coupe est dite *transversale* lorsqu'on suppose l'édifice coupé suivant la ligne qui en mesure la largeur ; la coupe est dite *longitudinale* lorsqu'on suppose l'édifice coupé suivant la ligne qui en mesure la longueur.

On désigne enfin par *Élévation* le genre de dessin au moyen duquel l'architecte se représente la construction telle qu'elle s'élèvera au-dessus de la ligne de terre. Par les élévations, qu'on appelle aussi *plans relevés*, l'architecte dessine donc le frontispice et les façades latérales et postérieures ; il ne nous montre que les dehors de l'édifice, en sorte que la distribution en reste cachée. L'élévation est dite *géométrale* quand elle dessine le bâtiment de face ou de profil par des lignes verticales et horizontales, c'est-à-dire par des lignes qui se coupent à *angles droits*; voilà pourquoi les Grecs appelaient ce genre de dessin *orthographie*, du mot ὀρθός, qui signifie *droit*. Mais le mot *orthographie* demande encore une explication. Obligé de montrer au constructeur le développement tout entier de chaque surface, c'est-à-dire d'accuser les formes, non pas telles que les verra le passant, mais telles qu'elles seront en réalité, l'architecte suppose l'œil du spectateur placé à *angle droit* sur tous les points à la fois et toujours à la même distance, supposition évidemment contraire à l'action visuelle, et qui fait de l'élévation géométrale un dessin de convention.

L'élévation est dite *perspective* quand elle représente le bâtiment à la fois de face et de côté, par le moyen de lignes obliques qui le font paraître en raccourci, conformément, cette fois, à l'action visuelle. C'est ce que les Grecs appelaient *scénographie*, parce que les décorateurs de la scène lui prêtent une profondeur feinte en y peignant les objets en perspective.

De ces trois espèces de dessins, un seul se rapporte *directement* à la beauté, c'est l'élévation.

Le *plan* peut sans doute offrir un bel ensemble de lignes et pour ainsi dire le squelette de la beauté future; mais ces lignes sont

EXEMPLE DE COUPE LONGITUDINALE.

(Temple de la Victoire Aptère.)

étrangères à l'impression qu'éprouvera le plus grand nombre des spectateurs, même quand ils auront pénétré dans l'édifice. Un plan,

EXEMPLE D'ÉLÉVATION GÉOMÉTRALE. (Temple de la Victoire Aptère, à Athènes.)

ayant trait surtout à la convenance, doit être surtout convenable. Toutefois, si le plan est simple, l'élévation en général sera simple; si

CROIX GRECQUE. CROIX LATINE.

le plan présente de nombreuses découpures, beaucoup de lignes brisées, l'élévation présentera aussi une multitude de ressauts qui rapetisseront l'effet de l'architecture. On peut donc pressentir, à la vue des plans d'un architecte, en quoi le monument profitera de leurs qualités ou souffrira de leurs défauts ; mais cela n'est facile qu'à un juge exercé. Lorsque Michel-Ange, architecte du pape, voulait donner au plan de Saint-Pierre de Rome la forme d'une croix grecque, il prévoyait que ce plan serait favorable à la beauté de l'élévation, parce que le spectateur apercevrait ainsi de tous les points de la croix l'immense coupole qui domine la basilique ; tandis que, si l'on préférait la forme d'une croix latine, le spectateur serait privé d'apercevoir dès l'entrée la majesté de cette coupole immense.

La *coupe* concerne les agencements secrets de la construction ; elle montre l'épaisseur des murs, la force des voûtes, l'ajustement des charpentes ; elle ne saurait donc avoir, en ce sens, aucune relation avec la beauté, puisqu'elle représente ce que le spectateur ne verra jamais et ce que l'architecte ne voit lui-même qu'avec les yeux de sa pensée. Mais la coupe a aussi pour objet d'indiquer, depuis la base jusqu'au sommet, les formes et les dimensions intérieures de l'édifice. Elle montre l'aspect qu'il offrira au dedans, l'effet que produira sa profondeur, la manière dont il pourra s'éclairer, et jusqu'aux décorations dont il sera enrichi ; de sorte que la coupe peut être considérée, sous ce rapport, comme une élévation intérieure.

C'est donc surtout dans les *élévations* que se manifeste le génie de l'architecture. C'est là que le constructeur devient artiste, c'est là que les monuments dignes de ce nom portent l'empreinte du sublime ou celle du beau.

Nous avons à rechercher maintenant quelles sont les sources du sublime ou du beau dans l'architecture.

V

LE SUBLIME DE L'ARCHITECTURE TIENT A TROIS CONDITIONS ESSENTIELLES : LA GRANDEUR DES DIMENSIONS, LA SIMPLICITÉ DES SURFACES, LA RECTITUDE ET LA CONTINUITÉ DES LIGNES.

La grandeur des dimensions. — Parmi les monuments de l'architecture qui ont fait l'étonnement de tous les siècles, il n'en est pas un seul qui, réduit à de petites dimensions, ne perdît immédiatement ce caractère de solennité sublime qui donne une secousse à notre âme. Il en est des spectacles qui frappent nos yeux comme des sons qui frappent nos oreilles : le sublime s'y trouve lié à l'idée d'une force imposante, extraordinaire, imprévue, terrible. De même que le roulement du tonnerre, le mugissement de la mer ou de la tempête, le bruit du canon produisent sur notre âme une impression sublime, de même les masses colossales de l'architecture nous saisissent d'étonnement et d'admiration par le sentiment qu'elles éveillent en nous d'une puissance formidable, rivale des puissances de la nature. Les Pyramides d'Égypte, par exemple, en dehors de leur signification symbolique, ont un caractère sublime, parce qu'elles semblent le disputer aux montagnes de la terre, et qu'elles témoignent ainsi d'une force prodigieuse qui élève notre pensée en remuant notre orgueil ; car si les grandeurs de la création nous humilient par opposition à la faiblesse humaine, la grandeur des œuvres d'art, au contraire, nous enorgueillit par cela même qu'elle nous abaisse, c'est-à-dire que plus les hommes nous paraissent petits, plus alors l'humanité nous paraît grande. En se comparant à l'ouvrage de ses mains, le spectateur se trouve faible et se sent fier tout ensemble.

Que si l'on suppose les pyramides ramenées aux proportions de cinq ou six mètres de hauteur, on conçoit tout de suite que la grandeur perçue par l'esprit va disparaître avec la grandeur vue par les yeux, et que l'idée même cachée sous les formes symboliques du triangle et du carré va dépouiller ce qu'elle avait de mystérieux, de redoutable. Est-ce à dire que la grandeur dimensionnelle soit la cause du sublime? Non, sans doute ; elle n'en est que la *condition*, et cette condition est elle-même inséparable des deux autres, car bien des monuments peuvent avoir de vastes dimensions sans être pour cela sublimes, si la grandeur matérielle du tout est détruite par

EXEMPLE D'ÉLÉVATION PERSPECTIVE.
(Temple de la Victoire Aptère, à Athènes.)

la petitesse et le relief des parties, en d'autres termes, si l'effet de grandeur n'est pas énergiquement soutenu par la simplicité des surfaces, par la rectitude, l'économie et la continuité des lignes.

La simplicité des surfaces. — Le sublime est toujours simple, et cela est vrai dans les arts du dessin comme dans la littérature. Pour frapper un grand coup sur notre imagination, il faut le frapper vite ; plus le coup est inattendu et rapide, plus il est fort. En faisant passer l'esprit par divers détours agréables, en lui ménageant une variété de chemins ornés et fleuris qui le conduisent lentement, doucement au but, on lui procure l'impression du beau ; celle du sublime se produit lorsque brusquement on mène l'esprit au but, en lui faisant franchir d'un bond tout l'espace qui l'en sépare.

L'architecte qui veut exprimer fortement sa pensée l'exprimera donc simplement, c'est-à-dire par une ordonnance facile à saisir, par des moyens simples, par un effet simple. Cette condition est, du reste, inséparable de la grandeur, car si les surfaces manquent de simplicité, si elles sont compliquées de divisions, elles seront par cela même rapetissées. Prenons encore pour exemple les Pyramides d'Égypte : si nous supposons leurs surfaces divisées en compartiments par des saillies répétées, l'œil sera naturellement amené à mesurer les surfaces au moyen de ces compartiments, et, s'accrochant aux saillies successives, il aura bientôt raison de la mesure du colosse ; tandis que, si la surface reste plane, unie, nos regards ne pourront l'embrasser qu'en bloc : le procédé par lequel ont été construites ces masses énormes se trouvant dissimulé, et toute mesure échappant à nos sens, l'étendue paraîtra immense, et immense le pouvoir de l'architecte.

Donc, pas de grandeur en architecture si les surfaces sont multipliées et rompues, si les lignes sont brisées. Ce qui profiterait ici à la beauté détruit le sublime. Il est dans la Thébaïde des temples de granit élevés par ces dynasties fameuses qui régnèrent sur l'Égypte, il y a plus de trois mille ans : ces temples ont des surfaces de vingt-cinq ou trente mètres de hauteur, parfaitement unies, et qui produisent sur tout voyageur l'effet du sublime. Si on les imagine partagées en trumeaux qui, coupant l'uniformité de ces murailles colossales par des projections variées, mais symétriques, y feraient jouer la lumière, l'ombre et les reflets, on intéresserait les yeux par les reflets du clair-obscur, on introduirait la variété dans la vaste unité de ces façades imposantes ; on les rendrait *belles* peut-être ; elles cesseraient d'être *sublimes*.

La rectitude et la continuité des lignes. — L'homme, ayant en lui-même un modèle de beauté, n'a besoin que de se connaître pour découvrir les lois du beau ; mais c'est dans le sein de la nature antérieure, dans les grands aspects de l'univers qu'il trouve les sources du sublime. Si nous regardons la scène du monde, avons-nous dit, nous y voyons la ligne droite dominer dans tous les spectacles sublimes : les rayons du soleil, la majesté des plaines de l'Océan, les confins apparents de l'horizon, les rochers à pic, les abîmes. Mais, sans porter aussi loin nos regards, il suffit d'observer les objets naturels dont nous sommes environnés pour trouver des causes, toujours les mêmes, aux différentes impressions que produit sur nous la physionomie des choses.

Toute matière est circonscrite par des lignes droites ou par des lignes courbes. Les lignes droites déterminent des formes angulaires; les lignes courbes enserrent des formes obtuses, émoussées. Or, dans la nature, les corps qui affectent des formes angulaires sont les rocs, les pierres, les métaux, tout ce qui est dur, tout ce qui est durable. Un arbre fort, une plante robuste s'élèvent en ligne droite, et, si la tempête les tourmente, ils ont plutôt rompu que plié; au contraire, les plantes délicates, les fleurs qui vivent un jour ne présentent que des courbes; pas d'arête vive, rien d'anguleux dans leur port, dans leur mouvement; leur tête penche, leurs branches s'inclinent, leur tige plie et ne rompt pas. Ainsi les formes angulaires expriment en général la force des êtres, la densité de leurs fibres, l'énergie de leur résistance aux éléments contraires, et par conséquent leur durabilité, tandis que les formes curvilignes annoncent la douceur, la fragilité, la souplesse.

On peut faire les mêmes observations dans les corps qui ont une croissance et une décroissance, comme le dit avec beaucoup de sagacité Alison (*Essays on Taste*) : « L'enfance et la jeunesse des plantes, l'enfance et la jeunesse des animaux offrent des contours arrondis, des formes tournantes et onduleuses. Mais dans la maturité des animaux et des plantes, dans leur état de perfection, les lignes deviennent plus droites, les formes s'accusent par des angles. Il en résulte que les formes curvilignes annoncent l'enfance, la tendreté, la délicatesse, tandis que les formes angulaires nous révèlent la maturité, la vigueur. » Il en est de même pour le tact que pour la vue, les corps anguleux étant rudes au toucher autant que les corps arrondis sont doux et maniables. Et l'idée que nous y attachons est si permanente, si fixe, qu'il nous suffit d'apercevoir un corps ou un être quelconque pour conclure de ses formes à ses qualités physiques. Or, ces qualités elles-mêmes sont liées aux qualités de l'esprit par une étroite analogie qui a son expression dans toutes les langues. Tous les peuples artistes appliquent aux formes physiques ces épithètes morales : *hardie*, *franche*, *fière*, ou bien : *timide*, *lâche*, *incertaine*. Il y a donc dans le dessin des contours et des surfaces quelque chose qui semble couvrir une intention, un *dessin* de la nature, j'allais dire une *pensée*. Intelligence aveugle et muette, la nature ne peut s'exprimer que par des formes matérielles. C'est à l'esprit de l'homme qu'il appartient de nommer ce que la nature lui montre, et d'évoquer ainsi les pensées dont elle contient le germe obscur, en leur donnant une forme morale qui est la parole.

Cependant, si les lignes droites et les angles expriment naturellement dans le moindre objet la force, l'énergie, la résistance, la durée, combien l'expression va devenir frappante si les lignes se continuent, si les surfaces s'étendent et se prolongent, si les formes grandissent, sous le même angle, dans une création de l'architecture ! Tout alors y sera grand; le soleil éclairant des surfaces simples et prolongées, unies et vastes, y étendra de grandes nappes de lumière. Brusquement arrêtée par les angles, l'ombre à son tour se répandra sur les surfaces opposées aussi largement que le clair. Par la continuité des lignes, ce qui est massif paraîtra énorme, ce qui est grand paraîtra immense, et saisissant d'un seul coup l'ensemble du spectacle, l'esprit recevra cette impression sublime que lui font ailleurs les plaines sans fin de l'Océan, l'uniformité solennelle du désert... Cela est si vrai que l'architecte a pu quelquefois, par un merveilleux mensonge de son art, imprimer à des édifices d'une dimension médiocre un caractère de grandeur qui trompe le regard, grâce à la complicité de l'esprit. Ainsi, dans le royaume de Naples, les temples de Pœstum, bien que petits relativement aux colossales constructions de l'Égypte et de la Sicile, empruntent une indicible majesté, non seulement de leurs proportions massives et de leur élévation au milieu d'une plaine déserte, mais encore et surtout de l'économie sévère de leurs surfaces simples, de leurs lignes droites, rigides et continues. Ce sont là des caractères si essentiels, que sans eux le bâtiment le plus vaste peut perdre à nos yeux de son étendue, tandis que par eux une architecture quelconque peut gagner les apparences de la grandeur.

Que si les lignes courbes sont substituées aux lignes droites, si les surfaces s'arrondissent, si les angles disparaissent, aussitôt l'effet change. Passant avec douceur de l'ombre à la lumière, de la lumière à l'ombre, graduellement conduit d'une extrémité à l'autre de l'édifice, le regard n'en apercevra plus d'un seul coup la grandeur. L'impression deviendra plus agréable, mais moins sévère, moins grandiose ; elle va s'émousser comme les angles, et s'adoucir comme les contours et les surfaces. Il est possible qu'un monument à lignes courbes et à formes convexes, comme le Panthéon d'Agrippa, à Rome, réunisse les conditions de la beauté, même d'une beauté imposante ; mais il n'a plus ce caractère rude et fier qui enlève notre imagination, qui brusque notre âme. Il n'a plus rien qui fasse à nos yeux ce que fait à nos oreilles un coup de tonnerre ; en un mot, il n'est plus marqué à l'empreinte du sublime. Sans anticiper sur les exemples que nous fournira l'histoire, nous pouvons affirmer dès à présent que ni la coupole de Saint-Pierre, à Rome, ni la colonnade circulaire qui précède la basilique, ni le dôme de Sainte-Sophie, à Constantinople, ni le Panthéon de Paris, ni Saint-Paul de Londres, ne produisent l'effet sublime que nous font les longues lignes verticales et horizontales d'un temple égyptien ou d'un temple grec, ou les profondes nefs de nos cathédrales gothiques du beau siècle et leurs rangées de piliers qui, en ligne droite, s'élancent jusqu'aux cieux.

Quelle différence entre les monuments à lignes droites et les monuments à lignes courbes ! Jamais l'architecte, par le prestige de son art, ne pourra nous faire illusion sur la grandeur d'un temple circulaire ; il y faudra des dimensions prodigieuses pour que l'édifice nous impose. Une coupole, une rotonde, si vous les regardez du dehors, vous dérobent en tournant une partie considérable de leur étendue, parce qu'au lieu de se développer, elles s'enveloppent. A tous les points de vue, elles se montrent en raccourci. Que dis-je ! on n'en voit réellement que le diamètre ; or, si le diamètre est à la circonférence à peu près comme 7 est à 22, en supposant que la rotonde ait 220 mètres de tour, on n'en verra que 70. Si vous la contemplez à l'intérieur, la coupole pourra être embrassée dans son ensemble ; mais, les lignes se repliant sur elles-mêmes au lieu de s'étendre, elle n'aura de majesté qu'à la condition d'être immense et d'offrir des surfaces unies, non rompues ; et l'impression, si elle est solennelle, sera tranquille, parce qu'elle sera tempérée par la douceur du clair-obscur, et, pour ainsi dire, par le vaste silence de la voûte, où aucun angle ne viendra heurter le regard. Chose étrange, et qui n'a pas été observée, tant elle est simple, un temple rectangulaire, comme celui de Pœstum, grandit par ses lignes ; une coupole, au contraire, se rapetisse par les siennes, de façon que les deux monuments nous trompent en sens inverse, l'un nous cachant sa petitesse, l'autre sa grandeur !

« On peut, dit Sulzer, parcourir le globe entier sans le trouver *grand*. Car si l'on ne se représente jamais que la seule partie de terre qu'on occupe, l'imagination n'a aucun effort à faire pour s'en former une idée. Mais si l'on veut d'un seul coup se représenter un espace de cent lieues et plus, il faut alors un effort de la pensée : de là l'idée et le sentiment de la grandeur. » Cet aperçu nous paraît en un point manquer de justesse. Il ne faut pas plus d'effort à la pensée humaine pour se transporter au bout de l'univers que pour franchir l'espace d'une lieue. Ce n'est donc pas de l'effort que naît le sentiment de la grandeur. Il naît, ce sentiment, de ce que notre imagination, au lieu de parcourir le globe à petites journées et à travers mille détours, embrasse d'un seul regard l'intervalle immense et en saisit l'immensité sans fractionnement aucun, en son entier, comme si une ligne droite unissait aux yeux de la pensée les deux extrémités de la terre. Pour l'architecture comme pour les autres arts du dessin, le secret de la grandeur est de présenter les objets dans leur indivision, dans leur tout.

Ainsi s'explique en quelque manière la sublimité des monuments humains. Par la contemplation de la nature, les grands artistes ont pénétré en son impénétrable génie, ils ont découvert les moyens qu'elle emploie pour manifester dans ses créations la force ou la douceur, la majesté ou la grâce, et, en lui empruntant son langage silencieux de lignes et de formes, ils en ont imité l'éloquence dans des monuments muets comme la nature, mais expressifs comme elle. De sorte qu'après avoir traversé l'esprit de l'homme, les lois du monde visible se sont de nouveau immobilisées dans la pierre ou dans le granit, et cette immobilité même est peut-être ce qui nous émeut le plus fortement. Comme l'a dit Joubert dans ses admirables *Pensées*, « les ouvrages où il y a le plus de repos, mais un repos qui nous émeut, sont plus beaux que ceux où il y a plus de mouvement. Le mouvement donné par l'*immobile* est le plus parfait et le plus délicieux; il est semblable à celui que Dieu imprime au monde ».

VI

LE SACRIFICE DE L'UNE DES TROIS DIMENSIONS EST UN ÉLÉMENT DE GRANDEUR DANS L'ARCHITECTURE.

Tous ceux qui ont visité cette basilique fameuse par ses dimensions, Saint-Pierre de Rome, se rappellent le désappointement qu'ils ont éprouvé en y entrant pour la première fois. Ce qu'ils s'attendaient à trouver immense, ils l'ont trouvé presque ordinaire; et, l'architecture les frappant au rebours des intentions de l'architecte, ils ont été surpris de n'être pas étonnés. Les Romains, il est vrai, assurent à chaque voyageur que l'émotion viendra plus tard, et qu'elle n'en sera que plus forte pour être ajournée. Et en effet, si l'on mesure à sa taille les petits anges qui portent le bénitier, on s'aperçoit que ces petits anges sont des géants; si l'on parcourt l'église en tous sens, on est averti par un commencement de lassitude que le monument est colossal; si l'on compare le prêtre à l'autel où il officie, on finit par se convaincre que les piliers sont prodigieusement énormes et hauts, que la coupole est une œuvre gigantesque; mais ce n'est qu'après bien des calculs, des comparaisons, des rapprochements, que le visiteur en vient à saisir par la pensée l'incroyable grandeur de Saint-Pierre, car tout semble conspirer d'abord à déjouer son admiration, et même lorsque ce visiteur désenchanté essaye, le lendemain, de retrouver l'enthousiasme qu'il s'était promis de ressentir, il retombe sous l'empire des mêmes causes, et la déception du regard résiste à la certitude de l'esprit. Où est le secret d'une erreur aussi décevante? Il est surtout dans la parfaite concordance des trois dimensions. La hauteur étant très haute, la largeur très large et la profondeur très profonde, ces trois grandeurs se rachètent l'une l'autre et se neutralisent. Si la nef, par exemple, était beaucoup plus étroite, aussitôt l'élévation paraîtrait demesurée et la profondeur étonnante. Sacrifier une dimension pour agrandir les deux autres était ici un artifice infaillible, et, chose admirable! ce mensonge eût servi au triomphe de la vérité, puisqu'il aurait favorisé l'impression vraie, celle d'une incommensurable grandeur.

Combien différentes les illusions qu'avaient su produire nos architectes du moyen âge! Guidés par le sentiment religieux, ils avaient sacrifié les largeurs aux élancements de l'ogive et aux profondeurs du sanctuaire; ils avaient donné à leurs dimensions des apparences merveilleuses et agrandi outre mesure des cathédrales qui, dans Saint-Pierre de Rome, ne seraient guère que des chapelles. C'est ainsi qu'avec moins de matière ils émurent plus fortement l'esprit. Ils trompèrent nos yeux dans l'intérêt de notre âme.

VII

DIVERS SENTIMENTS S'ATTACHENT A LA GRANDEUR DANS LES DIVERSES DIMENSIONS DE L'ARCHITECTURE.

Ce qu'il y a de plus intime dans la conscience des peuples se trahit par le langage. Là se trouvent des révélations inattendues et la ressource des inductions les plus lumineuses, les plus sûres. Car c'est toute l'humanité qui fixe le sens des mots primitifs, essentiels, de ceux qui ne vieillissent jamais. C'est elle qui, les frappant au coin de son génie et y gravant les idées et les sentiments universels, en fait les monnaies inaltérables de l'intelligence.

Hauteur, largeur, profondeur, ce sont là des mots qui, chez toutes les nations, s'appliquent à l'esprit comme à la matière, et qui déterminent le caractère des choses morales aussi bien que des choses visibles. Suivant qu'il se développe dans le sens de la hauteur ou dans le sens de la largeur ou dans celui de la profondeur, un édifice nous communique des sentiments d'élévation, de stabilité ou de mystère. Si le monument s'élève, à une grande hauteur, il élève aussi notre âme, et nous en avons un éclatant témoignage dans la seule identité de l'expression. Si la largeur est dominante et vaste, elle nous suggère aussitôt l'idée de la stabilité, de la durée, parce que la largeur des bases se lie, dans l'ordre moral, à tout ce qui est soutenu, résistant et durable, et qu'elle exprime la stabilité des empires non moins que celle des bâtiments. Si l'édifice a une grande étendue en profondeur, soit souterraine, soit à la surface du sol, l'impression qu'il produit est celle d'une terreur mystérieuse, car la profondeur a quelque chose d'obscur et d'imposant, aussi bien dans la nature que dans les pensées. Lorsqu'un homme sensible aux effets de l'art — et, après tout, le plus humble des paysans y est souvent sensible autant que le plus raffiné des citadins, — lorsqu'un homme, dis-je, ayant une âme, voit s'ouvrir devant lui une de ces grandes églises du moyen âge dont la nef se prolonge, dont le sanctuaire recule et se perd dans l'ombre, l'indécision du lointain lui inspire dès l'entrée une sorte de crainte religieuse. En sondant du regard l'éloignement et l'obscurité du fond, il se sent envahi par le pressentiment de quelque mystère. Son imagination plonge avec un vague effroi dans ces profondeurs comme dans l'inconnu, et ce mystère qui l'enveloppe est si étrange, si redoutable, qu'il n'ose ni parler à voix haute, ni faire retentir sur le pavé le bruit de ses pas... Quels artistes que les architectes sans nom qui bâtirent ces temples élevés et profonds où l'âme s'élève et s'enfonce tour à tour avec un mélange d'exaltation et de terreur, aspirant tout ensemble au monde invisible et au monde impénétrable ! Quelle connaissance ils avaient aussi du cœur de l'homme, ces prêtres de l'Inde et de l'antique Égypte qui cachèrent leurs premiers temples dans les grottes, ou les creusèrent comme de vastes sépulcres dans les entrailles de la terre ! Ils avaient observé avant nous quels rapports subtils unissent la matière et la pensée, quelle corde de la conscience doivent toucher infailliblement tels spectacles de la nature créée par Dieu ou reconstruite par l'homme ; avant nous ils savaient que la vue des hauteurs élève nos sentiments, que la vue des largeurs rassure notre esprit, et que l'âme, redoutant un mystère dans tout ce qui est profond, ressent une terreur secrète au seul nom de l'abîme.

VIII

LES DIFFÉRENTS PEUPLES, SUIVANT LEUR GÉNIE, ONT ACCUSÉ DANS L'ARCHITECTURE LEUR PRÉFÉRENCE POUR L'UNE OU L'AUTRE DES TROIS DIMENSIONS.

Par cela même que divers sentiments s'attachent à la prédominance de telle ou telle dimension de l'architecture, nous voyons les différents peuples faire prédominer dans leurs monuments tantôt la profondeur, tantôt la largeur, tantôt la hauteur, et cette préférence tient au génie de leur religion, aux habitudes de leur esprit ; elle dépend de la direction que reçurent dès l'origine leurs pensées.

Comme l'a dit Ziégler dans ses *Études céramiques*, « le sens (au physique) est un état de la forme qui permet de saisir au premier coup d'œil les différences entre une dimension et les autres, entre la hauteur et la largeur, entre une façade et ses côtés ». Or, le sens matériel des diverses architectures répond à leur signification poétique, à leur sens moral. Si le climat et la nature des matériaux disponibles ont influé partout sur le caractère de l'architecture, cette influence incontestable s'est fait sentir principalement dans la couverture de l'édifice ; quant au sens matériel de son développement, il est lié sans aucun doute par un rapport secret avec les idées de la nation, avec sa manière d'imaginer le monde moral et de comprendre la divinité. Chez tous les peuples, les plus anciens artistes furent des prêtres : voilà pourquoi l'architecture commença par être symbolique, et ce symbolisme s'exprima tout d'abord par le choix de la dimension dominante. Un coup d'œil jeté sur l'histoire nous fait apercevoir sur-le-champ trois genres de grandeur parfaitement distincts et sensibles dans les constructions humaines. Les temples de l'Inde sont profonds, les temples de l'Égypte sont larges, les églises chrétiennes sont hautes, et ces contrastes correspondent à des religions différentes ; ils expriment des pensées.

« Les religions de l'Inde, dit Lamennais, renferment toutes une idée panthéistique, unie à un sentiment profond des énergies de la nature. Le temple dut porter l'empreinte de cette idée et de ce sentiment.

PRÉDOMINANCE DE LA DIMENSION EN PROFONDEUR.
(Temple indien.)

Or, le panthéisme est à la fois quelque chose d'immense et de vague. Que le temple s'agrandisse indéfiniment; qu'au lieu d'offrir un tout

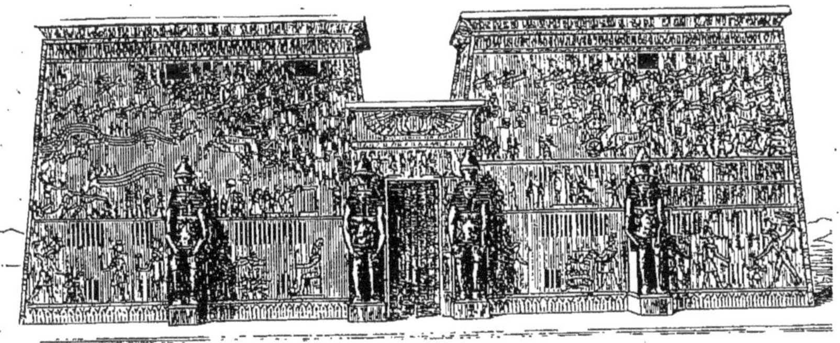

PRÉDOMINANCE DE LA DIMENSION EN LARGEUR.
(Temple égyptien.)

régulier, saisissable à l'œil, il force, par ce qu'il a d'inachevé, l'imagination à l'étendre encore, à l'étendre toujours, sans qu'elle arrive jamais à se le représenter tout ensemble comme un et comme circonscrit en des limites déterminées, l'idée panthéistique aura son expression. Mais, pour que le sentiment relatif à la nature ait aussi la sienne, il faudra que ce même temple naisse en quelque manière dans son sein, s'y développe, qu'elle en soit la mère, pour ainsi parler. C'est là, dans ses ténébreuses entrailles, que l'artiste descendra, qu'il accomplira son œuvre, qu'il fera circuler la vie, une vie qui commence à peine à s'individualiser en des productions à l'état de simple ébauche : symbole d'un monde en germe, d'un monde qu'anime et qu'organise, dans la masse homogène de la substance primordiale, le souffle puissant de l'être universel. »

Ces belles considérations ne sont pas seulement d'un poète : elles se peuvent rigoureusement vérifier. Les temples indiens, ceux qui constituent véritablement l'architecture indigène, sont de vastes excavations dans le roc vif, pratiquées avec une patience qui a duré des siècles. L'Inde en est remplie et tous les jours on en découvre en deçà ou au delà du Gange. Les plus fameuses sont celles de l'île de Ceylan, des environs de Bombay, d'Éléphanta, de Bénarès, de Salsette, de Douhmar, de la côte de Coromandel... Aucun plan visible ne se fait comprendre dans ces monuments ; aucun ordre bien saisissable n'y règne. La pensée de l'architecte est obscure comme le sanctuaire qu'il a formé en évidant les montagnes ; elle est vague comme la divinité qu'on y adore, et il semble qu'en fouillant ainsi la nature, on ait voulu y poursuivre ce mystérieux Brahma dont le visage est partout, cet être universel qui réside caché, enveloppé dans es profondeurs de la création et confondu avec elle.

La religion des Indous, qui est un panthéisme mystique, a dû imprimer à leurs monuments le caractère qui les distingue, et c'est là sans doute la cause secrète d'une préférence aussi marquée pour la dimension indéfinie en profondeur. Même lorsqu'ils ont élevé des pagodes pyramidales, leur architecture, suivant l'observation de Thomas Hepe, tout en adoptant des formes un peu moins lourdes, représente encore la caverne creusée en plein roc et les matériaux amoncelés en pyramides à la surface du sol, après avoir été extraits du sein des rochers. Quant aux coupoles et minarets qui surmontent tant d'édifices dans l'Inde, ils y ont été construits par des musulmans, et leur style n'a rien de commun avec le génie des Indous.

Les Égyptiens, qui étaient originaires de l'Asie, comme le prouvent l'anatomie comparée, l'analogie des langues et tous les travaux modernes depuis Herder jusqu'à Brügsch, les Égyptiens avaient conservé quelques traits d'une ressemblance éloignée avec la race indienne, mais ils en différaient par la nature de leurs croyances et par un génie qu'avait dû profondément modifier l'éternelle monotonie d'un climat brûlant. Il se peut, sans doute, que ce climat, en leur inspirant le goût de se créer des demeures souterraines, les ait habitués à une architecture massive rappelant les énormes piliers de réserve que nécessite toute excavation ; mais il faut reconnaître aussi que leurs idées religieuses contribuèrent puissamment à cette prédilection pour une stabilité à la fois réelle et apparente. Les Égyptiens croyaient fermement à l'immortalité de l'âme et ils désiraient l'immortalité de la matière, pensant que cette âme immortelle rentrerait dans son corps au bout de mille ans. Ils regardaient la vie d'ici-bas comme le prélude d'une existence meilleure. Aussi n'avaient-ils guère soin de l'habitation des vivants, tandis qu'ils déployaient une extrême magnificence dans la demeure des morts. Leurs maisons n'étaient guère que des huttes de terre et de roseaux, mais leurs tombeaux étaient bâtis pour les siècles ; leurs temples mêmes avaient une solennité sépulcrale, et leurs statues, rigides comme des momies, semblaient faites pour perpétuer cette image de la mort, qui, sans les épouvanter, était toujours présente à leur esprit. Un peuple ainsi préoccupé de la vie future et qui l'espérait immuable, un peuple qui a conservé des cadavres plus de six mille ans, devait développer dans son architecture la dimension qui assure la solidité de l'édifice et en présage la durée sans fin. L'immense largeur des bases devait être le trait caractéristique de ses monuments. Murs, piliers, colonnes, tout en effet, dans la construction égyptienne, est robuste, épais et court. Et, comme pour ajouter à l'évidence de cette inébranlable solidité, la largeur des bases est augmentée encore par une inclinaison en talus qui donne à toute l'architecture une tendance pyramidale. Les Pyramides elles-mêmes, celles de Memphis, dont la plus grande est le bâtiment le plus élevé de la terre, sont assises sur une base énorme : elles sont beaucoup moins hautes que larges. La pyramide de Chéops, par exemple, a 232 mètres 85 centim. à la base primitive, quand la hauteur verticale n'est que de 146 mètres 52 centim., c'est-à-dire que la base est à la hauteur exactement comme 8 est à 5. Ainsi tous les monuments égyptiens, même ceux dont l'élévation est célèbre, sont cependant plus étonnants encore par l'étendue de leur dimension en largeur, dimension qui les rend et les fait paraître impérissables, éternels.

PRÉDOMINANCE DE LA DIMENSION EN HAUTEUR.
(Cathédrale de Chartres.)

Tout autre est l'aspect de nos monuments dans l'architecture ogivale. Ils s'élèvent, ils s'élancent vers le ciel, et c'est la hauteur ici qui triomphe. La foi du moyen âge a soulevé la voûte romaine : le souffle de l'esprit a haussé les tours jusqu'aux nuages. Il faudrait résister à l'évidence pour ne pas voir dans nos cathédrales gothiques l'œuvre d'un sentiment religieux, une image parlante de l'aspiration du croyant au paradis. Jusqu'à la naissance du style ogival, l'idée chrétienne n'avait eu dans l'architecture qu'une représentation insuffisante ; elle n'avait pas eu son symbole de pierre et ne s'était pas encore matériellement exprimée ni développée. « Il semble, dit M. Viollet-le-Duc (dans son précieux *Dictionnaire de l'Architecture française*), que, jusqu'au réveil de l'esprit moderne au XIIe siècle, la tradition païenne laissait encore des traces dans les esprits comme elle en laissait dans les formes de l'architecture. » Quelle que soit l'origine de l'ogive, et avant que nous en venions à rechercher cette origine, il est clair pour nous qu'une cause morale a poussé les prêtres et les architectes à vouloir et à construire des temples d'une aussi prodigieuse hauteur, et qui, étant très peu larges, y gagnent encore les apparences d'une élévation plus grande. Et comment ne pas reconnaître que le sacrifice de la dimension en largeur a été commandé par le désir d'émouvoir les âmes, aussi bien dans une petite église que dans une vaste cathédrale? La Sainte-Chapelle de Paris, qui a 36 mètres d'élévation, ne paraît-elle pas beaucoup plus haute, parce qu'elle a seulement 9 mètres de large?

Il est vrai qu'un savant architecte, celui-là même que nous venons de nommer, croit trouver l'origine du système ogival dans les simples tâtonnements du constructeur en peine de bâtir des voûtes solides; mais pourrait-on soutenir que la foi chrétienne à son apogée n'a été pour rien dans ce besoin d'exhausser l'église et de se prêter ainsi aux élans de la prière comme à l'ascension du regard? Il n'est pas conforme aux habitudes de l'humanité qu'elle applique avant de concevoir, au moins par instinct; il n'est pas naturel qu'elle invente le moyen avant d'avoir aperçu le but. La pratique n'est pas la sœur aînée de l'esprit; elle éclaire la théorie, mais ne la précède point. L'exhaussement des églises chrétiennes était déjà prémédité, lorsque l'architecte comprit que cette surélévation ne pouvait être obtenue que par le tracé de l'ogive. Et si la dimension en largeur dut être sacrifiée aux nécessités de la construction, c'est que la pratique se trouva vouloir ce qu'avaient désiré toutes les âmes. La pierre et le sentiment furent d'accord.

De tous les peuples fameux par leur architecture, les Grecs sont les seuls qui aient conservé une sorte d'équilibre dans les trois dimensions de leurs temples, et cela même trahissait leur génie, génie clair et simple, exquis dans sa sobriété, mesuré dans sa grandeur. Sans doute leurs monuments n'ont pas une longueur égale à la hauteur et à la largeur, car un édifice dont les trois dimensions seraient les mêmes, c'est-à-dire qui aurait une base carrée et une élévation cubique, serait dépourvu de sens et partant d'expression: ce serait une abstraction muette, une monstruosité en architecture. Les Grecs ont presque toujours donné à leurs temples une largeur double de la hauteur et une longueur au moins double de la largeur. Mais ces différences ne sont pas, à beaucoup près, aussi frappantes que celles dont les monuments indiens, égyptiens ou gothiques, nous offrent le spectacle. Elles sont dues au sentiment de la beauté plutôt qu'au sentiment religieux.

Dans l'imagination des Athéniens, l'Acropole était aussi haut placée que l'Olympe, et le séjour des dieux mêmes était une montagne de la Thessalie. Revêtues des beautés parfaites de la forme humaine, les divinités de la Fable étaient tout ensemble familières et adorées. Elles avaient consenti à descendre parmi les hommes, de sorte que les hommes n'avaient point à s'élever jusqu'à elles. Aussi les temples grecs, sous leur fronton doucement abaissé, ont-ils peu de hauteur. Bâtis sur un point d'où ils dominent la plaine ou la mer, ils n'ont de véritable élévation que celle de la colline ou du promontoire qui leur sert de piédestal. Ils sont toujours élevés sans être jamais hauts.

Ainsi se vérifie notre proposition que le génie des différents peuples se trahit déjà dans les seules dimensions de leur architecture. Et maintenant, des observations qui précèdent, il résulte que la largeur est une qualité plutôt matérielle, tandis que la profondeur s'adresse au sentiment et la hauteur à la pensée. « A égalité, dit Schiller, les hauteurs nous paraissent plus sublimes que les longueurs, par la raison que l'idée du sublime de force s'associe nécessairement à la vue d'une hauteur. Une simple longueur, alors même qu'elle s'étendrait à perte de vue, n'a en soi rien de terrible ; mais une hauteur est terrible ; nous pourrions en être précipités ! Cependant, pour qu'une grande hauteur soit terrible, il faut d'abord que notre imagination nous transporte au sommet, et par conséquent que cette hauteur devienne pour nous une profondeur. On peut faire cette expérience en regardant un ciel chargé de nuages et mêlé de bleu, dans une nappe d'eau sombre. La profondeur immense du ciel y formera un spectacle incomparablement plus effrayant que sa hauteur... »

En architecture, la profondeur, étant horizontale, produit sur nous, au lieu d'une terreur physique, cet effet d'appréhension morale qu'engendre le mystère. Quant à la vue des grandes hauteurs, elle nous détache un instant de la terre et en désintéresse notre âme. Dans les matières de l'esprit, comme dit Joubert, la grandeur se prend de bas en haut.

IX

LA SÉVÉRITÉ DES SENTIMENTS QUE L'ARCHITECTURE INSPIRE EST EN RAISON DE LA PRÉDOMINANCE DES PLEINS SUR LES VIDES.

De même que l'art de distribuer dans un tableau les lumières et les ombres s'appelle, en peinture, le clair-obscur, de même l'art de distribuer dans un bâtiment les pleins et les vides peut s'appeler, en quelque manière, le clair-obscur de l'architecte. C'est là un des secrets de son éloquence ; c'est par là qu'il imprime à son œuvre un caractère léger ou imposant, gai ou sombre. Et ce clair-obscur, il a une double expression : il modifie la physionomie extérieure du monument aussi bien que son aspect intérieur. Si l'on multiplie les vides, c'est-à-dire les portes, les fenêtres, les arcades, les entre-colonnements, le spectateur du dehors semble inviter à tourner ses regards vers un édifice que tant d'ouvertures font paraître accessible et hospitalier. En y pénétrant par la pensée, il se représente un séjour égayé par l'abondance de la lumière, et des habitants qui n'ont voulu ni se séparer du monde ni fuir les rayons du jour. Au contraire, si les pleins dominent, si les vides sont rares, une certaine tristesse et même un vague sentiment de crainte s'emparent aussitôt du spectateur ; il est envahi par l'idée de l'austérité qu'il suppose à des hôtes si bien clos, si peu jaloux de voir et d'être vus. Et cette impression se fortifie à mesure que la construction se ferme, de telle manière que, si les vides disparaissent, si les fenêtres sont absentes, l'édifice, ou plutôt l'esprit qui l'habite cesse, pour ainsi dire, d'être en rapport avec l'esprit des passants. Soit que nous descendions l'échelle de nos impressions, du gai au sombre, soit que nous passions de l'obscurité qui rembrunit nos pensées à la douce clarté qui nous déride le front, les sentiments que nous inspire une architecture quelconque sont plus ou moins sévères suivant qu'elle diminue ou qu'elle augmente le nombre de ses ouvertures.

Partout où les hommes se réunissent pour le plaisir, l'édifice accuse franchement la prédominance des vides sur les pleins, ou du moins, chose remarquable, tout ce qui n'a pu être enlevé aux nécessités d'une construction solide est racheté alors par des vides simulés, succédant aux vides véritables. Dans les lieux de fête, dans les salles de danse ou de récréation, dans les cafés, dans les foyers de théâtre, on est porté à multiplier les glaces, non pas tant pour y offrir vingt fois de suite un miroir à la beauté, que pour élargir, pour égayer l'intérieur par des ouvertures factices, et substituer ainsi à la tristesse des pleins qui arrêteraient la pensée, les vides apparents qui laissent passer le regard. Un peuple que nous considérons comme frivole et qui est certainement très sensuel, le peuple chinois, a donné à tous ses bâtiments l'aspect de la gaieté par un système de construction où le bois, étant plus employé que la pierre, fait complètement dominer les vides sur les pleins. Percée à jour de toutes parts et n'ayant guère d'autre partie entièrement pleine que la toiture, la maison chinoise semble faite à l'image d'une volière d'oiseaux familiers. L'intimité domestique y est protégée, non par des murailles, mais par des stores, et, grâce à tant de légèreté, tout y respire un bonheur paisible, une vie riante et purement terrestre, dont la poésie ne s'élève pas plus haut que l'amour des fleurs. Observons, du reste, que, par un tact admirable, les Chinois ont rappelé la ligne droite dans presque tous les compartiments de ces cages humaines ; ils ont disposé en sens vertical et horizontal, même les purs ornements de leurs demeures, limitant les vides par des contours à angles droits, comme ailleurs on limiterait les pleins.

Supposons maintenant que tant de châssis délicats se changent en murailles, que les vitrages soient remplacés par des pierres, le sentiment du spectateur va devenir grave à mesure que la construction deviendra massive. Lorsque des hommes désenchantés de la vie se réunissent dans un lieu solitaire pour vivre sans famille, prier et méditer en silence, leur premier soin est d'élever un rempart entre eux et le monde. Ensuite, non contents de fuir les bruits du dehors, ils se défendent même contre les bruits du cloître en se bâtissant des cellules qui les séparent les uns des autres. Ici l'architecture va présenter beaucoup de surfaces pleines et peu d'ouvertures, même au dedans, de sorte que le voyageur séculier qui apercevra de loin le monastère ou qui voudra le visiter, recevra une impression de recueillement religieux et se sentira gagné un instant par le goût de la vie contemplative, silencieuse et murée.

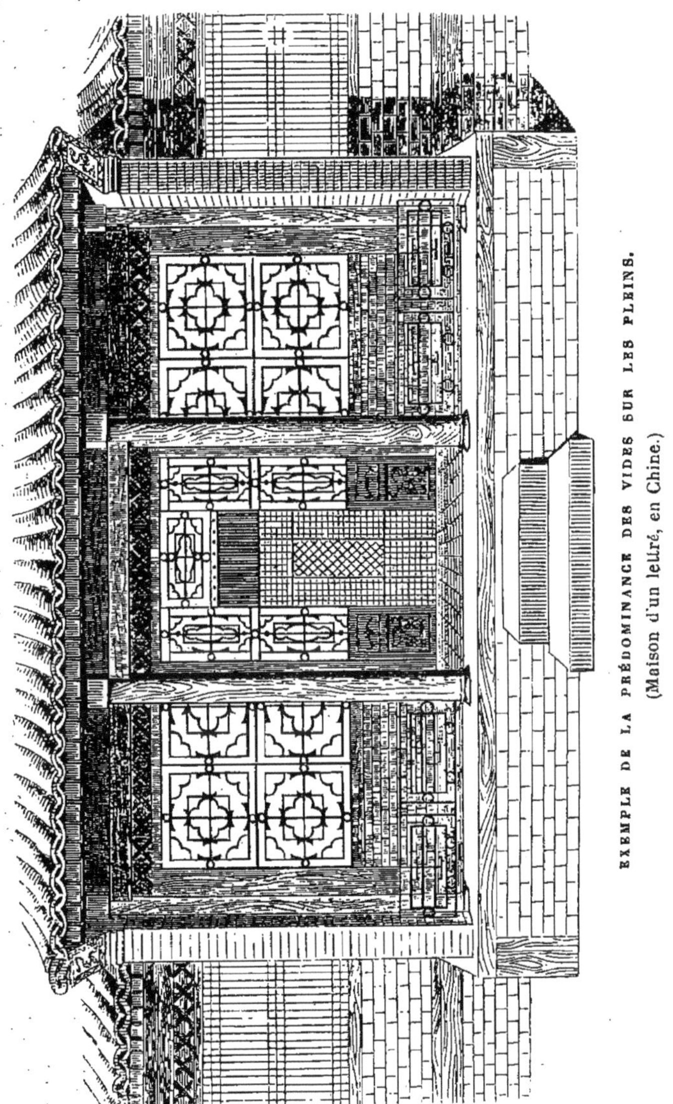

EXEMPLE DE LA PRÉDOMINANCE DES VIDES SUR LES PLEINS.
(Maison d'un lettré, en Chine.)

Revenus des lieux écartés où s'élève l'architecture monastique, au milieu du mouvement qui anime les cités actives, nous y rencontrons des bâtiments de toute espèce, indiquant les divers besoins inventés par le génie de la civilisation : ici une douane, là un théâtre, plus loin un tribunal, une prison, une caserne, un musée... et chacun de ces édifices, suivant que les vides l'emporteront sur les pleins ou les pleins sur les vides, nous procurera une première sensation, douce ou pénible, et devra nous suggérer les idées de liberté et de plaisir, ou bien celles de force, de compression, d'austère justice. Si nous approchons d'un musée, nous en serons avertis par la multiplicité des fenêtres, qui perceront quelquefois jusqu'à la toiture ; si nous passons sous les murailles d'une prison, les fenêtres ne seront plus que des baies étroites, plus larges que hautes, et dont la rareté sinistre annoncera l'obscurité des cachots ; si c'est une douane, le caractère massif et rude de l'édifice manifestera une pensée hostile à la liberté de la circulation et des échanges, c'est-à-dire un autre genre de prison ; si c'est un fort, les ouvertures ne seront plus que des meurtrières, tout juste assez grandes pour laisser passer l'œil d'une sentinelle ou le canon d'une arme à feu.

Les architectes antiques avaient parfaitement compris cette expression des pleins et des vides. Les monuments les plus graves, les plus imposants de leur architecture sont les temples égyptiens, qui n'admettent le plus souvent d'autre ouverture extérieure que la porte, percée entre deux énormes massifs de pierre ou de granit appelés pylones et semblables à des tours carrées. Des escaliers conduisent aux plates-formes établies sur le sommet des pylones ; mais ces escaliers ne sont pas visibles du dehors : ils prennent jour sur les cours intérieures. Un mystère s'élève ainsi entre le sanctuaire et le peuple : impénétrable aux regards du passant, le temple ne reçoit la lumière que par des ouvertures supérieures ; il est *hypæthre*, ce qui veut dire découvert par en haut ; il n'a de vue que sur le ciel. Même caractère dans les temples grecs. Lorsqu'ils sont entourés d'une colonnade, l'œil n'aperçoit au travers qu'un mur plein sans fenêtre, et les deux portes qui ouvrent sur les façades de l'orient et de l'occident. Là, c'est encore le plus souvent par une percée, pratiquée dans le faîte, qu'est éclairé le lieu saint où s'élève l'image du dieu. Ainsi l'extrême rareté des ouvertures semble d'accord avec la sévérité du monument, et si un portique en facilite l'accès en offrant au peuple un abri sous le fronton ou sous les ailes du temple, derrière ce portique se dresse une muraille infranchissable.

Au moyen âge, les églises catholiques présentent, il est vrai, de grandes surfaces toutes percées de vitrages qui sembleraient devoir diminuer l'austérité de l'architecture ; mais, pour atténuer l'effet que produirait ici l'abondance du jour, l'architecte a su amortir l'éclat de ses verrières sous des rouges intenses, des bleus violents, des verts profonds, de sorte que la fenêtre, colorant au passage les rayons du soleil, devient à demi obscure et rétablit au dehors la gravité de l'édifice, tandis qu'elle répand dans l'intérieur la mélancolie de ses sombres lumières.

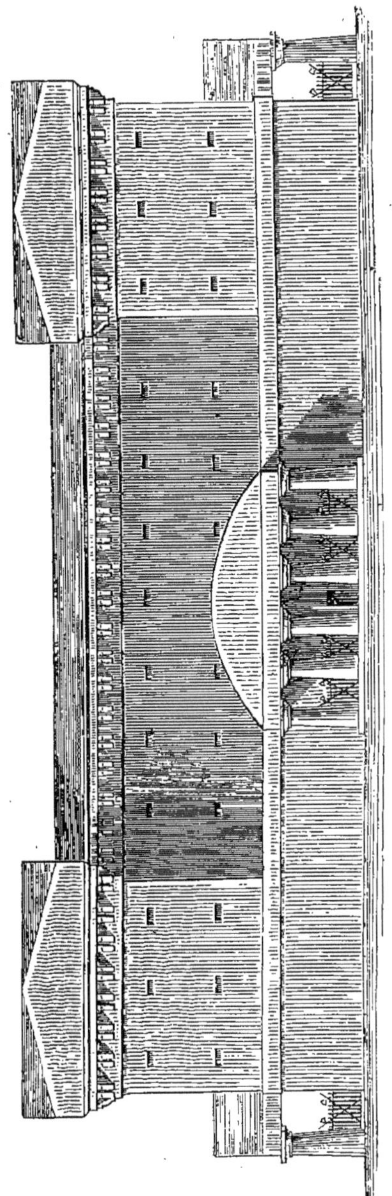

EXEMPLE DE LA PRÉDOMINANCE DES PLEINS SUR LES VIDES.
(Prison d'Aix, en Provence, construite par Ledoux.)

Dans les temps modernes, un des hommes qui ont le mieux senti l'expression sévère que peut obtenir l'architecture par la sobriété des vides, est l'architecte Ledoux, qui fut en réputation au siècle dernier. Tout ce qu'a produit cet artiste est marqué à l'empreinte d'une simplicité forte et du plus rigide caractère. C'est lui qui éleva autour de Paris ces barrières presque toutes détruites aujourd'hui et dont quelques-unes étaient des chefs-d'œuvre à leur manière. Un philosophe qui aurait voulu habituer les esprits à l'abolition des octrois n'eût pas mieux conçu son architecture. De quelque point de l'horizon qu'il se dirigeât sur Paris, le marchand, du plus loin qu'il apercevait ces pleines et lourdes murailles, ces portes basses, flanquées de colonnes trapues, et ces très rares fenêtres par où il se sentait surveillé, songeait tout de suite à payer la rançon de l'industrie et du travail. Partout l'architecte avait atteint son but en variant l'application du même principe.

Il faut citer encore, comme un exemple frappant de l'expression des pleins en architecture, la prison construite à Aix en Provence sur les dessins du même artiste. L'édifice est un quadrilatère aux quatre faces égales et pareilles. Chacune se développe sur une grande ligne et présente une surface nue et lisse, percée de quelques ouvertures très étroites et très rares. Aux deux angles s'élèvent deux corps de bâtiment qui ne font point saillie sur le nu du mur extérieur, mais qui se distinguent par un couronnement triangulaire sans aucune moulure, sans aucun vide apparent ou réel. Au milieu de ces sombres façades s'ouvre un petit péristyle de colonnes serrées et courtes : il semble de loin que le prisonnier n'y pourra passer qu'en baissant la tête. Par sa beauté sauvage, son aspect farouche, ce monument est un modèle du genre.

On le voit, du moment que les pleins gagnent sensiblement sur les vides, la physionomie de l'architecture change à vue d'œil. Le kiosque devient maison, la maison devient cloître, le cloître devient forteresse ; puis, en continuant de degré en degré, nous descendons du fort à la prison, de la prison au mausolée... Là tout est fermé, et c'est le plein de la pierre qui exprime la mort. Cependant une ouverture y est parfois ménagée, comme pour laisser un passage au souvenir ou marquer une issue à la délivrance de l'âme.

On peut vérifier la force de cette impression et combien elle est infaillible, par une facile contre-épreuve. Le vide, disons-nous, semble exprimer dans l'architecture le besoin de lumière et un constant rapport entre les habitants de l'édifice et les spectateurs, en d'autres termes, la vie de relation, la vie même. Cela est si vrai, que rien n'est plus triste pour le regard comme pour l'esprit que ces fenêtres ou ces portes murées, que le langage populaire, dans son énergie saisissante, appelle des portes *condamnées!* On dirait que les habitants ont été chassés ou qu'on leur a disputé la lumière et la respiration, ou bien qu'ils ne sont plus. Ce sentiment, il a été compris sans doute par les architectes musulmans qui ont bâti dans l'Inde, près d'Allahabad, les mausolées de sultans que Daniell y a dessinés (*Indian Scenery*), car on y voit des fenêtres dont la baie simulée est toute pleine, comme si elle eût été bouchée avec des pierres après l'ensevelissement du mort.

Chose étrange! cet artifice de l'architecture qui consiste à prodiguer les ouvertures ou à les épargner est doublement expressif, mais d'une seule manière. A l'extérieur, il est vrai, ce sont les pleins qui reçoivent la force du jour et qui sont clairs, tandis que les vides se manifestent par des profondeurs obscures, à moins que la lumière n'y soit à certains moments réfléchie par des vitrages. De sorte que la construction devrait, ce semble, impressionner le spectateur du dehors tout autrement qu'elle n'impressionne celui qui habite ou qui regarde l'intérieur. Toutefois c'est l'effet contraire qui se produit, non seulement parce que l'imagination rétablit les ombres derrière les murs et que la pensée voit pénétrer le jour par les fenêtres, les arcades ou les portes, mais encore parce que les surfaces de pierre, lorsqu'elles sont élargies et dominantes, nous marquent ou l'égoïsme de ceux qu'elles abritent, ou la mélancolie de ceux qu'elles cachent, ou le malheur de ceux qu'elles emprisonnent.

Oui, les pleins et les vides sont les longues et les brèves de cette prosodie muette qu'on appelle l'architecture. Les répartitions de l'espace y jouent à peu près le même rôle que dans la musique les intervalles des sons, la succession vive ou lente des mouvements rythmiques.

Tout véritable architecte doit se souvenir de ce principe quand il dessine les plans d'un édifice public ou privé. Il doit savoir qu'en distribuant les lumières et les ombres dans l'intérieur de son œuvre, il en détermine déjà le caractère extérieur ; qu'en un mot, les vides et les pleins sont les dactyles et les spondées de sa poésie.

X

PROPORTION, CARACTÈRE, HARMONIE, TELLES SONT LES TROIS CONDITIONS GÉNÉRALES DU BEAU DANS L'ARCHITECTURE.

Proportion. — En arrivant sur la terre pour résumer la création antérieure et la couronner, l'homme y fit aussitôt briller le génie de l'ordre. Il en apportait le besoin dans son esprit et l'image dans son corps. Doué d'une vie double, la vie organique, celle des viscères, et la vie animale ou de relation, celle de l'âme, il représentait, il contenait en lui tout à la fois et la nature inférieure qui l'avait précédé, et une nature supérieure, capable de comprendre la première et de la régir.

Soit que nous regardions la terre, soit que nous levions les yeux au firmament, nous ne voyons partout qu'un désordre immense et sublime. De même que le ciel nous montre des myriades de constellations qui paraissent dispersées par la main d'un semeur inconnu, de même la terre se hérisse à l'imprévu de montagnes aux formes bizarres, se couvre de forêts irrégulières et donne naissance à des fleuves dont le cours capricieux semble obéir à cette puissance obscure que nous appelons le hasard. Sans doute un principe d'ordre règne dans le monde et préside au retour constant des phénomènes naturels comme à ces révolutions des astres dont les désordres mêmes sont prévus par la science ; mais dans les spectacles matériels de l'univers, aucune symétrie n'est visible, et, s'il en existe une, elle échappe complètement à nos sens ; elle se perd dans les hauteurs inaccessibles de la pensée divine, elle est cachée dans l'infini. Sur la terre, après cependant que la nature a fait un aveugle effort pour prendre une forme régulière dans la cristallisation, la symétrie apparaît dans les animaux, et l'homme en est le modèle le plus éclatant. Le corps humain présente au plus haut degré l'image de l'ordre, et d'un ordre parfait, parce que la liberté s'y combine avec la règle, car il y a en lui une symétrie sans uniformité ; il a des membres semblables et des membres inégaux, des organes doubles et des organes simples, la similitude de droite à gauche et la variété de bas en haut. Cet ordre parfait répond dans la création à l'intelligence, il est l'emblème extérieur de la raison. Aussi l'homme éprouve-t-il le besoin de mettre de l'ordre dans ses pensées comme dans les phénomènes de la matière. Non content de posséder en lui la symétrie et la proportion, il les veut en dehors de lui. Ces montagnes bizarrement soulevées par les catastrophes du globe, il les soumet à sa géométrie et il les change en pyramides. Ces cavernes formées par les cataclysmes des premiers âges, il les rectifie et il les recreuse en catacombes. Le même génie qui l'avait porté à mesurer les sons pour en créer la musique le porte à mesurer l'étendue, à peser les corps et à régler les surfaces, pour créer l'architecture.

On conçoit maintenant pourquoi les hommes veulent de la proportion dans un édifice. Mais qu'est-ce que la proportion? C'est l'existence d'une mesure commune entre les diverses parties d'un tout. Un corps a des proportions lorsqu'un de ses membres sert de mesure à chacun des autres et au tout. C'est là ce que les Grecs appelaient *symétrie*. Nous attachons, nous, au mot *symétrie* un autre sens, puisqu'il signifie seulement, dans notre langue, la correspondance des parties droites avec les parties gauches. La nature, encore une fois, n'a point mis de proportion dans les créations minérales et végétales. « D'après la grosseur d'un arbre, dit Quatremère (*Dictionnaire d'Architecture*), on ne pourra déterminer la grosseur de ses branches, ni conclure de la grandeur des branches à la grandeur de l'arbre, car on sait combien de hasards rendraient cette induction trompeuse si on en voulait généraliser la règle. Chaque animal, au contraire, est organisé d'une manière tellement constante dans son espèce, et les rapports de ses membres avec son corps sont tellement uniformes, qu'une seule partie vous fait connaître la mesure du tout. *A l'ongle on connaît le lion.* »

Un édifice où l'on ne verrait ni ordre, ni symétrie, ni proportion, paraîtrait l'œuvre du hasard, ce qui veut dire d'une puissance inintelligente et aveugle. Or l'homme, par cela même qu'il est le seul être intelligent de la création, désire manifester son intelligence dans ses ouvrages. Pour cela il les fait en quelque sorte semblables à lui-même, en leur imprimant le caractère de son esprit, qui est la logique, et le caractère de son corps, qui est la proportion. Chose admirable! l'architecture n'emploie que des matières inorganiques, la pierre, le marbre, la brique, le fer, et le bois quand il n'a plus de sève, c'est-à-dire quand il a cessé d'être une substance organique; et cependant, sous la main de l'architecte, ces matières inertes vont exprimer des sentiments et des pensées. En les soumettant aux lois de l'ordre, de la symétrie et de la proportion d'une manière sensible aux regards, il leur communique une apparence de vie, il leur prête un organisme conçu à l'image du sien propre. Par cette proportion artificielle, la nature inférieure est élevée à la dignité du règne organique; elle est rendue expressive, éloquente, et elle devient capable d'exprimer l'âme d'un artiste et souvent l'âme de tout un peuple.

Mais il en est des édifices humains comme du corps de l'homme. L'ordre, la symétrie et la proportion n'y sont voulus rigoureusement que dans l'appareil extérieur. Au dedans, ce n'est plus la beauté générale qui commande, c'est la vie individuelle. Si nous regardons l'intérieur du corps humain, nous n'y voyons aucune symétrie, aucun arrangement autre que celui qui est nécessaire au jeu des organes. Le cerveau, il est vrai, présente deux lobes parfaitement égaux et symétriques, parce que le cerveau est l'organe destiné à la vie de relation, à la vie de l'esprit. Mais dans les fonctions individuelles, la vie intérieure offre un aspect tout autre. L'estomac est une poche informe; le cœur est un muscle impair qui n'est point placé au centre; le poumon gauche est plus long et moins large que le poumon droit; le foie présente des lobes inégaux; la rate est un ganglion placé vers la gauche et qui n'a pas son pendant; mais toute cette organisation, que la science trouve si merveilleuse dans son irrégularité, est cachée sous un revêtement d'organes similaires, se répétant, se correspondant à égale distance d'une ligne médiane, et formant chez les animaux la symétrie, chez l'homme la beauté. Semblables en cela au corps humain, les monuments de l'architecture ont aussi une vie double et un double aspect.

A l'extérieur, pour répondre à cette *politesse* dont parle si bien l'architecte anglais que nous avons cité, ils doivent être réguliers, symétriques, mais symétriques de gauche à droite, à l'instar de l'homme, et non pas de bas en haut, ni de la face antérieure à la face postérieure. Leur vie de relation se manifestera par des ouvertures qui seront comme les yeux et les oreilles de l'être qui les habite; leur entrée occupera le centre de l'édifice comme la bouche est placée sur la ligne centrale du visage; ils affecteront des formes angulaires ou arrondies, suivant qu'ils auront été bâtis pour manifester une idée virile, la force, ou une idée féminine, la grâce; ils auront enfin une proportion, puisqu'il existera entre tous leurs membres apparents ce rapport harmonieux, cette mutuelle dépendance, qui ramènent la variété des parties à l'unité de l'ensemble, qui sont la première condition du beau dans tous les arts.

A l'intérieur, au contraire, l'édifice n'est point assujetti à la répétition identique des membres, ni aux régularités de la façade, ni à l'unité d'aspect. Aussi, quand l'architecte, en nous dessinant la coupe d'un monument, nous en fait, pour ainsi dire, l'autopsie, nous y voyons comme dans le corps humain des dimensions inégales, des formes irrégulières, des disparités qui sont pour notre œil un désordre, mais qui constituent l'individualité, la liberté de l'édifice. Toutefois il est des monuments dans lesquels la vie de relation est intérieure, et ceux-là veulent la symétrie même au dedans. Une salle de spectacle, un cirque, une chambre où le parlement délibère, sont soumis aux lois de la régularité géométrique au dedans comme au dehors. Et cette double symétrie dont aurait pu se passer le temple antique, où la foule ne pénétrait point, elle est nécessaire à l'église chrétienne, parce que tous les fidèles s'y rassemblent, parce que c'est dans l'église que se manifeste la vie animée, à la lueur des flambeaux qui en sont comme l'image, parce qu'enfin la pensée de tout le peuple réside dans l'axe de l'édifice. Peu importe alors que la symétrie extérieure soit dérangée en détail par l'addition d'une sacristie, d'un baptistère, ou par l'irrégularité d'une ligne éloignée du centre... Mais, à part ces circonstances, on peut dire en général que l'architecture n'est pas sujette à la symétrie intérieure, si ce n'est quand la vie commune doit fonctionner dans l'enceinte même du monument.

Ainsi, au dedans règne une beauté relative, libre ou du moins sans règle fixe, tandis qu'au dehors règne une beauté nécessaire et soumise à ses propres lois.

CARACTÈRE. Dans l'homme le caractère est le visage de l'âme, comme dit Cicéron, *vultus animi*. En architecture, le caractère est aussi la physionomie morale de l'édifice. De même qu'un portrait sans caractère n'est qu'une vaine ombre de la personne représentée, de même tout monument qui ne s'adresse pas à notre esprit, qui n'y éveille aucune pensée, est un simple amas de pierres, un corps sans âme. Mais quelle est l'âme de l'architecture ? C'est la pensée qu'elle exprime.

Si cette pensée est celle de tout un peuple, si elle est vague, mais puissante et grande par son vague même, si le monument n'a aucune utilité pratique, aucune autre destination que de s'élever comme un symbole de la croyance universelle, l'architecture n'a point alors de caractère déterminé ; mais elle est grandiose, mystérieuse, étonnante, elle a *du caractère*. Si la pensée est précise, claire, si elle a été conçue par le grand nombre et que l'édifice ait une destination positive, l'architecture devra montrer au premier coup d'œil ce qu'elle est et ce qu'elle n'est point, parce que l'artiste aura dû y imprimer clairement, c'est-à-dire fortement, tous les signes auxquels on pourra reconnaître le but qu'il s'est proposé : l'édifice aura ainsi le caractère qu'il doit avoir et qui lui est propre ; il aura *son caractère*. Si la pensée que l'architecte doit manifester est une pensée individuelle et se rapporte à une destination privée, l'édifice représentera la manière de penser ou de sentir particulière à ceux qui l'habitent, et, s'il la représente avec énergie, il aura *un caractère*.

Aux yeux du philosophe, il n'est rien de plus dangereux qu'un homme sans caractère, parce qu'il peut être alternativement bon ou méchant, ami ou ennemi ; aux yeux de l'artiste, il n'est rien de plus méprisable qu'une œuvre sans caractère, non seulement parce qu'elle nous expose à de continuelles erreurs, mais parce qu'elle est aux antipodes de la beauté.

C'est, en effet, un acheminement à la beauté que le caractère, aussi bien dans l'homme que dans ses œuvres. Si nous jetons un regard sur la société humaine, nous y voyons des hommes en qui la vie n'apparaît qu'à l'état d'ébauche, pour ainsi parler. La nature parcimonieuse ne leur a départi qu'une dose d'existence suffisante à peine pour qu'ils puissent se mouvoir dans un très petit cercle ; ce sont de purs individus ; ils ne représentent qu'eux-mêmes. Cependant, parmi la foule, quelques hommes se distinguent par une richesse de vitalité qui, à la faveur des événements de leur vie, s'est développée dans le sens de leur naturel : ceux-là personnifient beaucoup d'individus à la fois ; leur unité équivaut à un nombre, ils ont en bien ou en mal un caractère : on les nomme le juste, le brave, ou bien le misanthrope, le glorieux, l'avare. Quelquefois il arrive que leur nom propre devient un nom générique, de sorte que tout hypocrite est un Tartufe de par le génie de Molière, comme, depuis Homère, tout brave est un Achille. Que si un homme porte en lui, non pas la physionomie d'un vice, mais les marques éclatantes d'une vertu, il s'approche de la beauté. Celui, par exemple, en qui seraient rassemblés tous les traits de la force courageuse, bienfaisante et tutélaire, aurait un caractère héroïque, une des faces de la beauté : il s'appellerait Thésée ou Hercule. Celui qui réunirait en lui tous les signes de la plus haute majesté, la sérénité dans la puissance, le calme dans la volonté irrésistible, une douceur imposante, une grandeur redoutable, celui-là serait divinement beau : il s'appellerait Jupiter. Ainsi, à mesure que l'individualité s'enrichit et se prononce, elle s'élève au caractère ; à mesure que le caractère perd de sa rudesse, il s'élève à la beauté. Il en est de même pour les édifices.

Notre esprit est ainsi fait qu'il aime à concevoir dans un seul moment beaucoup de pensées, et il ne peut le faire qu'en les réduisant toutes à une seule, en ramenant la variété à l'unité. Vous passez, je suppose, devant une maison vulgaire ; cette maison, si tant est que vous la regardiez, ne vous représente que l'habitation d'un homme inconnu que vous ne désirez pas connaître ; elle ne s'adresse ni à votre esprit ni même à vos regards ; elle n'éveille en vous aucune pensée. Plus loin, vous êtes arrêté par une construction dont l'aspect est modeste ou pompeux, plaisant ou sévère, mais étrange, mais frappant ; votre esprit se porte sur un des côtés de la physionomie humaine, ou du moins vous éprouvez un sentiment conforme à l'aspect de l'édifice, parce qu'il s'y trouve un premier élément du beau : l'originalité. Si maintenant c'est un monument public qui appelle votre attention, tel qu'un théâtre, une prison, un temple, chacun de ces ouvrages suscite en vous tout un groupe de pensées qui se réduisent à une seule ou qui ne produisent qu'une seule impression. Sous les murs d'une prison, le crime, le jugement, la punition, le remords, la douleur, toutes ces idées se présentent à la fois et se résolvent en un sentiment de crainte ou de malaise : le cœur se resserre. Devant le péristyle élégant d'un théâtre, tout vous parle de plaisir et de la variété dans le plaisir, tout vous annonce ou vous procure le sentiment du bien-être : le cœur se dilate. Sous les voûtes d'une église, le croyant est envahi par une multitude de pensées : la destinée de l'homme, sa demeure future, la chute, la rédemption, la vie, la mort, et toutes ces pensées se fondent dans un seul et unique sentiment, le sentiment religieux. L'édifice passe donc de l'originalité au caractère et il s'élève du caractère à la beauté, à mesure que les pensées se groupent, se pressent, se généralisent, et, en un sens inverse, la beauté descend au caractère et le caractère à la simple originalité, à mesure que le nombre des pensées diminue et qu'elles se précisent pour entrer dans un cadre plus étroit, pour affecter, par exemple, la forme spéciale d'une fontaine, d'un observatoire, d'une halle ou d'une maison privée... Mais, encore une fois, ces idées particulières, ces nuances que l'architecture manifeste vivement dans son langage silencieux, elles n'appartiennent qu'aux civilisations avancées, à celles où les relations humaines se compliquent et se développent, où les citoyens se partagent, où les intérêts se divisent. Dans l'enfance de l'humanité, lorsque les sentiments sont neufs et les âmes naïves, le peuple entier, réuni dans une croyance commune, concourt à la construction du monument qui en sera le symbole. Devant exprimer avec énergie le sentiment universel et le transmettre aux âges futurs, ce monument est colossal et il est bâti avec l'ambition d'une durée éternelle ; il est l'image d'une société jeune, forte et simple, il a un grand caractère ; il est sublime.

Nous avons vu précédemment que l'on peut déjà caractériser l'architecture par le choix des dimensions, des lignes et des surfaces, par la distribution des pleins et des vides ; nous verrons bientôt tout ce qu'ont inventé les hommes pour ajouter à l'éloquence de l'architecture, et comment un peuple, artiste par excellence, a eu le privilège d'imprimer à ses monuments un caractère élevé, adouci et libre, qui se confond avec la beauté même.

Harmonie. Le mot *harmonie*, en grec ἁρμονία, signifie, dans son acception primitive, liaison, assemblage, emboîtement. Les auteurs grecs l'appliquaient à l'architecture. Pausanias l'a employé en parlant des murs cyclopéens de Tyrinthe, formés de très grandes pierres entremêlées de plus petites. « Chacune de ces petites pierres servait d'*harmonie* aux grandes. » C'est donc de l'architecture que les musiciens ont emprunté le mot *harmonie*, que l'on penserait avoir été créé tout exprès pour la musique.

Une architecture a de l'harmonie lorsque tous ses membres sont tellement liés entre eux qu'on n'en peut retrancher ou transposer un seul sans rompre l'unité de l'édifice. La variété dans l'unité, c'est la loi de tous les arts, et cette loi est exprimée par le mot *harmonie*. Ici encore, c'est l'organisme du corps humain qui doit servir de modèle à l'architecte, non sans doute pour qu'il en fasse une imitation ridicule, mais pour qu'il applique à ses ouvrages les lois du mécanisme le plus merveilleux qui fut jamais. Malgré le nombre prodigieux des parties qui le composent, le corps humain est un, il est aussi harmonieux que divers, et, chose admirable, c'est en répétant les organes que la nature y a exprimé l'unité. L'homme est *un* justement parce qu'il est double. En voyant dans un corps deux yeux semblables, deux oreilles semblables, deux bras égaux, deux jambes pareilles en hauteur, en largeur, en épaisseur, nous apercevons tout de suite l'unité de plan qui a présidé à la création du corps humain. Si l'homme se présentait à nos regards avec un bras droit qui fût plus long ou plus court, plus gros ou plus mince que le bras gauche, nous croirions avoir devant nous deux êtres, tandis que la répétition identique des membres accuse l'identité de la personne, sa parfaite unité. La symétrie est donc comme un second coup du burin qui grave plus profondément les traits que le premier coup n'avait fait que dessiner. Ainsi l'entendent les grands maîtres de la musique, lorsque, pour faire pénétrer dans l'âme de la foule le sentiment de leurs mélodies, ils y insistent par une répétition quelquefois redoublée, et se font comprendre à l'oreille par des phrases symétriquement similaires, qui sont, à vrai dire, la construction architectonique de leur pensée.

En transportant dans l'architecture la loi de son être, l'homme a eu en vue de reproduire l'harmonie qu'il avait admirée en lui-même, cette harmonie qui est nécessaire à ses oreilles autant qu'à ses yeux, à son esprit autant qu'à son corps, car il la veut, il la poursuit partout, en peinture, en sculpture, en musique, dans tous les arts, dans tous les spectacles, même dans ceux qui tiennent à l'ordre moral. « Quel mépris ne sentons-nous pas, dit le père André (*Essai sur le beau*), quand nous voyons un air cavalier dans un homme d'église, un air de village dans un courtisan, un air de Caton dans un jeune homme, un air de petit-maître dans un vieillard, en un mot, un air de masque sur un visage? »

La première cause de l'harmonie en architecture, c'est l'unité de plan qui engendre naturellement l'unité d'élévation et l'unité de style, surtout lorsque l'entière exécution du plan a pu être dirigée par celui qui l'a conçu. Le palais des Tuileries, pour avoir été bâti, continué, modifié, interrompu, repris, défait et refait par plusieurs architectes, présentait le plus choquant de tous les défauts d'harmonie. Il semblait qu'au lieu de dissimuler, au moins par la ressemblance du style, les additions, les allongements successifs qu'on y voulait faire, on eût pris à tâche d'accuser les disparates de l'édifice en changeant d'architecture à chacune des pièces de rapport dont se composait ce vaste palais.

Ce qui importe en architecture, c'est l'unité d'impression qui doit sortir du sein de la variété et s'en dégager clairement. Si la pensée de l'architecte est grave, que tout soit sérieux dans son œuvre jusqu'à la couleur et au caractère des matériaux qu'il emploiera, que le plan soit simple et formé de lignes rigides, que l'élévation ne soit pas tourmentée par des ressauts, que la décoration soit sobre, c'est-à-dire que les parties lisses l'emportent de beaucoup sur les parties ornées; qu'il en soit enfin du monument comme de ce philosophe qui, suivant le mot du père André, ne doit pas avoir l'air d'un petit-maître... Vérités évidentes! vérités banales! pensera peut-être le lecteur. Mais quoi! elles sont tous les jours méconnues, ces vérités, chez les peuples les plus éclairés du monde. Eh! ne voyons-nous pas au milieu de ce Paris même, si célèbre et tant vanté, un barbare mélange, dans tel édifice, du style chrétien et du style païen, tel vieux monument restauré ou achevé à la moderne, telle église gothique s'ouvrant par un portail grec ou romain, comme Saint-Gervais?... Non, il n'est jamais inutile de rappeler aux architectes que toutes les œuvres de la nature, la plus belle surtout, leur offrent, par analogie, des modèles à étudier de cette harmonie sans contrainte, de cet enchaînement facile en apparence, mais rigoureux au fond, qui est un des principes inviolables de leur art et le secret de leur puissance morale. « Le doigt d'un homme, dit l'anatomiste Suë, ne saurait s'ajuster exactement à la main d'un autre homme. Chaque partie d'un tout organique est semblable à l'ensemble et en porte le caractère. Tout devient ovale si la tête est ovale ; si elle est ronde, tout s'arrondit ; tout est carré si elle est carrée ; il n'y a qu'une forme commune, un esprit commun, une commune racine ; c'est ce qui fait que chaque corps organique compose un tout dont on ne peut rien retrancher et auquel on ne peut rien ajouter sans en troubler l'harmonie, sans qu'il en résulte de la difformité ou du désordre. Tout ce qui tient à l'homme dérive d'une même source, tout est homogène en lui : la forme, la stature, la couleur, les cheveux, la peau, les veines, les nerfs, les os, la voix, la démarche, les manières, le style, les passions, la haine et l'amour. Il est toujours un, toujours le même. »

Voilà le modèle éternel de l'architecture. Là sont marquées avec évidence les lois d'une harmonie qui n'est pas l'uniformité, mais l'accord ; qui n'est pas l'unisson, mais le concert.

XI

EN DEHORS DES CONDITIONS GÉNÉRALES DU BEAU, QUI SONT INVIOLABLES, L'ARCHITECTURE VARIE ET DOIT VARIER SUIVANT LE CLIMAT, LES MATÉRIAUX ET LA CONFIGURATION DU SOL.

Il faut en convenir, l'architecture est le moins indépendant de tous les arts, parce qu'elle se rapporte toujours à un but qui la gêne, la contraint et la domine. « Ce rapport à une fin, dit M. Chaignet (*Principes de la Science du beau*), suffit pour détruire l'indépendance de l'architecte : il n'est plus maître de lui-même ; il dépend de la fin qu'on lui impose et de toutes les conditions qui en découlent ; il les subit fatalement, car on ne bâtit pas pour bâtir. Religieuse, militaire, domestique, l'architecture a nécessairement un but : le château, le temple, le palais, le tombeau, l'aqueduc; les membres mêmes de l'édifice, la fenêtre, la porte, même la porte triomphale, rien de tout cela n'existe par soi, ne s'explique par soi-même ; tous les esprits y cherchent ou un but ou un sens symbolique... Ce rapport à une fin est le vice incurable de l'architecture. »

Hegel, au contraire, a distingué deux architectures : l'une *indépendante*, celle qui est un symbole, c'est-à-dire qui exprime une pensée générale et vague et qui est libre de toute destination positive, comme par exemple un obélisque ; l'autre *dépendante*, celle qui est soumise à l'utilité pratique, comme par exemple la maison. Mais la dépendance de l'architecte ne cesse, on le voit, que dans les œuvres d'une simplicité rudimentaire, où la beauté ne peut trouver place, car le beau est inséparable de l'harmonie, qui est elle-même inséparable de la variété. Un obélisque, une pyramide, peuvent être sublimes ; ils ne sauraient être beaux. Il est donc vrai de dire que le beau de l'architecture n'est pas indépendant et absolu; il est relatif et subordonné à une fin : c'est là sans doute le vice de ce grand art; mais ce vice n'est pas *incurable.*

L'homme est libre, avons-nous dit, en vertu du principe même qui lui fait comprendre la nécessité. L'architecte peut donc reconquérir en quelque sorte sa liberté, s'il transforme une nécessité physique en une nécessité morale, c'est-à-dire s'il accomplit comme une œuvre de choix volontaire ce qui lui est imposé par la nature des choses. Le sage fait de la nécessité une vertu : l'architecte en fait une beauté.

Il est même à remarquer, en faveur de l'architecture, que ses œuvres sont de pures créations de l'esprit. Si, d'une part, elle est forcée d'obéir aux lois de la matière et aux rigueurs de la science, de l'autre, elle n'est point assujettie, comme la peinture et la statuaire, à l'imitation précise d'un modèle fourni par la nature. Au lieu d'avoir à imiter les ouvrages de Dieu, elle n'imite que ses pensées. Tout ce qu'elle touche, elle le façonne à son gré. Au moyen de matières inertes, pesantes, souvent grossières, elle exprime l'invisible, l'impondérable, l'idéal. Par là elle retrouve magnifiquement son indépendance et sa grandeur.

Nous avons déjà montré comment les idées et la religion des différents peuples modifient les grands aspects de leurs monuments : nous devons considérer maintenant les variétés qu'engendrent dans l'architecture le climat, les matériaux et la configuration du sol.

Le climat. Transportons-nous au commencement de la civilisation, dans les pays qui furent le berceau de l'humanité et d'où nous vient la lumière. Les montagnes de ces contrées sont hautes et froides, mais les plaines sont brûlantes. Pour trouver un abri contre les ardeurs du soleil, les habitants se creusent dans le roc des demeures inébranlables, à l'instar des excavations naturelles ; ils y cherchent un refuge pour les vivants, un asile pour les morts ; ils y fouillent le temple de la divinité obscure dont ils ont une idée vague, et qui semble résider pour eux dans les entrailles de la terre. Cependant le sol est fertile et la population augmente. Les excavations ne lui suffisant plus, elle s'avance dans la plaine, et la voilà forcée d'élever sa construction au lieu de l'ensevelir. Alors les matériaux extraits du rocher lui servent à intercepter les rayons du soleil par des murailles impénétrables. Puis, ces matériaux, qui s'étaient entassés naturellement en pyramides à l'entrée des cavernes, ils en imitent la disposition en bâtissant des pagodes qui diminuent de largeur à mesure qu'elles s'élèvent, et qui rappellent ainsi par leur forme et leurs étages superposés les premiers résultats d'une excavation... L'influence du climat est ici évidente, et les débuts de l'architecture indienne décideront, pour l'avenir, de sa physionomie. Les Indiens se plairont à changer d'immenses rochers en vastes temples à ciel ouvert ; à façonner en pleine masse des chapelles, des galeries, des obélisques ; à tailler dans une montagne un éléphant colossal ; ils bâtiront de cette manière avec une patience inouïe des monuments d'une seule pierre, comme on en voit un exemple dans la prodigieuse architecture de Kaïlaça, où l'homme n'a eu que des vides à pratiquer dans le roc, tous les pleins étant faits par la nature.

« Sur le plateau élevé de l'Asie centrale, dit Thomas Hope (*Histoire de l'Architecture*), le Tartare n'a d'autre richesse que ses troupeaux ; dès qu'un pâturage est épuisé, il doit transporter dans un autre sa famille et son bétail : il aura donc une habitation qui puisse le suivre partout, aussi légère, aussi facile à déplacer que l'exige sa vie errante, et qui s'accorde avec ses besoins et ses ressources; aussi la construit-il avec les peaux des bêtes dont la chair le nourrit. En route, il déploie ces peaux pour en couvrir le chariot qui transporte sa famille; veut-il s'arrêter un instant, il les étend sur des pieux, les attache avec des épingles de bois et ne s'occupe jamais d'affermir dans le sol les fondements de cette construction temporaire. »

Eh bien! de ces premières habitudes, si bien observées, d'un peuple pasteur, sortira toute l'architecture chinoise. Lorsque les Tartares descendirent dans les plaines fécondes de la Chine et y fixèrent leur demeure, ils conservèrent dans leurs constructions les formes de la tente, sans doute parce que ces formes consacraient le souvenir de leurs campements primitifs, et devaient rappeler constamment à leurs neveux l'ancienne liberté d'une vie errante et la poésie des ancêtres. En effet, comme le remarque de Pauw, il est impossible de ne pas reconnaître la contrefaçon d'une tente dans l'architecture des Chinois, « qui ont été, comme tous les Tartares, des nomades, c'est-à-dire qu'ils ont campé avec leurs troupeaux avant que d'avoir des villes. Et c'est là sans doute l'origine de ces singulières constructions qui restent sur pied lors même qu'on en renverse les murailles, parce que ces murailles, enveloppent seulement la charpente sans porter le toit, comme si l'on avait d'abord commencé par faire autour des tentes une enceinte de maçonnerie pour renfermer le bétail, et tel a dû être en réalité le premier pas de la vie pastorale et ambulante vers la vie sédentaire. »

La tente est donc le type de l'architecture chinoise. La maison, le palais, les tours, les pagodes, tout a l'apparence d'un pavillon porté sur des pieux. Le toit aux pointes recourbées en l'air figure une peau qui serait étendue sur des cordes et accrochée aux extrémités du pieu. La tente du pasteur semble avoir pris racine dans un pays agricole, et s'être immobilisée en se transformant en bois de fer, en brique, en faïence, en porcelaine. Mais d'autres causes sont venues se joindre peut-être à cette réminiscence obstinée des origines, et concourir à déterminer un seul et même caractère dans l'architecture de la Chine. Une de ces causes n'est-elle pas la conformation physique de la face humaine dans la race chinoise, chez laquelle l'obliquité des organes doubles est si sensible et présente une si frappante analogie avec la physionomie riante de leurs constructions, aussi bien qu'avec leurs coiffures et leurs chaussures, suivant la curieuse observation faite par Humbert de Superville, dans les *Signes inconditionnels de l'art?*

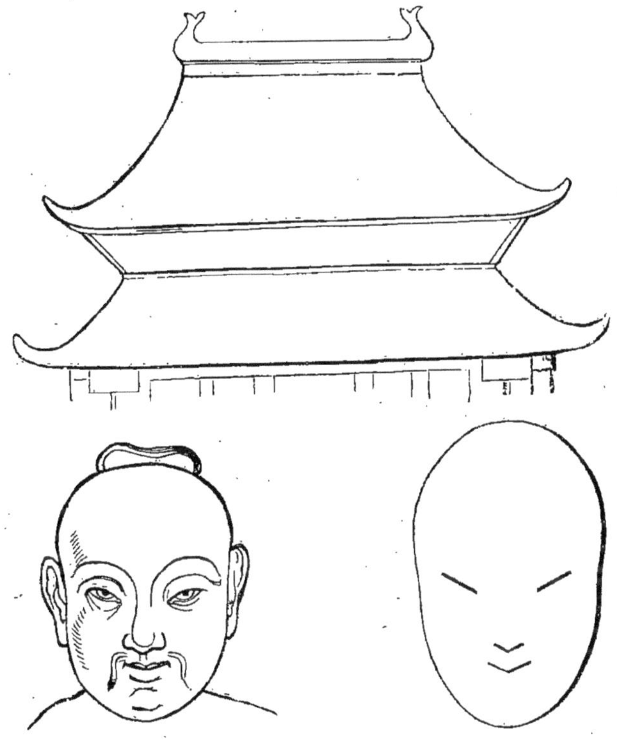

RAPPORT DE L'ARCHITECTURE A LA FACE HUMAINE.

En ce qui touche les matériaux employés par les Chinois, nul doute que ces matériaux n'aient influé sur l'aspect de légèreté et de gaieté qui distingue leurs édifices. Bâties généralement en bois et en bambous, les constructions publiques ou privées de la Chine ne peuvent se conserver qu'à la condition d'être peintes ; sous les mille couleurs dont elles sont diaprées, sous le vernis qui les fait reluire, elles ressemblent à de jolis meubles de grande dimension, percés à jour, ou plutôt à des cages dont les barreaux seraient les colonnes et les solives de la charpente. Quant à leurs tours de porcelaine, elles ont, quoique plus solides qu'on ne penserait, un caractère évident de fragilité, de sorte qu'on les prendrait pour d'immenses jouets d'enfants. L'architecture même de ce pays étrange semble sourire comme la figure de ses habitants; au lieu d'offrir l'apparence de la solidité, elle n'en offre que l'ironie.

Comme l'architecture de l'Inde, celle de l'Égypte a eu pour point de départ, selon toute apparence, l'excavation dans le roc. Là aussi, l'amoncellement extérieur des matériaux a pu conduire à l'idée de la pyramide, et cette forme, qui est par excellence la forme de la solidité, convenait d'autant mieux au génie particulier des Égyptiens qu'ils bâtissaient toujours avec la croyance à l'immortalité et dans l'espoir d'assurer à leurs constructions une durée éternelle. Mais, à part ces monuments qui furent des tombeaux sans doute, et dont la signification était symbolique, comme celle des obélisques, tous les édifices de l'Égypte sont terminés en terrasses, et de grandes lignes horizontales y accusent le développement de la dimension en largeur. Cette disposition est expliquée par la nature d'un climat sous lequel la pluie est presque inconnue. D'autre part, une architecture aussi massive, aussi colossale, n'était possible que dans un pays où abondent les montagnes de calcaire, les roches de grès et de granit. Voilà donc une grande variété d'aspect qui déjà résulte de la température et qui tient à la qualité des matériaux disponibles. Cependant les idées, la religion, la physionomie morale des Égyptiens, durent subir à leur tour l'influence du caractère physique de l'Égypte. Ce ciel d'un azur invariable, ce Nil imposant et monotone dont les inondations mêmes étaient régulières et prévues, l'inaltérable sénérité de l'air, un éternel soleil, un paysage toujours accablé de lumière et le voisinage d'un désert sans fin, tout cela devait à la longue faire un peuple calme, grave et résigné, qui aurait un art monotone comme sa patrie, qui élèverait patiemment des colosses, et qui pourrait manifester dans son architecture l'inébranlable solidité de l'assiette horizontale.

C'est surtout, il est vrai, dans la couverture des édifices que l'influence du climat se fait sentir; mais cette partie est très importante pour l'art, puisqu'elle se détache sur le ciel et frappe les regards du plus loin qu'ils peuvent apercevoir le monument.

Dans l'Afrique septentrionale, depuis l'Égypte jusqu'au Maroc, en Orient et dans le midi de l'Italie, les édifices sont surmontés de plates-formes, et le caractère de l'architecture en est profondément modifié, car la ligne horizontale qui les termine exprime, encore une fois, le calme, la paix, le repos, parce qu'elle annonce la pureté du ciel et rappelle la tranquillité de la mer.

De tout temps, il en fut de même dans ces contrées, ainsi qu'en témoignent la Bible et les écrivains antiques. « Quand tu bâtiras une maison neuve, dit le Deutéronome, tu feras des défenses autour de ton toit, afin que tu ne rendes pas ta maison coupable de sang si quelqu'un tombait de là. » On peut ajouter à cette preuve le passage de l'*Odyssée* où Homère raconte la mort d'Elpenor, un des compagnons d'Ulysse. Étant allé dormir sur la terrasse du palais de Circé, Elpenor oublia en se réveillant que la terrasse n'avait point de parapet, et s'étant dirigé, à moitié endormi encore, du côté opposé à l'escalier, il se précipita sur le pavé et se tua.

En Grèce, la température ne permet plus les terrasses : elle exige un comble. Aussi, malgré la provenance égyptienne de leurs arts plastiques, les Grecs durent ajouter à leurs temples et à leurs demeures une couverture dont la pente fît écouler l'eau de pluie. Toutefois cette couverture à deux rampants qui terminait l'édifice par une forme pyramidale n'avait encore rien d'aigu ; elle dessinait un angle très ouvert et formait à l'architecture un couronnement adouci et gracieux. Mais à mesure que l'art de bâtir s'étendait vers le nord, la toiture dut affecter une inclinaison plus rapide. Il est en effet reconnu que si la pluie est moins fréquente dans les pays chauds, elle y est aussi plus serrée et plus violente. Il faut alors moins de pente à l'écoulement des eaux, parce que leur abondance même les entraîne, et que la chaleur du climat sèche le comble presque aussitôt que la pluie a cessé. Dans les pays tempérés, au contraire, où il pleut plus souvent et moins fort, les toitures sèchent plus lentement : il y faut une pente plus raide. Enfin cette pente doit se prononcer encore davantage dans les pays froids, où la pluie et la neige détruiraient les combles en y séjournant... Et maintenant, quelle diversité d'aspect entre les bâtiments à plates-formes et nos édifices au faîte plus ou moins aigu! Les uns reposent, les autres s'élancent : de là des expressions

FRONTON GREC.

toutes différentes; de là des idées de calme ou de mouvement, de sérénité ou d'inquiètude, d'aspiration hardie ou de paix.

Les matériaux. Les matériaux que l'architecture met en œuvre sont de deux espèces, naturels et artificiels.

Les matériaux naturels, ceux dont les molécules ont une cohésion formée par la nature, sont la pierre, le bois, le fer, le plomb, le zinc, l'ardoise. Sous le nom générique de pierre, qui indique une matière commune, on comprend des substances précieuses, telles que les granites, les porphyres, les basaltes et les innombrables variétés de marbre. Le marbre, en effet, n'est qu'une pierre calcaire, mais d'un grain assez fin et assez compact pour recevoir le poli, comme l'exprime l'étymologie grecque du mot, qui est μαρμαίρειν, reluire.

Les matériaux artificiels sont la brique, le béton, le pisé, le bitume, la faïence, la porcelaine. Ils sont ou homogènes, c'est-à-dire formés d'une matière unique, ou hétérogènes, c'est-à-dire composés de substances diverses, mais associées et rendues cohérentes par le génie de l'homme. Pour combiner les éléments naturels et en créer des matériaux factices, l'architecte a employé l'action de l'air, de l'eau et du feu, et dans sa collaboration avec la nature, chose admirable, ce sont trois agents destructeurs qui lui ont servi à fabriquer des éléments de construction.

OPUS ISODOMUM.

En faisant sécher à l'air libre les carreaux d'argile, il s'est procuré des *briques crues*, comme celles que les voyageurs Rich et Ker Porter ont trouvées par morceaux dans les ruines de Babylone, et des *adobes*, qui sont des matériaux du même genre au Mexique et au Pérou. Le procédé de dessiccation à l'air lui a permis également d'élever ces murs de terre battue, encaissés et moulés entre deux planches, que l'on nomme aujourd'hui *pisé*, et qui excitèrent, il y a deux mille ans, l'admiration des Romains : « Mais quoi ! dit Pline le Naturaliste, ne voit-on pas en Afrique et en Espagne des murailles de terre appelées murailles de forme (*parietes formaceos*) parce qu'on les jette en moule plutôt qu'on ne les construit, et ces murailles ne durent-elles pas des siècles, en résistant aux pluies, aux vents et au feu, plus fermes que des murs de moellons ? L'Espagne voit encore aujourd'hui avec étonnement les guérites et les tours de terre qu'Annibal fit construire sur le sommet des montagnes. »

En mêlant, en noyant dans un mortier de chaux et de sable de menus éclats de pierre et de cailloux qui ne dépassent pas en volume la grosseur d'un œuf, l'industrie humaine se crée de très grandes pierres artificielles qui durcissent à l'air et encore mieux au fond de l'eau : elle forme ainsi des blocs énormes, pouvant cuber jusqu'à cinquante mètres, car il en est entré de cette grandeur dans la construction du môle d'Alger. Ces matériaux, appelés *bétons*, permettent à l'ingénieur de rivaliser avec la nature, et d'employer à la surface du sol des monolithes plus effrayants que ceux de l'Égypte. Nous avons vu naguère à Paris le pont de l'Archevêché reconstruit en béton, c'est-à-dire coulé d'un seul jet, moulé en un seul bloc, sur lequel on a simulé des pierres de taille sans doute pour satisfaire les regards et les rassurer (1).

Par l'action du feu, l'homme transforme l'argile, et produit à l'usage de l'architecture des tuiles et des *briques cuites*, après leur avoir imprimé la forme qu'il juge la plus convenable à ses desseins. En faisant liquéfier par la chaleur un mélange d'asphalte et de sable qui

(1) La grande arche construite en béton par les frères Coignet, à Saint-Denis, et formant un pont d'une seule pierre a été une œuvre célèbre, fort populaire lors de sa construction,

durcit au contact de l'air et de la lumière, il compose un *bitume* propre au pavement ou à la couverture des édifices et des terrasses, et qui a été connu en Orient de toute antiquité. C'est aussi en traitant par le feu la terre et les matières vitrifiables, qu'il fabrique au profit de l'architecte des briques et des tuiles vernissées ou émaillées, des carreaux de faïence, et ces belles dalles de porcelaine dont les Chinois ont construit ou du moins revêtu leurs tours.

Il est enfin un autre genre de matériaux qui fut souvent mis en œuvre par les Romains : ce sont les ciments. Non contents de s'en servir pour liaisonner les pierres et les briques de leurs édifices, les Romains ont fait du ciment un élément de construction. Ils l'ont combiné parfois avec la brique en quantités égales, ainsi que nous le voyons à Paris dans les restes imposants des Thermes de Julien. Les couches de ciment alternant avec les briques dans la même mesure d'épaisseur, la liaison devient à son tour un principe de résistance, de sorte que, par la force de cette cohésion décuplée, le monument finit par être d'une seule pierre.

Il est presque inutile de dire que la variété des matériaux naturels ou artificiels dont l'architecture dispose influe sur la variété d'aspect qu'offrent les monuments chez les divers peuples. Pour nous qui étudions ici l'architecture, non comme une science, mais comme un art, c'est-à-dire dans les sentiments qu'elle fait naître et dans le beau qu'elle exprime, nous n'avons guère à nous occuper que du côté apparent des matériaux. C'est pourquoi le plâtre, le mortier, le ciment, ne sont point de notre ressort, si ce n'est dans les parties extérieures de leur emploi. Il en est de même des pierres et des briques. Nous avons à les considérer par cette surface visible qu'on appelle le *parement*, et non par cette surface, toujours cachée aux regards, qu'on appelle le *lit*.

Les pierres se forment dans la carrière par couches, et l'expérience a démontré qu'elles ont plus de consistance dans cette situation naturelle que dans toute autre. On peut se représenter la pierre comme un livre, qui, posé à plat, supporterait de grands fardeaux, tandis que, posé sur la tranche, il céderait au moindre poids qui en écarterait les feuillets. Employer une pierre en *délit*, c'est la placer dans un autre sens que celui qu'elle avait dans sa formation; en d'autres termes, c'est faire un parement de ce qui doit être un lit. Les colonnes de la façade de Versailles, du côté des jardins, et celles de la cour du Louvre présentent cette anomalie. Il est vrai que ces colonnes ne portent rien et sont appliquées à l'édifice comme une

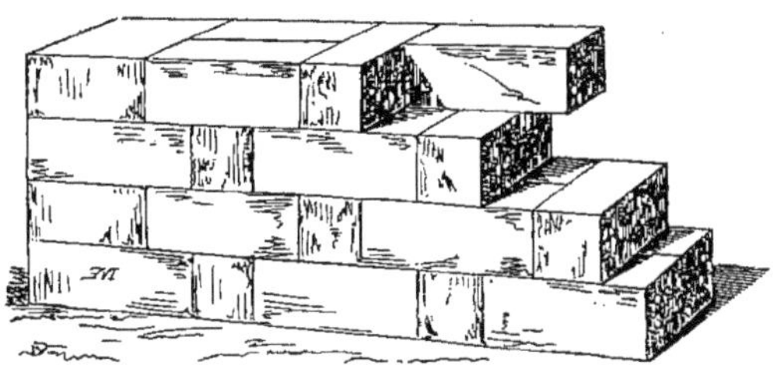

CARREAUX ET PARPAINGS.

pure décoration; mais cela même — nous le verrons plus tard — est une première faute qui ne saurait justifier la seconde. Cette faute, elle a été commise plus d'une fois dans nos constructions du moyen âge; mais du moins elle avait alors pour excuse la nécessité. « Ne pouvant, dit M. Viollet-le-Duc, ni transporter ni surtout élever à une certaine hauteur des blocs de pierre d'un fort volume, les constructeurs romans se contentèrent de l'apparence; ils dressèrent des parements formés de placages de pierres posées en *délit* le plus souvent et d'une faible épaisseur. » Ainsi, en puisant dans les

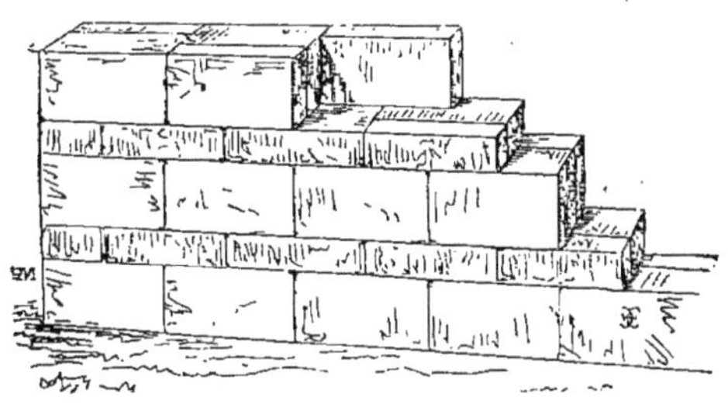

OPUS PSEUDISODOMUM.

entrailles de la terre les matériaux dont il se servira, l'architecte y trouve le principe de leur création et le secret de leur solidité. Il n'a donc plus qu'à suivre dans son ouvrage les lois que la nature a observées dans le sien, lorsqu'elle a formé lentement et par couches successives des concrétions qui ont pris, en naissant au sein des carrières, une assiette inébranlable.

Dans tous les monuments de l'architecture, avons-nous dit, la solidité doit être apparente autant que réelle, et faire ainsi partie de la beauté. Il ne suffit pas à l'architecte de persuader l'esprit, il lui faut convaincre les yeux. Mais il y a deux genres de solidité, la pesanteur et la cohésion. La solidité par la pesanteur s'appelle stabilité. Quand les matériaux sont énormes, ils sont stables par leur poids, *mole suâ*; il est alors inutile de les cimenter. Lorsqu'ils ont construit ces murs cyclopéens qui sont une superposition de rochers, les Pélasges n'ont usé d'aucun ciment. Telle pierre qui cube vingt-quatre mètres et qui pèse dix milliers peut être considérée à elle seule comme une masse de maçonnerie adhérente au sol avec une force égale à son poids... Cependant la construction cyclopéenne cesserait elle-même d'être solide si elle s'élevait outre mesure, à moins d'avoir l'épaisseur d'une montagne. Il faut donc, pour le mur qui doit se développer considérablement en élévation, réunir les deux genres de solidité, cohésion et pesanteur. C'est ici que les différents peuples, tout en accusant la diversité de leur génie par le côté extérieur de leur architecture, ont dû obéir, dans le fait de construire, à certaines règles communes et à peu près invariables.

Il est de principe général que tous les joints d'un mur doivent être verticaux et tous les lits horizontaux, et que les joints d'une assise ne doivent jamais rencontrer les joints de l'assise inférieure ou supérieure, mais doivent correspondre, s'il se peut, au point-milieu de la pierre qui est immédiatement au-dessus ou au-dessous. En disposant ainsi les pierres, l'architecte assure et rend évidente la solidité de sa construction; car si deux pierres viennent à se disjoindre dans une assise, cette disjonction ne peut se prolonger dans l'assise inférieure. Lorsque toutes les assises sont de hauteur égale et que toutes les pierres ont les mêmes dimensions, on en forme cet appareil simple et parfait qui se remarque dans la plupart des constructions antiques de la Grèce, notamment au temple d'Érechthée, au temple de la Victoire Aptère, au Parthénon; c'est celui que Vitruve a nommé *opus isodomum* (du grec ἰσόδομον) ; les pierres y sont reliées ordinairement par des crampons de bois ou de bronze.

Mais, avec des pierres de même forme et de dimensions égales, on peut dresser un autre appareil. Si, par exemple, la longueur de chaque pierre est double ou triple de sa largeur, on les présente alternativement par leur face longue et par leur face étroite. Les premières, celles qui offrent à l'extérieur leur surface longue, sont les *carreaux*; les secondes, celles dont la longueur est engagée dans la muraille, sont les *boutisses* ; mais si la boutisse fait parement sur les deux

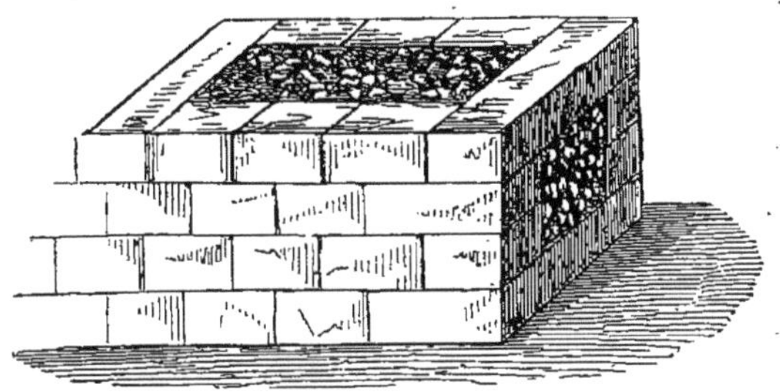

EMPLECTON.

faces du mur, elle prend le nom de *parpaing*. Dans le cas présent, il faut deux ou trois carreaux pour égaler l'épaisseur du mur, tandis qu'un seul parpaing mesure cette épaisseur. Quelquefois toute une assise est composée de pierres vues en longueur, tandis que l'assise qui précède et celle qui suit offrent un rang de pierres vues par le petit côté. Les Athéniens ont appareillé de cette manière le mur de la terrasse sur laquelle est bâti le temple de la Victoire Aptère.

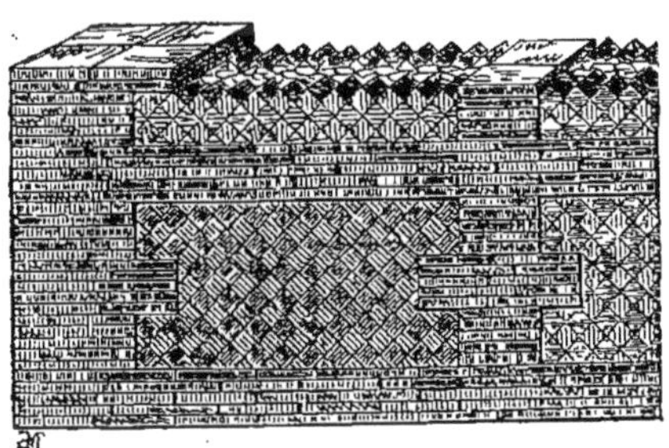

OPUS RETICULATUM.

Lorsque les carrières fournissent des bancs de hauteurs inégales, on construit le mur avec des assises alternativement hautes et basses. Cet appareil constitue l'*opus pseudisodomum* (en grec ψευδισόδομον) ; pour qu'il produise un bon effet, il convient que la hauteur de la petite assise n'ait que les deux tiers de la hauteur de la grande, et que les pierres de l'une et l'autre assise aient en longueur deux fois leur hauteur.

Taillés à angles aigus et ajustés avec la dernière précision comme les granites égyptiens, les beaux marbres grecs forment des murs unis dont la symétrie constante ou alternée produit un effet de calme et de silence, quelquefois solennel. Sur le fond tranquille de ces murailles se détacheront le plus souvent des colonnes où l'on a creusé des cannelures aux vives arêtes, et les saillies délicates de l'ornementation, et les jeux variés de la lumière et de l'ombre. Il faut n'avoir jamais vu les temples de l'Attique ou ceux de la Grande-Grèce pour ne pas comprendre l'expression imposante de l'*isodomum*, et l'idée qui s'y attache infailliblement, celle d'un obstacle inattaquable.

Quand les murs devaient être d'une grande épaisseur, les anciens se contentaient d'en tailler régulièrement les deux faces, et ils remplissaient l'espace intérieur, resté vide entre les deux, avec une maçonnerie de blocage, ce qui veut dire qu'ils y versaient pêle-mêle des blocs de menues pierres dans un bain de mortier ; ainsi du moins en usaient les Romains, selon le témoignage de Vitruve. Le mur se composait alors de trois croûtes (*crustæ*), savoir : les deux parements et le remplissage. Mais les Grecs opéraient avec plus de soin : au lieu de ne remplir le vide qu'après coup, dit l'auteur romain, ils bâtissaient au fur et à mesure la maçonnerie intérieure et ils entretenaient constamment le niveau entre le milieu et les assises. C'est le système qu'ils appelaient *emplecton* (ἐμπλεκτόν).

Veut-on saisir le pourquoi de ces combinaisons mixtes et analyser le sentiment qu'elles expriment? Il suffit de se rappeler l'impression de singulière mélancolie que chacun de nous a éprouvé dans les champs lorsqu'il y a rencontré un vieux mur de parc, un de ces murs sans assises visibles, sans forme et sans fin, qui penchent, qui bombent, qui végètent, et où l'œil ne peut saisir aucun rudiment de construction. C'est à peine si l'on soupçonnerait la main de l'homme dans ces murailles que l'art n'a point définies et qui ne sont pas plus de l'architecture qu'un pan d'étoffe n'est un habit; mais si l'on aperçoit au prochain détour un jambage de porte, un linteau ferme ou une arcade, ou bien les pierres de taille qui encadrent un saut-de-loup, on est averti aussitôt que le mur informe se rattachait à des matériaux plus résistants, dans lesquels on retrouve l'horizontale et la verticale, l'assiette et l'élévation.

OPUS INCERTUM.

Les Romains ont mis en pratique deux autres genres de maçonnerie qui modifient sensiblement l'aspect de la construction : ce sont le *reticulatum* et l'*incertum*.

L'ouvrage nommé par Vitruve *reticulatum* est formé de petites pierres qui présentent toutes un face carrée et que l'on pose sur un

APPAREIL POLYGONAL.

angle au lieu de les poser sur leur lit, de manière que les joints forment des diagonales croisées, ce qui donne au mur l'apparence d'un réseau, d'où lui est venu son nom de réticulaire ou de maçonnerie *maillée*. Cet appareil peut avoir sans doute quelque chose d'agréable aux yeux quand il s'agit de petits matériaux ; dans le cas contraire, il serait monstrueux et peu solide. Il est en effet sensible au regard que si les pierres étaient grandes, elles agiraient ici comme coins et tendraient à disjoindre le mur; petites, elles sont noyées dans la liaison et font masse avec le mortier. Cependant le constructeur romain, pour maintenir son appareil réticulaire, le coupe de distance en distance par des assises horizontales de briques ou de pierres plates, et il dresse aux angles saillants des montants latéraux ; de façon que, tout en assurant la solidité, il encadre le réseau dans la maçonnerie ordinaire, comme on ferait d'un panneau de stuc qui doit varier le spectacle du mur.

L'ouvrage dit *incertum* consiste à employer des pierres telles qu'on les trouve, avec leurs contours irréguliers, et à les disposer sans ordre, selon qu'elles s'assemblent le mieux. Ce genre de maçonnerie rappelle en petit les constructions cyclopéennes du second âge, celles où les Pélasges assemblèrent des pierres colossales à prismes irréguliers, et les ajustèrent, sans le secours du ciment, avec une certaine précision. Ce système, que le classique Rondelet (*Art de bâtir*) nomme l'appareil polygonal, fut imité par les Grecs, même après les temps héroïques. Mais dans l'*opus incertum* de Vitruve, renouvelé de nos jours, dans maintes constructions, les pierres ne sont pas jointes à sec, comme celles des Pélasges, qui, mesurant parfois jusqu'à cinq ou six mètres de longueur sur deux de hauteur, se soutiennent par leur coupe et par l'énormité de leur poids. Le ciment joue ici, au contraire, un rôle très important, et on lui donne une saillie visible, non seulement afin d'accuser avec énergie la maille inégale et sauvage qui enchaîne toutes les pierres, mais encore afin que le temps et l'air aient quelque chose à ronger avant d'atteindre au ras du mur.

C'est aussi pour donner satisfaction au regard que l'architecte, quand il a bâti en moellons ou en briques, met en évidence des *chaînes* de pierres, c'est-à-dire des piles formées d'assises en pierres de taille, qui renforcent la maçonnerie par des points d'appui plus résistants. Ces pieres de taille sont alternativement présentées par leur face étroite (en boutisses) et par leur face longue (en carreaux). Leur liaison avec la muraille qu'elles soutiennent est rendue sensible par les pierres longues qui s'y engagent, et dont la partie excédente se nomme *harpe*. La chaîne est dite simple quand elle fait harpe d'un seul côté; double, quand elle a deux harpes. La plus petite

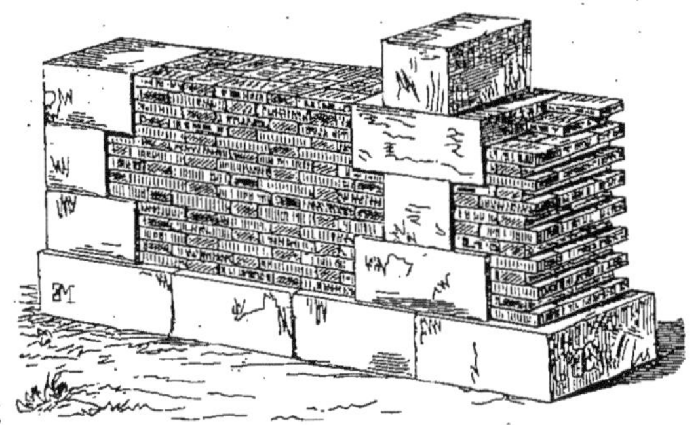

CHAINES DE PIERRES.

distance qu'on doive mettre entre les chaînes est égale à la hauteur du mur; la plus grande ne doit pas dépasser le triple de cette hauteur. Il est si vrai que la solidité touche à la beauté, que souvent l'architecte, là même où il n'élève pas de chaînes, prend la peine d'en figurer, bien que ce soit généralement une faute, en architecture, de fausser les apparences. Lorsqu'on bâtit des chaînes ou qu'on les

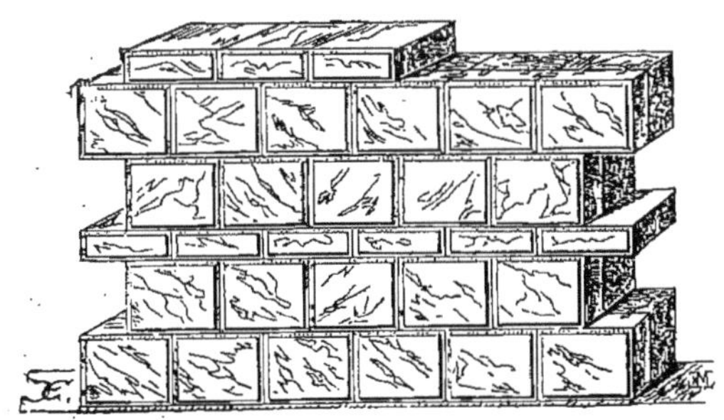

MURS EN BOSSAGES.
(Temple de Vesta.)

figure aux angles de l'édifice, on a soin de montrer les pierres longues d'un côté, courtes de l'autre, les courtes devant avoir une largeur égale à l'épaisseur du mur, dont elles représentent l'extrémité.

Par ce besoin de manifester aux yeux les matériaux de son art et le système de sa construction, l'architecte a été conduit à marquer fortement, dans certains cas, toutes les lignes de son appareil. Il en indique alors les lits et les joints, ou les lits seulement, par des rainures qu'on appelle *refends*. Les Grecs ont usé rarement de ce moyen. Toutefois on le trouve employé à Athènes, dans le piédestal du petit monument choragique de Lysicrate (vulgairement et improprement appelé Lanterne de Démosthène), et cela sans doute parce que le piédestal était en pierre et le monument en marbre pentélique. La rudesse de la base, ainsi accusée, faisait mieux ressortir l'exquise délicatesse d'un monument qui était travaillé, ciselé et fini comme un ivoire.

Les Athéniens avaient un goût trop pur, un sentiment trop élevé du beau pour donner de l'importance à chacune des pierres dont se compose un édifice, et pour faire ainsi valoir les détails aux dépens de l'ensemble. Moins artistes, les Romains enchérirent sur l'idée de leurs maîtres. Ils imaginèrent de creuser plus profondément les rainures; ils affectèrent de mettre en saillie tous les parements et ils en firent des *bossages*. Ce qui n'était chez les Grecs qu'un aveu des matériaux, en fut chez les Romains une ostentation. Il faut reconnaître cependant que les architectes romains firent un emploi intelligent du bossage, et qu'ils l'appliquèrent très habilement à des édifices populaires dont le caractère veut être mâle et fort, tels que l'amphithéâtre de Vérone, ou à des ouvrages de défense et d'utilité publiques, qui doivent accuser l'énergie de leur résistance, tels que portes de villes, aqueducs, murailles de soutènement. Quelquefois ils employèrent le bossage seulement pour mettre en vue les beaux marbres qu'ils possédaient en abondance et que la conquête leur avait procurés; mais ils comprirent toujours que les refends et les bossages sont destinés à montrer l'ossature du monument, et qu'ils doivent être, non pas un mensonge de pierre, mais une image frappante des vérités de la construction. A Rome, dans le mur circulaire du temple de Vesta, dont les assises de marbre sont d'inégale hauteur (en *pseudisodomum*), le bossage indique franchement les parties du mur qui sont simplement revêtues d'une dalle de marbre, et qui sont reliées par une assise dont les marbres occupent toute l'épaisseur du mur et font parpaing. On devine que les assises basses ont en profondeur ce qui leur manque en hauteur, et l'inégalité des assises, que d'autres auraient cru devoir dissimuler, est ici clairement manifestée au regard, et se change en un motif de décoration qui rompt l'uniformité de la muraille.

Les Romains allèrent encore plus loin : ils prirent ou ils feignirent de prendre au sérieux les surfaces, restées brutes, des monuments inachevés qui n'ont pas reçu le dernier poli, et ils transformèrent en ornement ce qui était le pur effet d'un manque de temps ou une imperfection due à la négligence. On en cite un exemple célèbre : le palais que Dioclétien fit bâtir à Spalatro, en Dalmatie. Cet empereur avait envoyé des émissaires dans les carrières de Paros, avec ordre d'emporter tout ce qu'ils trouveraient de marbres demeurés sans emploi. Les ouvriers en rapportèrent quelques morceaux déjà travaillés avec soin par d'anciens artistes grecs, mais aussi beaucoup de chapiteaux dégrossis, des tambours de colonnes ébauchés, des poutres de marbre imparfaitement équarries, et tous ces éléments furent mis en œuvre par l'architecte, dans le palais de Spalatro, tels que le hasard les avait procurés.

Ces sortes de méprises, volontaires ou non, étaient devenues en Italie, au XVe siècle, tout un système d'architecture qui finit par

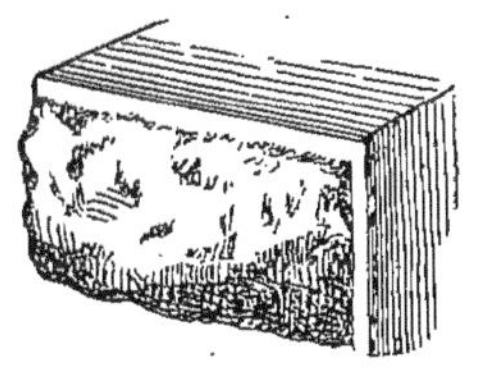
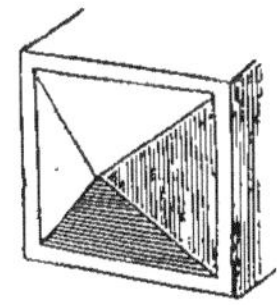

avoir ses variantes prévues et ses règles, et qui distingua le style des Florentins, souvent imité, depuis la Renaissance. Tantôt ils rabattaient les angles du bossage et les taillaient en biseau, tantôt ils lui prêtaient la forme d'une table, tantôt ils arrondissaient les arêtes saillantes ou donnaient à l'ensemble même du bossage une forme cylindrique. Les uns laissaient le parement de la pierre à l'état de rude ébauche ; les autres, au contraire, le façonnaient en pointe de diamant. Ceux-ci piquaient des trous dans le bossage ; ceux-là le représentaient *vermiculé*, c'est-à-dire qu'ils y creusaient des sillons sinueux, pour simuler, non pas une matière rongée par les vers, comme on l'a dit souvent, mais plutôt l'effet produit par le refroidissement et la dessiccation des corps pâteu la soxu, urface gercée qui se remarque, dans la nature, sur certains minéraux. Quelquefois l'architecte, voulant décorer la fontaine d'un jardin, en vint à imiter sur la pierre saillante les dépôts formés par la filtration des eaux dans les grottes naturelles, les congélations pendantes, les stalactites. On en voit un exemple dans la fontaine du Luxembourg, à Paris. Ce palais célèbre, conçu par Jacques (d'autres disent Salomon) de Brosse pour Marie de Médecis, est construit tout en bossages, à l'imitation du style florentin. Sans avoir à étudier ici l'architecture toscane, nous pouvons entrevoir dès à présent que l'appareil en bossage vaut surtout comme faisant contraste par son aspérité fière avec la douceur et la tranquillité des parties lisses, et que, s'il devient fatigant pour les yeux lorsqu'on en use immodérément, il peut introduire une variété de plus dans l'architecture, en rappelant, avec une intention d'ironie, au milieu des raffinements de la ville, la grossièreté primitive des choses rustiques.

Le lecteur a déjà compris qu'à ces diverses manières de combiner les matériaux et de les relier entre eux s'attachent des sentiments de différente nature. L'*isodomum*, dans sa régularité parfaite, a une expression grave, d'autant plus grave chez les Grecs qu'ils excellaient à dissimuler les joints de leurs marbres, et savaient rendre ces joints imperceptibles. Si les joints disparaissent, on n'a plus devant soi qu'un grand mur uni ou plutôt qu'une seule pierre immense qui, ne laissant aucune prise au regard, aucun passage à la pensée, produit l'effet d'un corps impénétrable. Si les joints sont visibles, il y a quelque chose de tranquille et comme de fatal dans leur égalité constante, dans leur symétrie inexorable. Et cette impression se vérifie d'une manière frappante par la contre-épreuve. Lorsque la construction présente l'ouvrage *pseudisodomum*, l'inégalité des assises et la légère modification qui en résulte sont un commencement de distraction pour les yeux. L'unité austère de la construction est rompue : elle fait place maintenant à une double symétrie. Si l'on passe à la maçonnerie maillée, au *reticulatum*, on y trouve l'intention évidente d'amuser l'œil par une variété qui touche au caprice : tout caractère sérieux a disparu. L'*incertum*, au contraire, a quelque chose de farouche dans son irrégularité brute, et il représente, pour ainsi dire, des éléments sauvages, assujettis aux besoins de l'homme civilisé, et enchaînés par la force du ciment mis en relief. Ce sentiment a été admirablement compris par les ingénieurs militaires qui ont construit en *incertum* la prison des Conseils de guerre, à Paris. Il est impossible de regarder ces âpres murailles sans songer qu'elles cachent une prison dure et un tribunal terrible.

Que si l'on vient aux refends et aux bossages, on est impressionné tout autrement que par l'isodomum du temple grec. La construction en bossage ne peut être imposante que si les matériaux en sont énormes, car au lieu de présenter l'idée d'un infranchissable rempart, elle semble offrir par ses saillies mêmes une invitation à l'assaut. En un instant, l'esprit la mesure et l'escalade. Ici encore, on voit clairement que l'expression d'un appareil dépend de la dimension des matériaux. Telle forme, restant la même, peut devenir gaie en petit, terrible en grand. Si le bossage dépasse la proportion humaine, il manifeste l'idée de la fortification et il la réalise ; s'il est inférieur à cette proportion, c'est une simple métaphore architectonique pour figurer la force là où elle n'est plus. Dans tous les cas, le bossage, en produisant un jeu compliqué de lumières, d'ombres et de reflets, est une simple récréation ménagée à l'œil du spectateur, et à moins de déterminer par ses contours des dimensions colossales qui révèlent une volonté fière, il ne saurait nous procurer cette impression solennelle que font sur nous les murs unis et formidables du pylone égyptien ou du temple grec.

Le plomb, le zinc, l'ardoise étant réservés à la couverture des édifices, nous aurons à en considérer plus tard les effets. Il nous reste maintenant à parler des murailles construites en pans de bois. Celles-là n'appartiennent guère au grand art parce qu'elles manquent de stabilité et ne sont employées le plus souvent que dans les bâtiments privés ou rustiques. Toutefois la construction en bois est soumise, comme les autres, à ce principe général, qu'il faut mettre en évidence les données essentielles de la construction. On devra donc rendre les assemblages du bois aussi apparents que ceux de la pierre, au moins dans les murs de façade. C'est ainsi que l'ont toujours entendu les architectes provinciaux de l'ancienne France. Il serait contraire à la dignité de l'art et à ses fins de couvrir les bois d'un enduit pour leur donner un faux air de maçonnerie, et encore plus d'y figurer des refends et des bossages pour indiquer l'emploi des pierres de taille là où il n'y a qu'un système de charpentes dont les vides sont bouchés par un remplissage de briques ou de petits moellons. C'est à l'architecte de changer en élégance la nécessité qui s'impose à lui, comme ont su le faire les montagnards suisses. Au moyen des sculptures qui peuvent décorer les poteaux et les sablières, c'est-à-dire les pièces verticales et horizontales, au moyen des couleurs, qui seront ici employées fort à propos pour conserver le bois et pour en égayer l'aspect, l'artiste compensera du moins par un agrément pittoresque a légèreté d'une matière qui, ne pouvant garder l'invariabilité de ses angles, ne saurait offrir aux regards la majesté d'une pesanteur inébranlable, ni faire naître l'espérance d'une éternelle durée. « Sans doute, sous le rapport de l'art, dit M. Léonce Reynaud (*Traité d'Architecture*), un mur en pierres de taille produit, à un certain point de vue, un meilleur effet qu'un pan de bois ; il a quelque chose de plus monumental ; il annonce plus de puissance, il promet plus de durée et un meilleur abri ; et cependant tel est sur notre esprit l'empire du vrai, tel est le charme de la naïveté, que la vue des vieilles maisons bâties en bois par nos pères dans quelques provinces ne nous cause pas moins de plaisir que celle des constructions contemporaines en pierre. On les comparerait volontiers aux fabliaux du moyen âge ou aux gracieuses poésies légères de la Renaissance. Il y a là un genre d'attrait tout particulier que nous demanderions en vain à des compositions plus importantes ou d'un goût plus sévère. »

Ainsi que nous l'a montré l'architecture des Chinois, la construction en charpentes est essentiellement gaie parce qu'elle permet de faire prédominer franchement les vides sur les pleins, et qu'elle se prête aux décorations les plus variées. Ces Gaulois dont nous admirions tout à l'heure le naïf bon sens, ils ont employé le bois avec infiniment d'intelligence et de goût. Même à cette époque du moyen âge que notre imagination se représente sous des couleurs sombres, ils ont su introduire un élément de gaieté dans leur architecture familière en faisant servir les grandes portées du bois aux larges ouvertures, comme on en voit tant d'exemples à Saint-Malo, et lorsqu'ils se trouvaient resserrés par les besoins de la défense dans des rues étroites, tortueuses et obscures, ils se procuraient à l'intérieur, au moyen de murailles en vitrage, autant de lumière et autant d'air que nous en avons nous-mêmes dans ces rues spacieuses que nous ouvre et nous aligne maintenant, de toutes parts, une édilité ambitieuse, impatiente et magnifique.

Plus légères encore et plus hardies que la charpente, sans être moins durables, les constructions en fer répondent mieux à certains besoins qu'a enfantés le génie moderne ; elles peuvent, en effet, reposer sur des points d'appui plus espacés, elles bravent les incendies, et il est facile de les préserver de la rouille par un étamage à l'étain ou au zinc dont le procédé s'appelle *galvanisation*. Mis en œuvre comme élément principal de résistance, comme matière apparente de la construction, le fer en est relativement à ses débuts. L'art n'a donc pu déterminer encore les lois du beau dans ce genre d'architecture. Il est permis de conjecturer cependant que la solidité et la convenance y joueront un plus grand rôle que la beauté. Sans prétendre à fixer d'avance les formes que l'humanité emploiera dans l'avenir pour exprimer d'autres pensées que les nôtres, on peut croire que l'architecture réservera aux choses positives et aux combinaisons pratiques de l'ingénieur l'usage d'une matière qui nous semble impénétrable à la chaleur des âmes. Déjà nous avons vu la construction en fer produire, au centre de Paris, de brillantes innovations, dans ces Halles aux voûtes élancées, aux parois transparentes, qui laissent respirer et circuler librement des flots de peuple, et qui les abritent en plein air.

Le fer, quand il est forgé, possède sous un moindre volume plus de résistance à la rupture et à l'écrasement que n'en ont les autres matériaux. Il est dans sa nature de se développer toujours en longueur et jamais en largeur. On ne pourra donc établir aucun plein dans un édifice construit tout en fer, et les vides n'en seront remplis que par des vitrages. L'absence des pleins condamnera dès lors ce mode de constructions à ne montrer jamais qu'une des faces de l'art et de la vie, et à n'employer qu'un des termes dont se compose l'éloquence de l'architecture... Après tout, qui oserait prévoir quels désirs agiteront les hommes des générations futures ? Peut-être trouvera-t-on à effacer plus tard ce qu'il y a d'ingrat dans ces matériaux métalliques, et ce qu'ils ont d'hostile en apparence aux pensées morales, aux sentiments tendres et intimes. Mais comme le fond de la nature humaine est invariable, la pierre, le marbre, le bois, la terre cuite demeureront sans aucun doute les éléments préférés de l'architecture, tant que les hommes auront à exprimer des idées ou des affections semblables à celles qu'ils ont déjà manifestées dans leurs monuments depuis soixante siècles. Et s'il était permis de prédire que l'esprit et le cœur de l'humanité se transformeront un jour au sein de sociétés nouvelles, les matériaux qui ont servi jusqu'à ce jour à écrire l'histoire monumentale du monde conserveront la poésie qui s'attache aux traditions antiques et aux longs souvenirs, alors même que les nations, répandues sur la terre déboisée, auraient inauguré l'âge de fer (1).

La configuration du sol. — Avant d'employer les ressources de la couleur, les arts du dessin produisent leurs effets par le mariage des lignes droites et des lignes courbes ; mais l'architecte surtout, dont les œuvres ont la nature pour cadre et le ciel pour fond, doit faire entrer d'abord dans ses combinaisons les lignes extérieures que lui fournit la situation de son monument. Lorsque la terre est montagneuse et qu'elle présente des courbes variées, on s'attend que l'architecture affectera les lignes droites ; lorsque le spectacle environnant se complique de lignes brisées et se tourmente, l'art est porté aux formes simples, aux contours reposés, aux profils qui se continuent.

Un grand peintre, qui a eu au plus haut degré le sentiment de l'architecture, Nicolas Poussin, a toujours l'attention de racheter par des lignes tranquilles le mouvement de la campagne, et de combiner l'invention de ses fabriques avec les données de la nature. Tantôt il coupe par des obélisques, des pyramides ou des fontaines le fond calme de son paysage ; tantôt il suppose au loin un pont ou un aqueduc romain qui contraste avec l'ondulation des collines et

(1) Le lecteur trouvera sur l'architecture en fer d'autres observations, et quelques aperçus de nature à l'intéresser dans le volume que publia l'auteur sur *les Beaux-Arts à l'Exposition universelle de* 1878. Depuis ce temps l'architecture en fer a fait de grands progrès, mais les considérations de M. Charles Blanc restent toujours justes.

asseoit le tableau. Chez lui, le regard trouve toujours quelque ligne horizontale pour joindre les montagnes les plus éloignées ou pour franchir un ravin. Mieux que personne, il a compris que l'architecte, avant de dessiner le plan de son édifice et d'en marquer la place, devait regarder à la configuration du sol, le plus souvent afin de contrarier les aspects naturels, quelquefois, au contraire, mais rarement, afin de s'y conformer et d'ajouter encore par ses propres artifices à l'énergie des impressions locales. Sous ce rapport, les voyages sont pour l'architecte un utile enseignement. En parcourant les diverses contrées que l'art a visitées avant lui, il verra comment le génie de l'homme a corrigé ou secondé les effets produits par le caractère du sol, et y a même puisé ses habitudes de construction. Dans tel pays où une grande partie de l'existence se passe sur les fleuves, comme en Chine, il arrive que les ponts, après avoir été un objet de nécessité, deviennent, sans aucun besoin, de simples motifs de décoration. Les Chinois en jettent partout; ils s'en servent pour accidenter leurs jardins, pour varier leurs perspectives, pour rompre l'uniformité d'un point de vue, et ils les construisent de cent manières différentes, en arc-en-ciel, en levier, en balancier, en poulies, à coulisse, à double bascule, en compas, en poutres empaillées, en barques renversées, en cordes tendues.... Dans les pays plats, les monuments s'élèvent davantage, comme pour tenir lieu d'observatoires, et, sans sortir de France, nous pouvons constater que les tours de nos plus hautes cathédrales (celles de Chartres, par exemple) dominent de vastes plaines à perte de vue. Au nord, dans les pays voilés, bas et monotones, l'architecture remue ses contours et multiplie ses nuances; elle détache sur le gris du ciel des toitures déchiquetées et souvent coloriées.

Quand la végétation est absente ou rare, l'architecte y supplée, autant qu'il le peut, par les ressources de la ligne et de la couleur. Par exemple, le voyageur qui regarde Venise du haut d'un campanile s'explique aussitôt l'architecture vénitienne. Sur le sol ingrat qu'ils ont disputé aux lagunes, les Vénitiens ont voulu compenser, par les décorations architectoniques, la stérilité morne d'une patrie sans arbres, sans prairies et sans fleurs. De là les innombrables édifices qui appellent et occupent sans cesse le regard. De tous côtés se dressent des clochers rouges, des tours roses, des flèches élégantes, tantôt quadrangulaires, tantôt coniques. Ici, c'est une basilique avec cinq coupoles qui paraissent lamées d'argent; là, c'est un dôme aux côtes rugueuses, aux enroulements de pierre, qui passe par tous les effets de la lumière et de l'ombre, de l'aurore au couchant. Plus loin, c'est une église qui se termine par une calotte de cuivre, puis une autre qui est flanquée d'aiguilles légères. Çà et là, sur l'étendue des lagunes, flottent des monuments qui forment comme des îles d'architecture. Tel bureau de douane s'annonce par une énorme boule d'or; telle façade est toute décorée de mosaïques : telle autre se hérisse de statues, ou bien se colore de revêtements magnifiques et enchante l'œil par les tons caressants des plus riches marbres, le vert de mer, le jaune antique, la brocatelle de Vérone, le bleu turquin, la brèche rose. Ensuite se déroule une rangée de palais arabes aux devantures découpées en dentelles, qui laissent entrevoir des perspectives profondes et qui réunissent le charme du mystère à la gaieté d'une façade percée à jour.... C'est à Venise surtout qu'il faut aller pour voir comment l'architecture subit l'influence du sol qui lui sert de base, soit qu'elle en cache la tristesse, soit qu'elle en achève et en couronne la beauté.

XII

L'ARCHITECTURE VARIE SUIVANT LA FORME ET LE CARACTÈRE DES SUPPORTS ET DES PARTIES SUPPORTÉES.

Tous les pleins d'une construction se composent de supports et de parties supportées. L'architecture peut donc se distinguer de deux manières, d'abord par la forme et le caractère des soutiens, ensuite par la forme et le caractère des masses soutenues. Nous avons vu combien l'aspect d'un simple mur est susceptible de varier selon la nature et l'assemblage des matériaux, et que la seule façon de les appareiller produit les impressions les plus diverses. Mais le mur est un support continu qui ne suffit pas toujours à la beauté des édifices, et qui souvent est contraire à leur destination. Il a donc fallu inventer des supports isolés, là où il était nécessaire de faciliter la circulation du peuple, et de laisser pénétrer l'air et le jour dans des édifices couverts. Les supports isolés se nomment des poteaux ou des piliers, suivant qu'ils sont en bois ou en pierre.

Le PILIER est la forme rudimentaire du support isolé ; c'est un massif vertical, carré ou polygone, qui porte une charge quelconque de maçonnerie. Le pilier s'appelle aussi *pilastre*, mais on lui donne particulièrement ce nom quand, au lieu d'être isolé, il est censé engagé dans le mur. Lorsque le pilier a la forme arrondie et qu'il demeure isolé, il prend le nom de *colonne*.

COLONNE. C'est un des grands plaisirs de l'esprit que de remonter à l'origine des choses, et cela parce que la raison humaine, étant logique par essence, se plaît à déduire et ne peut le faire qu'en s'appuyant sur des principes. Le mot français colonne vient du mot latin *columna*, dérivé lui-même de *columen*, qui signifie soutien, support. Ainsi l'étymologie l'indique, et il faudra s'en souvenir, la fonction véritable de la colonne est de supporter.

Originairement, les hommes trouvèrent sans doute leurs premiers abris soit dans les cavernes, soit dans les forêts ; ceux qui construisirent les premières huttes durent les appuyer d'abord aux troncs des arbres, avant de songer à couper ces arbres et à les équarrir pour les transporter et les utiliser ailleurs. Il n'est pas douteux que des arbres qui seraient plantés en ligne et qui auraient poussé droit seraient les plus fermes appuis d'une construction (en supposant, bien entendu, la sève arrêtée), si on les coupait à la hauteur où naissent les grosses branches. Le tronc d'arbre, en tant qu'il est rond et vertical, est donc en lui-même une image naturelle de la colonne. Élargi au niveau du sol, il va diminuant de bas en haut jusqu'à ce qu'il s'élargisse de nouveau et s'épanouisse à l'endroit où il se divise en branches. Il est donc naturel que la colonne diminue aussi à mesure qu'elle s'élève, et que par cette diminution elle tende à la forme d'un cône. L'instinct le plus vulgaire indiquerait d'ailleurs ce rétrécissement du diamètre, parce que le bas de la colonne devant porter, outre les charges supérieures, tout le poids de la colonne elle-même, il convient de répartir cette pression sur un plus grand espace.

Mais du moment que la colonne est destinée à soutenir un fardeau, il saute aux yeux qu'elle doit reprendre en haut l'élargissement qu'elle a pris en bas. De même qu'elle devait être plus large à sa base pour porter son propre poids, de même elle doit s'élargir à son sommet pour porter la charge qu'on lui imposera et pour lui offrir une assiette

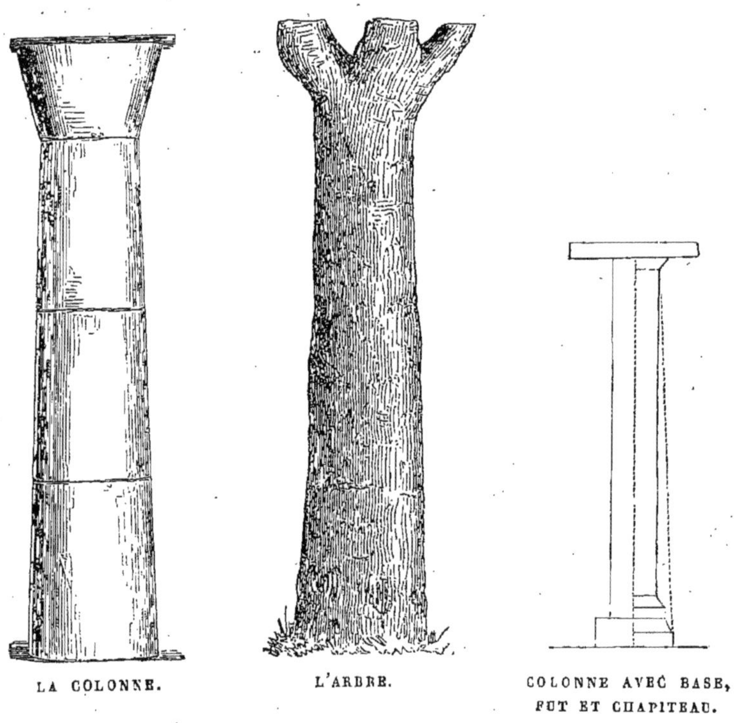

LA COLONNE. L'ARBRE. COLONNE AVEC BASE, FUT ET CHAPITEAU.

d'autant plus solide qu'elle a plus de surface. Cet évasement de la colonne dans sa partie supérieure est le *chapiteau*. Les Italiens le nomment *capitello*, du latin *caput*, tête, et ici encore l'étymologie nous dit la signification du chapiteau ; il est vraiment la tête du support. Tout le reste de la colonne, ce qui est compris entre le chapiteau et le sol, s'appelle le *fût*, du latin *fustis*, bâton. Mais comme la colonne est une réminiscence de l'arbre, on donne quelquefois au fût le nom de *tige*, qui rappelle mieux son origine naturelle. On dit aussi, par la même raison, le *tronc* de la colonne, et, dans d'autres cas, le *vif*.

Voilà donc les deux parties essentielles d'une colonne : le fût et le chapiteau. Les plus anciens architectes grecs n'en connaissaient pas d'autres. Cependant, par la suite, on ajouta aux colonnes une troisième partie, la *base*. La base est comme un plateau plus large sur lequel porte le fût, au lieu de porter immédiatement sur le sol. Mais du moment que la colonne, ayant une forme conique, est rendue suffisamment solide par cet élargissement inférieur, l'adjonction de la base ne dérive pas absolument des nécessités de la construction. Aussi a-t-elle donné lieu aux conjectures les plus diverses. De graves auteurs, tels que Léon-Baptiste Alberti, Palladio, Scamozzi, Quatremère de Quincy, ont prétendu, les uns que la base (dans laquelle il y a toujours une partie ronde) représentait un anneau de fer qui serait rivé au pied de la colonne, ou bien des matières molles que le poids de la colonne ferait sortir de terre; les autres, que la base figurait les planches plus ou moins épaisses que le constructeur primitif des édifices en bois avait mises sous les poteaux pour les préserver de l'humidité et les empêcher de pourrir. Mais la variété même de ces explications prouve bien que la base des colonnes ne doit pas son origine aux précautions raisonnées du constructeur. Ce qui importe à la stabilité d'une colonne, c'est qu'il y ait une transition entre la ligne verticale du fût et la ligne horizontale du sol. Cette transition peut se ménager par un ou plusieurs biseaux qui servent de renforts; l'on peut y suppléer aussi en donnant au support une forme pyramidale qui produit sur le sol, au lieu d'un angle droit, un angle plus ou moins ouvert. Les architectes français du XIIe siècle n'ont pas manqué de relier la base au fût par des biseaux, comme le fait observer M. Viollet-le-Duc; mais les Grecs des premiers temps avaient obtenu le même résultat en faisant pyramider la colonne et en confondant ainsi la base avec l'élargissement du fût. Les colonnes antiques de Pœstum, qui sont debout depuis deux mille huit cents ans, et les colonnes du Parthénon, qui ont résisté à l'explosion d'une poudrière, prouvent assez que le système de la colonne conique, sans base, présente toutes les garanties désirables de solidité. Si nous consultons maintenant la convenance, il est clair que la base est un obstacle à la circulation. Une foule qui doit passer entre des colonnes ne voit pas les bases, et s'y heurte les pieds, surtout si elles sont angulaires : on trouve donc un avantage à les supprimer. Il y a plus : si la colonne a une base, un fût et un chapiteau, c'est-à-dire un commencement, un milieu et une fin, elle forme un tout dans le tout, et l'esprit peut dès lors séparer le support de la chose supportée. Au contraire, si la base disparaît, la colonne n'est plus qu'un membre dépendant et inséparable de l'architecture ; elle fait corps avec le palais ou avec le temple.

Supposons que la colonne soit unique; qu'on la dresse sur une place publique pour la couronner par la statue d'un héros ou par l'image d'une victoire, comme, par exemple, la colonne Trajane à Rome, la colonne de Juillet à Paris : d'abord, par cela même qu'elle est isolée, c'est-à-dire qu'elle n'entre pas dans la composition d'un édifice, elle pourra posséder une base sans gêner la circulation; ensuite il sera impossible de la concevoir sans base, parce que, devant être à elle seule un tout, elle ne figurera pas comme support, mais comme monument. Or, la raison qui veut une base à une colonne isolée est la même qui condamne la base dans les colonnes d'un édifice. On offense le goût en faisant un tout semblable à une partie, comme on l'offense en faisant une partie semblable à un tout.

Mais les motifs puisés dans le sentiment sont peut-être plus puissants encore. Lorsque les colonnes n'ont point de base, l'imagination, les prolongeant par en bas, leur prête plus de hauteur sans leur prêter moins de force : elles ressemblent alors véritablement à des arbres, de telle sorte que l'édifice prend racine avec elles dans les profondeurs du sol. Avec une base, la colonne paraît posée ; sans base, elle paraît plantée. Rien de plus saisissant que l'effet produit par le vaisseau gothique de Saint-Ouen, église abbatiale bâtie à Rouen au XVIe siècle. Les piliers de cette belle nef, qui n'ont aucun épatement à leur naissance, s'élancent à une hauteur surprenante, en surgissant du pavé, comme si l'église où l'on se trouve n'était que la continuation d'une autre église souterraine. Ces piliers superbes font penser au chêne du fabuliste, à ce chêne dont la tête *au ciel est voisine*, et dont les pieds invisibles touchent à l'empire des morts... Mais où l'on éprouve une impression analogue d'une manière vraiment héroïque, c'est à Athènes lorsqu'on voit pour la première fois le Parthénon. Porté sur des colonnes sans base, ce temple auguste semble avoir émergé tout construit des entrailles de l'Acropole, de même que Minerve était sortie tout armée du cerveau de Jupiter.

Cependant les Grecs eux-mêmes, ces artistes par excellence, ont admis la base dans certains genres de colonnes, ainsi que nous le verrons au sujet des *ordres*. Mais, loin de la considérer comme un élément indispensable, ils l'ont employée comme un moyen de diversifier les caractères de leur éloquence, et souvent ils ont omis la base, même en employant les modes d'architecture où l'avaient introduite le besoin de la variété et la tyrannie de l'usage, ainsi que nous l'avons remarqué à Athènes, dans les colonnes de la Tour des Vents. Il reste donc établi que le fût et le chapiteau sont les deux parties *essentielles* de la colonne, quand elle fait support.

Mais si la colonne peut très bien se passer de base, à plus forte raison ne faut-il pas la guinder sur un piédestal. Le piédestal n'est en effet qu'un prolongement, une aggravation de la base. Non seulement ses angles sont un obstacle au passage, mais sa forme cubique est une affliction pour l'œil. On dirait que l'architecture accuse par là sa misère, et qu'ayant à sa disposition des colonnes trop courtes, elle les a montées sur des échasses. Rien ne saurait justifier en principe ce talon disgracieux, cette lourde excroissance. Combien de nos monuments ont été ainsi gâtés par des piédestaux! Les galeries du Palais-Royal en sont tout à fait déparées, j'entends celles qui sont situées entre le palais et le jardin. Le portique de l'ancien hôtel Soubise (occupé aujourd'hui par le Dépôt des archives), serait un des plus charmants ouvrages de notre architecture sans les piédestaux sur lesquels on a hissé les colonnes de la grande cour. Ces piédestaux malencontreux expriment d'ailleurs un mensonge, car ils semblent faits après coup pour raccorder l'ancien niveau du monument avec le niveau actuel du pavé. Le piédestal sous la colonne est donc un membre inutile, déplaisant, nuisible, lorsqu'il est employé dans un portique au rez-de-chaussée. Mais il a une raison d'être quand la construction a plusieurs étages et que le pavé de la colonnade est beaucoup plus élevé que le niveau commun du sol. Les colonnes peuvent alors porter sur un massif de maçonnerie formant piédestal continu, ou bien sur des socles séparés, mais reliés entre eux par une balustrade d'égale hauteur, qui remplira les entre-colonnements. Nous en avons des exemples dans la belle colonnade du Louvre et au Garde-Meuble. Si les colonnes n'avaient pas, cette fois, de piédestal, il faudrait les percer et en rompre la ligne pour établir la balustrade d'appui ou la grille en fer, nécessaire aux habitants du palais. D'un autre côté, dans un édifice riche et somptueux, ce balcon évidé est toujours préférable à un mur continu, parce que le spectateur placé sur le pavé de la ville aperçoit d'en bas à travers les jours de la grille ou les balustres, les hôtes élégants que lui cacherait un appui massif en pierres de taille.

Ainsi les règles de l'architecture sont le plus souvent conditionnelles; mais les lois de ce grand art n'en sont pas moins absolues dans le relatif, car elles reposent toutes sur la logique de l'esprit humain, et il faut bien reconnaître que le goût n'est souvent, en fin de compte, que le raffinement de la raison, le côté senti et délicat du simple bon sens.

Dans l'architecture grecque, les colonnes ne présentent généralement qu'une diminution bien sensible, celle qui, commençant au pied du fût et se continuant jusqu'à la naissance du chapiteau, donne au support l'apparence d'un cône tronqué. Il en est ainsi pour les colonnes des fameux Propylées d'Athènes, qui furent dessinées par Mnésiclès, et pour celles du petit portique en retour, appelé la Pinacothèque. Mais quelques monuments appartenant aussi à la grande époque présentent des colonnes légèrement renflées. Ce renflement, que les Grecs appelaient *entasis* (ἔντασις), se remarque, par exemple, dans le petit temple de Pœstum, celui qu'on regarde comme l'*atrium*. Les colonnes de ce temple se gonflent insensiblement avant de prononcer leur diminution, de sorte que la ligne partie du chapiteau, au lieu d'être une ligne droite jusqu'au sol, est une courbe dont la convexité se fait sentir avant d'arriver aux deux tiers du fût. En sens inverse, si l'on élève au pied de la colonne une perpendiculaire, cette ligne, après avoir dépassé le tiers du fût, s'en écartera de telle sorte que le diamètre, dans son plus grand rétrécissement, c'est-à-dire au sommet du fût, aura diminué d'un tiers et même de trente-huit centièmes. Mais cette contraction du diamètre supérieur, comme l'appelle Vitruve, *contractura*, est moins sensible dans les colonnes du temple de Minerve au cap Sunium, et dans celles du Parthénon, dont la beauté est exquise. Le diamètre se rétrécit au sommet du fût, non pas d'un tiers, mais d'un quart environ, ou, pour être plus précis, de vingt-sept centièmes. Il est donc certain que les plus belles colonnes grecques ont à la fois une diminution très visible dans la partie supérieure, et, vers le tiers inférieur, un très délicat renflement semblable à la panse légère d'un vase très élancé. Toutefois, ce renflement ne porte pas, on le voit, sur la verticale *mn*, partie du pied de la colonne, mais sur l'oblique *mo* qui joint le sommet à la base. En d'autres termes, l'*entasis* des Grecs n'est jamais égale au diamètre qui mesure la colonne à son pied : c'est toujours ce diamètre qui marque le maximum de largeur.

Ainsi les Grecs réunissaient dans leurs colonnes la solidité appa-

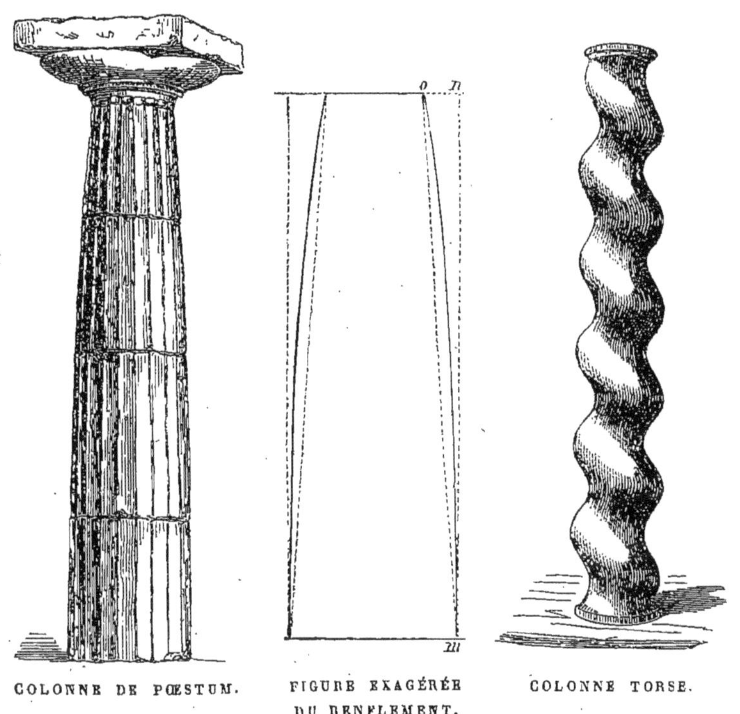

COLONNE DE PŒSTUM. FIGURE EXAGÉRÉE DU RENFLEMENT. COLONNE TORSE.

rente et réelle avec cet appoint d'élégance que les Italiens ont appelé *garbo*, et que nous appelons le *galbe*. En effet, si la colonne était d'un type allongé, elle paraîtrait tant soit peu faible entre le milieu et le tiers de sa hauteur. L'œil pourrait craindre qu'elle ne vînt à fléchir en cet endroit, qui est justement le point où une barre de fer plie avant de se rompre sous le fardeau qu'elle porte. Il est donc naturel que le support prenne un peu plus de force là où l'imagination le romprait. Mais en exagérant ce qui est plutôt un besoin de l'esprit qu'une nécessité de la construction, des architectes éminents, tels que Léon-Baptiste Alberti, sont allés jusqu'à placer le plus grand diamètre de la colonne au tiers ou aux trois septièmes de sa hauteur, de façon que la colonne, franchement diminuée par le haut et légèrement amincie par le bas, ressemble à un fuseau dont les deux pointes seraient abattues ; aussi lui a-t-on donné le nom de colonne *fuselée*, et ce nom exprime fort bien l'excès d'un tel renflement. Vitruve, qui florissait sous le règne d'Auguste, quatre siècles après le bel âge de l'architecture antique, parle de l'*entasis* comme ayant été placée par les Romains et par les Grecs eux-mêmes au milieu de la colonne, et il ajoute : « Une figure que j'ai dessinée à la fin de mon livre montrera comment on peut adoucir ce renflement et le rendre convenable. » Mais cette figure s'étant perdue, comme toutes celles qui accompagnaient le texte de Vitruve, des maîtres modernes, Vignole, François Blondel, Claude Perrault, y ont suppléé par des moyens ingénieux dont la connaissance technique n'importe qu'aux praticiens. Le présent ouvrage n'est pas un traité d'architecture à l'usage des architectes, c'est plutôt une grammaire à l'usage du spectateur qui examine leurs œuvres.

Que dire maintenant des colonnes torses? N'est-ce pas le comble de la déraison que de prêter une forme serpentine à ce que doit être l'image de la solidité? Donner l'apparence d'une spirale à ce qui représente un support! la seule idée en est effrayante, car il n'est pas de stabilité possible là où les axes des supports cessent d'être rigides et verticaux. Il suffit même qu'ils cessent de le *paraître*, pour que les principes soient violés. Aussi l'antiquité n'offre-t-elle aucun exemple de colonnes torses, si ce n'est dans l'art dégénéré et corrompu du Bas-Empire. Les plus anciennes colonnes torses que l'on connaisse et qui existent encore sont celles qui furent cédées par l'exarque de Ravenne, Eutychius, au pape Grégoire III, vers le milieu du VIIIe siècle. Plus tard, ces colonnes furent imitées, d'abord par Laurent Bernin dans le baldaquin de Saint-Pierre de Rome, érigé sous le pontificat d'Urbain VIII, ensuite par Mansard, aux Invalides. On vit des colonnes colossales serpenter en l'air comme des flammes, et les éléments massifs d'un édifice en bronze prendre les formes capricieuses d'un immense décor. Quoi qu'on puisse dire pour justifier cette fantaisie décorative, il est certain que les colonnes torses sont intolérables en architecture, à moins qu'on ne les emploie dans les petites parties, là où le regard n'a pas besoin d'être rassuré, par exemple dans les meneaux d'une fenêtre ou dans les chambranles d'une cheminée. Laugier compare judicieusement ces colonnes aux jambes estropiées d'un bancroche, parce qu'en effet c'est l'ossature même du support qui semble avoir fléchi, et que les colonnes torses, telles que Bernin les a faites, ne présentent pas seulement une torsion, mais une contorsion. Ce n'est donc pas à dire absolument que la colonne ne puisse jamais revêtir l'apparence d'un corps dont les surfaces ont tendu au léger mouvement d'une spirale très allongée, comme on en voit des modèles dans le moyen âge. Si la colonne a tourné autour de son axe, mais que l'axe lui-même semble n'avoir pas tourné, la verticale persiste, les yeux sont satisfaits, et l'architecture a pu s'enrichir d'une expression nouvelle.

Tout ce qui précède s'applique à la colonne en général ; mais il y a divers genres de colonnes, et chacun de ces genres, comme nous le verrons dans les propositions suivantes, a ses lois spéciales, son expression particulière et, pour ainsi dire, son costume propre.

XIII

LA VARIÉTÉ DES SUPPORTS ÉTANT COMMUNE A PLUSIEURS ARCHITECTURES, IL CONVIENT DE LES DISTINGUER ENTRE ELLES PAR LA FORME ET LE CARACTÈRE DES PARTIES SUPPORTÉES, ET QUELLE QUE SOIT LA DIVERSITÉ DE CES PARTIES DISTINCTIVES, ON PEUT LES RAMENER A DEUX SYSTÈMES PRINCIPAUX : LA PLATE-BANDE ET L'ARC.

Toute architecture a pour supports verticaux des murs, des piliers ou des colonnes ; mais il y a différentes manières de fermer la partie supérieure de l'édifice, c'est-à-dire de couvrir l'espace qui sépare les colonnes ou les murs. Le mode le plus simple, celui qui s'est offert le premier à l'esprit des hommes, consiste à poser sur les supports verticaux des pierres horizontales assez grandes pour réunir deux points d'appui. Quand les supports se touchent et forment des murs, un seul rang de pierres suffit à couvrir l'édifice. Telle est la construction des monuments druidiques de l'ancienne Gaule, notamment celle de la Roche-aux-Fées, en Bretagne. Quand les supports sont des piliers ou des colonnes, il faut superposer l'un à l'autre deux rangs de pierres. Les pierres du premier rang portent immédiatement sur les points d'appui et par conséquent laissent entre elles des vides (à moins d'être colossales et de toucher à la fois, par une dimension tout à fait exceptionnelle, à quatre piliers); les pierres du second rang portent sur les premières et sont juxtaposées de façon à couvrir ces vides, qui sont l'intervalle existant entre deux rangées de colonnes, ou bien entre une rangée de colonnes et un mur. Le bâtiment étant alors couvert en

PLATE-BANDE ÉGYPTIENNE.

MONUMENT DRUIDIQUE DE LA ROCHE-AUX-FÉES.

terrasse, le second rang de pierres fait saillie sur le premier afin d'écarter la chute des eaux pluviales et d'en préserver le pied des colonnes ou le pied du mur. Comme nous l'avons dit, c'est la forme la plus ancienne de construction en pierre dans l'antique Orient, en Égypte, en Perse, dans l'Inde et au Mexique. Mais les

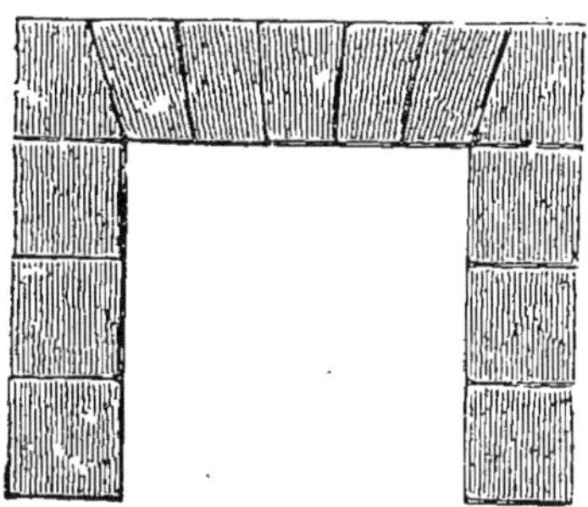

Grecs, vivant sous un climat plus variable que celui de l'Afrique ou de l'Asie, eurent besoin de toitures, et ils durent surajouter à la terrasse orientale une couverture à deux pentes qui termina l'édifice sur deux façades par l'élévation triangulaire que l'on appelle *fronton*. Toutefois, la stabilité de cette construction nouvelle reposa toujours sur des supports horizontaux. Leur architecture ne différa donc

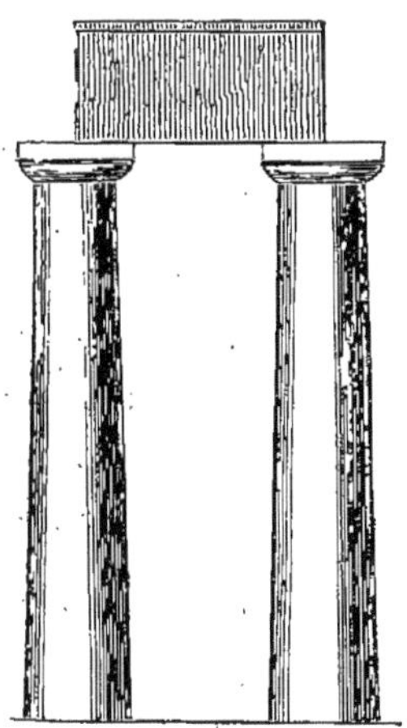

point de celle des Égyptiens; elle eut le même principe, celui des pierres posées à plat sur les murs ou les colonnes. Ce fut une architecture en *plate-bande* ; on nomme ainsi le système que nous venons de décrire.

Cependant la plate-bande exigeait des pierres d'une grande portée et d'une épaisseur correspondante; or tous les pays n'en produisent point de pareilles. L'architecte se trouvait donc dans la dépendance des matériaux, puisque c'était la grandeur des pierres qui déterminait l'écartement des points d'appui. Que si on voulait se passer de pierres et employer le bois de charpente, on tombait dans l'inconvénient d'une construction moins solide, peu monumentale et plus sujette à périr par la pourriture et par le feu.

Il n'y avait qu'un moyen pour l'architecte d'échapper à une telle servitude. Il pouvait sans doute, comme les Romains l'ont fait souvent, par exemple au théâtre d'Orange, suppléer aux grandes pierres par ces pierres plus petites appelées *claveaux*, qu'on taille en forme de coin, et qui se soutiennent par leur coupe et au moyen d'armatures en fer cachées aux regards. Mais cette méthode, dont la pratique devient aujourd'hui si générale, est essentiellement vicieuse, parce qu'elle n'offre ni la solidité réelle ni la solidité apparente. L'œil aperçoit avec inquiétude ces plates-bandes factices qui menacent de glisser et semblent tenir par miracle, tandis que l'esprit en prévoit la ruine avec frayeur.

Il fallut donc inventer un moyen pour couvrir de grands vides avec de petits matériaux, et pour espacer les supports, non plus selon la grandeur des pierres, mais selon les convenances de l'architecte et la destination du monument. Ce progrès immense fut accompli lorsqu'on eut trouvé l'art de construire une voûte. La plate-bande put être alors remplacée par un arc. Au lieu de réunir deux points d'appui avec une pierre d'un seul morceau, on franchit l'intervalle qui les séparait en appareillant des pierres plus petites suivant une courbe. Nous verrons dans la suite de cet ouvrage combien cette courbe a varié. Les Étrusques et les Romains l'ont dessinée en plein cintre, ce qui veut dire en demi-cercle ; quelquefois ils l'ont surbaissée, c'est-à-dire formée par un demi-ovale, ou, comme s'exprime le langage populaire, en *anse de panier*. Les Arabes ont préféré l'arc *outre-passé*, autrement dit en *fer à cheval*. Les chrétiens du moyen âge l'ont exhaussé en ogive. Mais, quelle que soit l'importance historique du style ogival et du style arabe, ces deux architectures n'en sont pas moins réductibles au système de l'arc, parce que la solidité des parties soutenues résulte de l'appui mutuel que se prêtent deux pesanteurs inclinées, deux arcs de cercle. Il est donc vrai de dire que toutes les variétés de l'architecture se peuvent réduire à deux principes générateurs : la plate-bande et l'arc.

XIV

LES FORMES DE L'ARCHITECTURE DANS TOUS LES SYSTÈMES ONT DIFFÉRENTES ORIGINES : ELLES SONT ENGENDRÉES, OU PAR LES NÉCESSITÉS DE LA CONSTRUCTION, OU PAR LE BESOIN D'UNE EXPRESSION POÉTIQUE, OU PAR L'IMITATION DE LA NATURE.

Il faut s'arrêter ici un instant pour donner au lecteur la clef de ce qui va suivre. Si l'on veut comprendre le langage de l'architecture, il ne suffit pas toujours d'en chercher les origines dans la construction. C'est là, sans doute, que le plus souvent on les trouve ; mais l'expression de ce grand art a d'autres causes, des causes plus subtiles, des sources plus mystérieuses et plus profondes. Toutes les formes n'ont pas été engendrées par les lois qui régissent la pesanteur et le jeu des forces, ou par celles qui corrigent les illusions de l'optique ; il est des formes que l'esprit a créées par ce besoin de poésie qui est inséparable de la nature humaine. Il en est qui expriment, non pas seulement un mécanisme inévitable, mais des pensées, des sentiments et même des rêves.

On peut concevoir un édifice qui serait parfaitement assis et bien proportionné sans avoir d'autres lignes que des droites et d'autres solides que des cubes. Ce n'est donc pas la nécessité de la construction qui peut seule exprimer le galbe de certaines formes, le caractère et la grâce de certaines courbes. L'architecture, née en Orient, s'était ressentie de l'imagination de ses inventeurs, et les Grecs, tout en soumettant au contrôle d'une raison exquise les qualités expressives d'un art qu'ils avaient mission de perfectionner, les Grecs y laissèrent l'empreinte de la poésie orientale.

Au commencement, nous l'avons dit, l'architecture humaine représente une sorte de rivalité avec la nature ; elle cherche à reproduire avec symétrie les grands spectacles de l'architecture divine. Elle rappelle le sublime des montagnes par les pyramides, le sombre des cavernes par des labyrinthes souterrains, la majestueuse tranquillité de la mer par de longues lignes horizontales, les rochers à pic par des tours, et les forêts de la nature par des forêts de colonnes... Mais, plus tard, l'humanité se connaît, s'admire et se divinise ; elle s'aperçoit qu'elle est elle-même un résumé de l'univers. Alors son œuvre la plus considérable, qui est l'architecture, est faite à son image, c'est-à-dire qu'elle représente une création analogue à celle de l'être humain. Proportionné, symétrique, composé d'os, de tendons et de muscles, harmonisé et mis en mouvement par l'unité de l'âme, le corps de l'homme devient un type de perfection, dont l'organisme sera imité par l'architecture, mais imité seulement dans son principe et dans quelques-uns des traits qui le distinguent aux yeux de l'esprit. Par une fiction hardie, l'artiste supposera dans son édifice des matières hétérogènes, associées pour constituer un tout, et comme l'architecture se compose essentiellement de supports et de parties supportées, c'est surtout par la diversité des pressions et des résistances qu'il exprimera l'organisme artificiel de son monument. Il ira jusqu'à feindre des substances molles mêlées aux corps rigides, des matières élastiques pressées par des matières pesantes, et, dans ses métaphores de pierre ou de marbre, il figurera des fibres délicates unies en faisceau et fortifiées par des ligatures. Au squelette, ou, pour dire mieux, à l'ossature mathématique du bâtiment, il ajoutera comme des muscles dont il nous montrera les attaches. Le spectateur croira sentir que des éléments de nature diverse ont concouru à la formation de l'édifice ; qu'avant d'arriver à son immobile équilibre, il a comprimé tout ce qui était compressible ; que telle forme représente un effort, telle autre une pression, telle autre la flexibilité, la dilatation ou le redressement des molécules. Ainsi le monument s'animera, il semblera respirer une sorte de vie organique, et il sera digne d'être habité par une âme, c'est-à-dire d'exprimer la pensée d'un homme ou le sentiment de tout un peuple. L'architecte pourra se nommer alors, comme le nommait la poésie du moyen âge, le maître des pierres vives, *magister ex vivis lapidibus.* En parlant des Propylées d'Athènes, Plutarque disait : « Ces ouvrages ont conservé une fraîcheur, une virginité que le temps ne peut flétrir ; ils paraissent toujours brillants de jeunesse, comme si un souffle les animait et qu'ils eussent une âme immortelle. »

Revenons maintenant à la colonne, et prenons-la pour exemple. Les plus anciens monuments de l'Égypte, parmi ceux où se trouvent des colonnes, tels que les tombeaux souterrains ou *hypogées* de Beni-Hassan, qui datent de quelque trois mille ans avant notre ère, présentent des piliers à faisceau, imitant des tiges de plantes réunies et liées ensemble par plusieurs anneaux. Ici, à la réminiscence de l'arbre comme principe de la colonne, s'ajoute une nouvelle fiction, celle qui suppose plusieurs tiges minces, rendues fermes et solides par leur assemblage, et devenues résistantes au moyen d'une forte ligature. L'artiste a donc feint dans son édifice des matières diverses : de là une expression poétique que la seule construction n'expliquerait point. Dans le même monument se voient des colonnes sur lesquelles on a creusé verticalement des canaux, séparés entre eux par ce filet plat qu'on appelle en architecture *listel*. L'une et l'autre de ces colonnes semblent exprimer l'idée de faisceau. Les Grecs, en empruntant cette idée, selon toute apparence, des monuments égyptiens, en tirèrent l'usage des *cannelures* : c'est ainsi qu'on nomme les canaux dont nous venons de parler. Mais ils n'oublièrent pas de rappeler cette série d'anneaux qui figurait, en haut du fût, l'énergique ligament des tiges. Ils réunirent ainsi dans une même colonne les deux exemples. Depuis, l'image de ces liens s'est perpétuée dans les divers ordres de colonnes, et cette image simplifiée, réduite à un seul anneau, est devenue l'*astragale*. L'astragale est donc une moulure qui doit son origine à la fiction par laquelle on

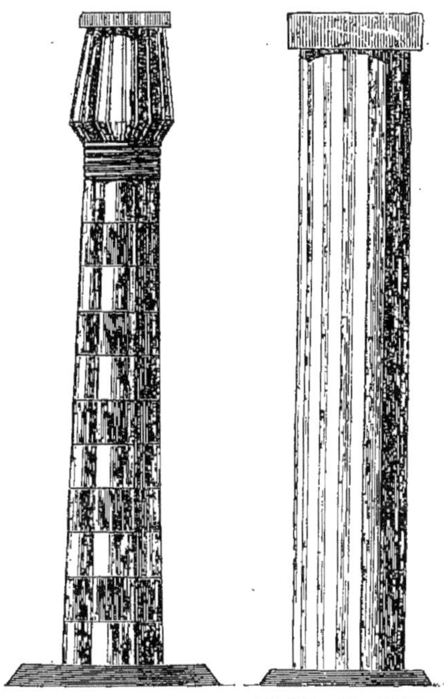

COLONNE DE BENI-HASSAN. PILIER DE BENI-HASSAN.

supposait la colonne composée de tiges verticales, serrées et bouclées à une certaine hauteur, près du chapiteau. Au lieu de faire cette moulure saillante, les Grecs la firent d'abord rentrante. Ils figurèrent le ligament par trois petites rainures exprimant encore mieux l'idée d'une matière élastique, comprimée par des cordons qui la pénètrent. Voilà donc des formes architectoniques, des moulures dont le motif est puisé ailleurs que dans les pratiques pures de la construction. Voyons, en effet, comment un savant architecte-ingénieur nous expliquerait la cannelure par les procédés de l'appareil. « Cet ornement, qui donne beaucoup d'élégance, dit M. Léonce Reynaud, doit sans doute son origine à une pratique d'exécution. On commençait probablement le travail des tambours de colonnes en leur donnant la forme de prismes ayant pour bases des polygones réguliers d'un grand nombre de côtés, et l'on n'avait ensuite qu'à effacer les arêtes pour obtenir la forme cylindrique. On aura reconnu que cette opération préliminaire donnait d'heureux résultats quand elle avait été exécutée avec soin, et l'on aura jugé inutile d'aller au delà; mais les côtés du polygone se rencontrant sous des angles très obtus, il en résultait une certaine indécision dans la forme, et dans la plupart des édifices on y a remédié en les creusant légèrement. De là une ornementation fine et des effets agréablement variés d'ombre et de lumière. »

C'est là sans doute une explication plausible et qui tout d'abord satisfait l'esprit. Cependant, si la cannelure a son origine dans le fait d'épanneler des tambours de marbre ou des piliers de bois pour les arrondir, on ne voit plus la nécessité de la moulure qui représente un anneau. L'idée de faisceau disparaissant, l'image du lien devient superflue, et l'astragale n'a plus sa raison d'être, à moins qu'on ne l'ait imaginée pour racheter la diminution de la colonne à l'endroit où cette diminution est le plus sensible. De toute manière, il est écrit dans les formes de l'architecture qu'elles ont été engendrées, non pas toujours par les précautions délicates du constructeur, mais souvent aussi par l'imagination de l'artiste, qui, pour donner une apparence de vie à son monument, y a simulé des substances hétérogènes, douées de résistances inégales à l'écrasement ou à la rupture. Si la pierre ne devait représenter que la pierre, il serait absurde d'y figurer des courbes, qui appartiennent seulement aux matières flexibles ou élastiques, et la pensée ne serait venue à personne d'imiter dans le marbre les aplatissements d'une substance compressible ou les débordements d'une substance comprimée. C'est pourtant là ce que vont nous montrer et le chapiteau des colonnes et leur base.

Nous avons dit que les cannelures rappelaient un faisceau de tiges serrées; supposons que ce faisceau vertical doive supporter une charge, ce ne sera pas trop que d'y faire une seconde ligature au-dessus de la première. Les Grecs figurèrent encore ce lien répété,

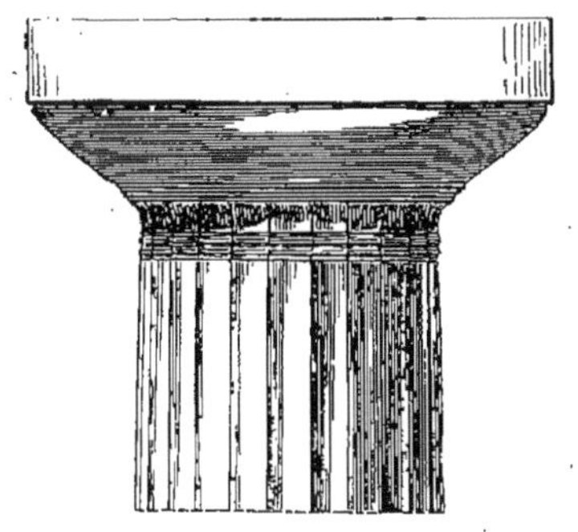

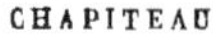

CHAPITEAU.

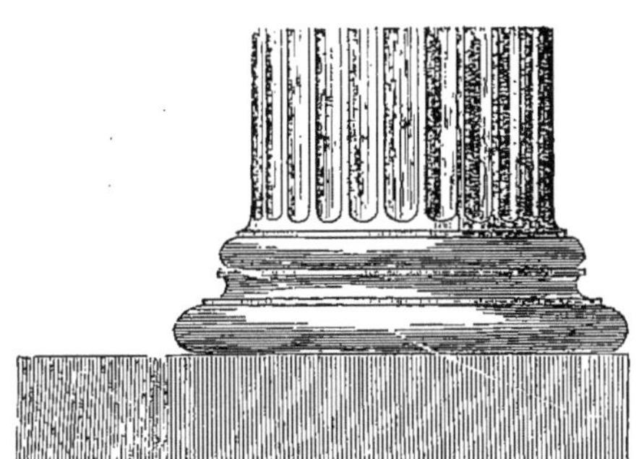

BASE ATTIQUE.

non pas en saillie, mais au contraire par trois ou cinq rainures taillées dans le vif de la colonne. Maintenant, si l'on superpose au faisceau, coupé court, la pierre carrée qu'on appelle *tailloir*, l'excédent des tiges va plier sous le poids et nous offrir justement par sa résistance la forme que présente le coussinet du chapiteau, cette forme qui commence par une courbe et qui brusquement s'aplatit en fuyant jusqu'à la gorge. Dans la colonne grecque primitive, le coussinet dont nous parlons se nommait *échine*. En donnant aux colonnes de Beni-Hassan l'aspect d'un faisceau, les Égyptiens avaient figuré les tiges se continuant jusqu'au tailloir sous la forme d'un bouton de lotus tronqué; mais les Grecs, plus artistes que leurs maîtres, n'ont pas poursuivi jusqu'au bout la métaphore; ils l'ont abandonnée au moment où elle cessait d'être avouée par la construction. Ils ont préféré la forme d'une patère qui évasait le chapiteau, à l'imitation du bouton de lotus qui l'amincissait. Ils ont d'ailleurs senti le besoin d'obtenir un reflet tranquille sous l'ombre que projetait le tailloir et d'accompagner le clair vif du bandeau par la lumière qui frapperait la courbe de l'échine au point de tangence. Or, ces effets eussent été contrariés par la continuation des cannelures... Quand une chose est vraie, elle l'est à tous les points de vue et de tous les côtés à la fois : elle est *illustre*, comme dit Montaigne, *par tous ses visages.*

Que si nous regardons au pied des colonnes, la base nous présentera, comme le chapiteau, des formes que le constructeur n'aurait pas trouvées de lui-même et qui expriment encore une pure fiction. Prenons pour exemple la plus belle de toutes les bases, la base attique, celle qui se voit dans les Propylées d'Athènes, aux colonnes intérieures du monument. Cette base se compose de deux moulures saillantes et rondes, appelées *tores*, et séparées par une moulure rentrante qu'on nomme *scotie*. Les deux tores sont inégaux de grosseur et de saillie, l'inférieur étant plus large et plus épais que le supérieur. La concavité de la scotie se termine, en haut et en bas, par un *filet*, c'est-à-dire par un petit membre mince et plat qui rencontre à angle droit chacun des deux tores. Au-dessus du tore supérieur est placé un autre filet plus épais appelé *ceinture* de la colonne, et cette ceinture se relie au fût par une transition adoucie en arc de cercle, qui est le *congé*.

A quelque point de vue que l'on considère la base attique, il est clair que les formes n'en sont pas *constructives*, si l'on peut ainsi parler, mais expressives. C'est dans l'imagination qu'elles ont été puisées. Devenu artiste, le constructeur s'est plu à représenter, ici encore, une matière compressible qui, serrée par une corde, aurait débordé de chaque côté en s'arrondissant; mais pour que le bord inférieur fût plus large et plus fort que le supérieur (conformément à cet axiome d'architecture que le fort doit porter le faible), il a supposé la compression un peu au-dessus du milieu, et de la sorte il a obtenu l'inégalité des tores et la variété de leurs courbes convexes, si bien contrastées, d'ailleurs, par la moulure concave qui les sépare et par les petites verticales que forment la ceinture et les deux filets. Il est si vrai que la scotie représente le serrement opéré par une corde enroulée, qu'on lui donne aussi le nom de *trochile*, du grec τροχίλιον, poulie. Maintenant, que ces mensonges de pierre aient été inventés pour le plaisir des yeux, afin de racheter des courbes par des droites et des reliefs par des creux, il n'en est pas moins évident qu'ici le génie de l'art s'est affranchi des fatalités de la construction, et que l'utile n'a rien à voir dans ces formes dictées par le sentiment du beau. Admise par les Grecs comme une simple variété d'expression, la base des colonnes est une figure métaphorique, une autre manière de parler à l'esprit et de satisfaire le regard.

C'est pour l'architecte surtout que l'art est une haute interpréta-

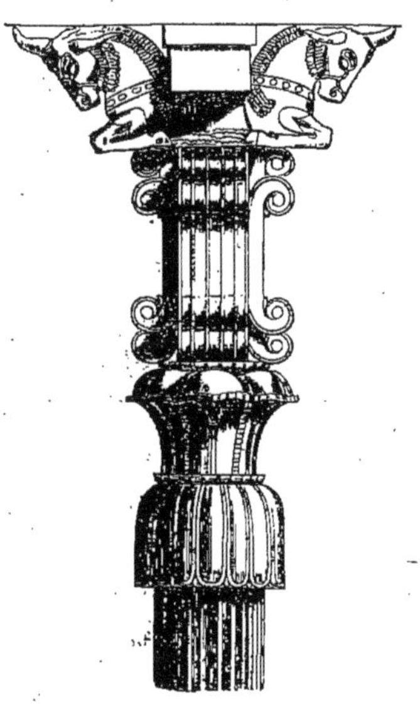

COLONNE PERSANE.

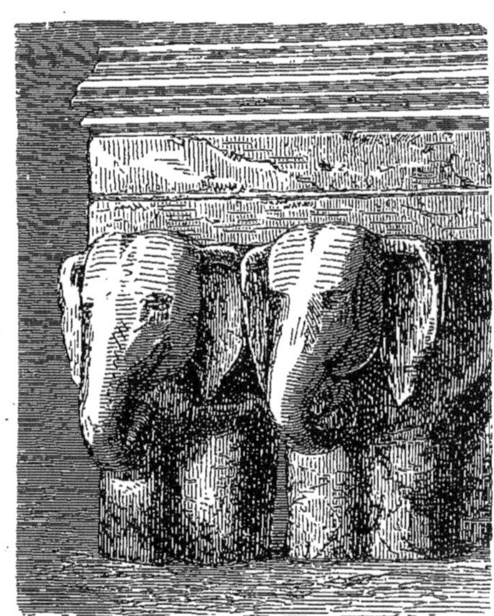

SUPPORT INDIEN.

tion de la nature. Tout ce qu'il veut imiter de la réalité visible, il le traduit dans sa langue, il le transpose et le transfigure. Quand il a construit son monument, quand il a feint un organisme par des proportions qui révèlent la présence secrète d'une mesure commune à tous les membres de son architecture, lorsque enfin il y a introduit les courbes qui mettent en évidence le jeu des forces et semblent exprimer la vie, tout n'est pas fait encore. Il lui faut des formes variées pour manifester des pensées diverses et nuancer l'expression de son monument. D'autre part, le monde inférieur réclame sa place dans ce temple qui doit être un résumé de l'univers, une création humaine conçue à l'instar de la création divine. Les métaux, les plantes, les fleurs, les animaux, l'homme lui-même, vont y figurer. Mais les formes que l'artiste empruntera de la nature vivante, loin de les imiter rigoureusement, il les soumettra aux lois de sa symétrie et il leur imprimera tous les caractères de sa pensée. Elles s'appliqueront à la surface des autres formes, non pour les dissimuler, mais pour les épouser au contraire, et pour accuser d'autant mieux l'intention première du constructeur. Elles viendront se ranger docilement dans les lignes déjà tracées, suivant l'axe des colonnes ou la courbure des arcs. Ainsi moulées sur le fond qu'elles doivent recouvrir en le laissant transparaître, comme l'épiderme recouvre les os et les muscles d'un corps vivant, d'innombrables images rappellent, dans l'œuvre humaine, les divers règnes de la nature, la végétation et l'animalité, les minéraux et les fleurs. On y voit les feuilles de l'olivier et du laurier, le chardon épineux, l'acanthe, le lis marin, le persil, la rose, la coquille, l'œuf, les perles, les olives, les amandes, les larmes de la pluie, les flammes et les carreaux de la foudre. Puis des feuillages imaginaires s'infléchissent et se tourmentent pour obéir aux rigides contours qui les emprisonnent. On y reconnaît aussi, transformés en pierre, des colliers, des anneaux, des fers de lance, les vis et les chevilles du charpentier, le bois des solives et des chevrons. Les animaux apparaissent ensuite, non plus comme des figures d'une réalité inutile, mais comme des emblèmes de la nature sauvage domptée par l'homme. L'Indien assoit la plate-bande de son édifice sur des éléphants; le Persan remplace le chapiteau de ses colonnes par une double tête de taureau; le Grec fait servir des mufles de lion à vomir l'eau de pluie. L'animal est substitué de la sorte aux membres de l'architecture; il n'y est pas introduit pour décorer seulement, mais pour remplir une fonction évidente de servitude. Ce n'est pas tout: la figure humaine est évoquée à son tour, et, dans ce cosmos artificiel, elle joue aussi un rôle subordonné à la conception du monument. Cependant, à mesure que la création s'élève, l'architecte l'imite avec plus de soin et de respect. Plus les formes sont nobles et belles, plus fidèlement il les reproduit, mais toujours en les renfermant dans un cadre inévitable, et en les soumettant à l'inexorable fatalité de son dessin. Quelquefois même des êtres humains feront l'office de piliers et deviendront des formes de construction. Tantôt, comme dans le temple d'Agrigente, des hommes robustes prendront la place des colonnes et, sur leurs épaules, ils porteront, esclaves gémissants, le fardeau de la toiture. Tantôt, comme dans le Pandroséion d'Athènes, des jeunes filles seront les supports d'une poutre de marbre, et, sur le coussinet où elles avaient porté l'eau de la fontaine, elles soutiendront, captives et pétrifiées, un édifice délicat et léger comme elles, le temple d'une vierge... Ah! ce furent des artistes privilégiés que ces Grecs d'Athènes! Il leur fut donné d'être les interprètes de la nature et non ses copistes, de pénétrer profondément ses mystères et de ne point s'asservir à elle, surtout dans cette œuvre d'art par excellence où il faut que le phénomène réel se métamorphose pour s'élever à la puissance architectonique, c'est-à-dire à l'immobilité des choses éternelles.

Il est donc vrai que les formes que l'architecture emploie sont puisées à des sources différentes. Au commencement, c'est le constructeur qui les commande; ensuite l'architecte les modifie pour y ajouter une muette éloquence; le poète enfin vient en achever l'expression et la nuancer en évoquant toutes les puissances de la nature. Lorsqu'un bâtiment n'a que les formes absolument voulues par les nécessités de la construction, il n'est encore qu'un ouvrage d'industrie; quand il reçoit les formes expressives, il est une œuvre d'art, et quand il se trouve complété par les formes imitatives, il revêt toutes les richesses de l'architecture. Il est sensible toutefois que les formes du troisième genre appartiennent plutôt à l'art du sculpteur, et que, rigoureusement, l'architecture peut produire de beaux effets et même frapper de grands coups sur l'imagination sans le secours des parties décoratives et des images substituées. Que dis-je! elle est alors d'une beauté sévère et d'une grandeur qui parfois monte au sublime.

Ces observations étaient indispensables pour préparer le lecteur à l'intelligence des propositions qui vont suivre. Il devra s'intéresser maintenant à des formes qui, sans avoir rien d'arbitraire, se prêtent néanmoins à la liberté de l'art. Il pourra saisir et apprécier jusqu'aux plus fines nuances qui distinguent les diverses architectures, et celles qui ont pour principe générateur une variété de l'arc, et celles qui rentrent dans le système antérieur de la plate-bande.

XV

L'ARCHITECTURE MONUMENTALE EN PLATE-BANDE EXPRIME LES IDÉES DE CALME, DE FATALITÉ ET DE DURÉE.

Les belles observations faites par Humbert de Superville sur l'horizontalité et l'obliquité des lignes du visage humain trouvent ici encore une éclatante application à l'architecture. Lorsque les organes doubles sont rangés sur une ligne parallèle à l'horizon (en supposant l'homme debout), la face humaine exprime le repos de l'âme, l'équilibre des facultés morales, le sommeil des passions. Sans même qu'il soit besoin de donner une forme à ces lignes abstraites, elles ont déjà une physionomie si claire, si frappante, qu'il est impossible de s'y méprendre au premier coup d'œil. Et pour s'assurer que la signification esthétique de ces lignes tient bien à leur parfaite horizontalité, il suffit de leur imprimer une direction oblique, s'élevant au-dessus ou tombant au-dessous de l'horizontale. On est tout de suite convaincu de la valeur qui s'attache même à une indication aussi élémentaire des organes; on est frappé de l'éloquence d'un signe aussi vague.

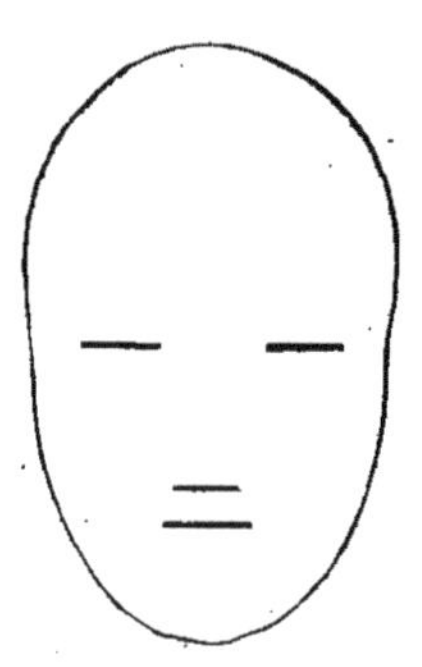

Dans les divers règnes de la nature, l'horizontalité des lignes dominantes produit des impressions analogues; elle imprime un caractère d'éternité aux grands spectacles du monde. Tantôt elle marque la tranquillité et le silence de la mer; tantôt, dans les lignes de rochers qui bordent l'Océan, elle nous donne l'idée d'une création lente, non interrompue durant des siècles, et, quand les vagues se soulèvent, elle nous fait retrouver dans la stratification des falaises le sentiment d'une paix éternelle. Cela est si vrai que, si les assises du rocher sont inclinées, aussitôt notre pensée se reporte aux catastrophes qui ont jadis bouleversé le globe et soulevé le granit de ses entrailles. Tantôt, dans quelques grands arbres, comme le cèdre par exemple, l'horizontalité des branches nous indique l'énergie qui résiste aux tempêtes et une sorte de tranquillité végétale unie à la majesté de la force, et qui devient saisissante quand on la compare à l'aspect mélancolique du sapin dont les branches s'inclinent, ou au caractère tendre de cet arbre échevelé que la poésie populaire appelle le saule *pleureur*.

Il ne faut donc pas s'étonner que les monuments primitifs de l'architecture en plate-bande, terminés par des lignes horizontales, aient une expression si grave, si décisive. Ce système d'architecture fut pratiqué dans de vastes dimensions dès les premiers âges, car il est remarquable qu'à l'origine des sociétés c'est toujours le grand qui domine; partout les peuples débutent par le colossal... Mais une couverture en plate-bande exigeait alors des pierres énormes allant d'un support à l'autre, et ces pierres ne pouvaient être transportées, soulevées qu'à force de bras par un peuple esclave, soumis au prince ou aux prêtres, et d'une patience inaltérable. De là le sentiment qui se lie à ces œuvres gigantesques dont la stabilité éternelle a quelque chose de fatal comme le despotisme qui les commanda. Dans les monuments égyptiens surtout, l'uniformité écrasante d'une ligne plane se dessinant, se prolongeant sur un ciel dont l'azur est toujours le même, procure l'impression d'un calme solennel et fait naître l'idée d'un immense niveau qui pèse sur tout un peuple résigné. Cependant, par un contraste frappant, mais naturel, s'élèvent, de distance en distance, des pyramides, monuments symboliques d'une signification obscure. Que des Pharaons y aient caché le tombeau de leurs pères et y aient marqué la place de leur propre sépulture, le monument n'en reste pas moins énigmatique; il présente une base carrée et des surfaces triangulaires, c'est-à-dire des nombres qui, regardés comme les emblèmes de la Divinité et de la création, appartiennent à une science transcendante, non révélée à la foule. Cette forme pyramidale est déterminée par la plus simple des figures rectilignes, le triangle, qui, lorsqu'il est assis sur l'horizon et qu'il présente deux côtés égaux et par suite trois angles aigus, exprime la convergence de deux points de la terre vers un point unique du ciel.

Avec ces deux éléments, le parallélogramme et le triangle, la terrasse et la pyramide, la haute antiquité a manifesté partout ses pensées et son génie : dans l'Inde, en élevant des pagodes et en creusant des souterrains à plafonds ; à Babylone, en bâtissant la tour de Bélus, qui était une pyramide à gradins, et ces immenses plates-formes étagées qui formaient aussi le trait dominant de l'architecture assyrienne ; à Persépolis, en superposant encore ces terrasses auxquelles on montait par des escaliers imposants et interminables. Enfin la plate-bande et la pyramide sont les caractères essentiels de toutes les architectures primitives, en Afrique comme en Asie, au Mexique aussi bien qu'en Orient, et, de ces deux formes dominantes, la première exprime, encore une fois, le calme terrestre et la durée, de même que la seconde figure une aspiration à l'infini... Mais il est un autre genre de monument créé par l'architecture : ce sont les énormes statues que les Égyptiens ont assises au milieu des solitudes ou qui siègent adossées aux murailles du temple, immobiles et rigides comme des images pétrifiées de la mort. Ces colosses ont surtout leur expression par les angles droits qu'ils dessinent sur le ciel. Il suffit de l'accent répété des verticales et des horizontales pour faire passer la figure humaine à l'état d'architecture.

XVI

LES GRECS, RÉSUMANT L'ARCHITECTURE ORIENTALE DES PREMIERS AGES, ONT TROUVÉ LES PRINCIPES DE LA PLATE-BANDE, EN ONT FIXÉ LES LOIS, ET EN ONT RÉDUIT LE SYSTÈME A TROIS VARIÉTÉS QU'ON APPELLE LES TROIS ORDRES.

Sur la forme rectangulaire des plates-bandes égyptienne et asiatique, la Grèce élèvera la forme triangulaire des pyramides. Ainsi les deux grands traits de l'architecture orientale, le parallélogramme et le triangle, c'est-à-dire l'horizontale et les deux convergentes, vont être réunis chez les Grecs, chez ce peuple artiste par excellence qui aura le privilège de tout comprendre et de tout résumer, d'humaniser le divin, de circonscrire l'immense et de soumettre le sentiment lui-même aux lois de l'esprit.

Oui, humaniser tout, même la nature, même le divin, voilà quel fut historiquement le rôle des Grécs. Ce fut aussi leur mission dans l'architecture, et pour le comprendre, le lecteur n'a qu'à se reporter aux commencements de ce volume. L'Égypte et l'Orient avaient élevé des constructions colossales, mais sans les soumettre à une mesure commune; leurs monuments avaient des dimensions, ils n'avaient pas encore de proportions. On ne voyait, par exemple, aucun rapport établi, voulu, entre la hauteur du chapiteau et la hauteur de la colonne; tantôt les mêmes colonnes étaient couronnées de chapiteaux différents, tantôt des chapiteaux de même hauteur surmontaient des colonnes inégales en épaisseur et en élévation. Les Grecs, admirant surtout la création dans la plus parfaite de ses œuvres, qui est l'homme, voulurent imiter l'organisme du corps humain; ils mirent dans leurs édifices des *proportions*, c'est-à-dire qu'ils choisirent un des membres de l'architecture pour servir de mesure à tous les autres, de telle façon qu'étant donnée la mesure d'une seule partie, on pût reconstruire les autres parties et le tout, de même que, le doigt d'un homme étant connu, on pouvait en induire les proportions de l'homme entier d'après le *canon* de Polyclète, conforme d'ailleurs au canon égyptien.

Ce rapport des membres entre eux et de chacun d'eux avec le tout est un des caractères de ce qu'on appelle en architecture un *ordre*. Le diamètre de la colonne fut l'étalon que les Grecs choisirent pour servir de régulateur aux autres membres; quelquefois ce fut l'abaque; et sur cet étalon, qu'on appelle *module*, ils déterminèrent toutes les dimensions de l'édifice, dimensions qui dès lors devinrent des proportions.

Mais la règle symétrique et la loi rigoureuse d'harmonie qui ont présidé à la formation du corps humain n'empêchent pas les innombrables variétés de l'espèce humaine. Dans l'homme arrivé à toute sa croissance, il n'y a d'invariable que sa hauteur, parce qu'elle est déterminée par des os; mais sa largeur pouvant changer, c'est par là surtout qu'il se caractérise et qu'il se distingue. Supposons deux hommes de même taille : si l'on revêt le premier de muscles très développés et très ressentis, on en fera un Hercule; si l'autre a des muscles délicats et peu saillants, on en pourra faire un Apollon. Regardons maintenant deux colonnes d'égale hauteur : si l'une est mince, elle paraîtra longue ; si l'autre est massive, elle paraîtra courte ; mais l'une et l'autre auront toujours des proportions, parce qu'elles se rapportent à une certaine unité de mesure prise en elles-mêmes. Seulement, la première aura, par exemple, en hauteur, neuf fois son diamètre, la seconde l'aura cinq fois. Voilà comment, chose admirable, qui dit proportion dit liberté : car du moment que l'unité de mesure est prise, non pas en dehors du monument, mais dans le monument lui-même, l'artiste peut à son gré raccourcir ou allonger ses supports, les concevoir ramassés ou grêles, forts ou élégants. Le besoin de la variété se trouva ainsi, dans l'art grec, concilié avec la règle. La liberté fut placée dans la loi.

Cependant, à une époque où la civilisation pouvait avoir des raffinements sans être pour cela compliquée, lorsque les idées étaient encore simples et en assez petit nombre, l'architecture put se contenter de trois modes pour varier son caractère, et, en tant qu'elle édifiait la demeure des dieux, ces trois modes suffirent à sa poésie religieuse. Bien que diverse, en effet, la beauté des divinités païennes pouvait se ramener à trois caractères dominants : elle était sévère et mâle comme celle de Jupiter, de Minerve, de Mars, de Neptune, ou délicate et gracieuse comme celle de Vénus, de Proserpine et de Flore, ou mélangée de fierté et d'élégance, de virilité et de grâce, comme celle de Junon, de Diane, de Bacchus et d'Apollon. Quoi qu'il en soit, ces trois variantes d'un seul et unique système de construction furent les *trois ordres*, création ingénieuse, admirable, que rien n'a pu détruire et qui a reparu, au bout de deux mille ans, grandement altérée sans doute par le rude génie des Romains, mais vivace et brillante encore au soleil de la Renaissance, bien que la Renaissance l'ait mal connue et ne l'ait pratiquée à son tour qu'en y conservant les altérations romaines.

Il semble au premier abord que c'était peu de trois ordres pour nuancer le caractère de tous les édifices. Et pourtant cette division en trois a suffi, dans l'antiquité classique, à toutes les expressions de l'architecture. Ramenée à des termes irréductibles, la classification des Grecs n'en est que plus générale et plus ample. Toutes les variantes, en effet, pourront trouver place dans les intervalles marqués par ces trois points : deux extrêmes et un milieu. Chacun des trois ordres étant susceptible du *plus* ou du *moins*, c'est-à-dire de se rapprocher des deux autres ou de s'en éloigner, la variété naîtra de cette triple unité. Entre la rudesse et la grâce, entre la simplicité extrême et l'extrême richesse, la liberté de l'artiste pourra se mouvoir, et combien de degrés, combien de nuances ne va-t-elle pas rencontrer en passant d'une pesanteur imposante à une délicatesse aimable, du plaisant au sévère !

Il est à remarquer, au surplus, que les diverses branches du génie humain, la poésie, la musique, la littérature, l'éloquence, la peinture, la sculpture sont soumises à une loi semblable. Dès qu'il s'est dégagé de ses langes, l'art débute toujours par une certaine raideur austère ; il acquiert ensuite plus de souplesse et d'élégance, et il finit par le style riche, pompeux et fleuri. Ainsi l'on peut dire que tous les arts ont, comme l'architecture, leurs trois ordres, qui répondent aux phases de leur développement. Partout les mâles accents d'un Michel-Ange, d'un Corneille, d'un Bossuet, d'un Glück, précèdent la douceur d'un Raphaël, d'un Racine, d'un Fénelon, d'un Mozart. Chacune des neuf Muses a revêtu d'abord un vêtement rigide ; ensuite elle s'est parée d'un costume aux plis gracieux et faciles ; enfin, elle s'est enveloppée d'une draperie ornée et brillante, jusqu'au moment où, dans l'oubli d'elle-même, elle a laissé traîner et chiffonner sa tunique.

Les trois ordres de l'architecture grecque, le *dorique*, l'*ionique* et le *corinthien*, marquent ces trois évolutions communes à tous les arts. Le premier répond à l'idée d'une simplicité fière et forte, le second au sentiment de la délicatesse et de la grâce, le troisième à une intention de magnificence et de richesse.

Vitruve est malheureusement le seul architecte de l'antiquité dont les écrits soient arrivés jusqu'à nous. C'est de lui que nous avons reçu la notion écrite de l'art grec ; il convient donc de citer ici le texte de cet écrivain touchant l'origine des trois ordres. Ce sera, du reste, une occasion pour le lecteur d'apprécier le goût de Vitruve, de mesurer la portée de son esprit et de pressentir l'influence que ses écrits ont dû avoir sur l'enseignement classique de l'architecture.

« Dorus, fils d'Hellen et de la nymphe Optique, roi d'Achaïe et de tout le Péloponèse, ayant autrefois fait bâtir un temple à Junon dans l'antique cité d'Argos, ce temple se trouva *par hasard* être de cette manière que nous appelons dorique. Ensuite dans toutes les autres villes de l'Achaïe, on en fit de ce même ordre, aucune règle n'ayant été encore établie pour les proportions de l'architecture. Plus tard les Athéniens, après avoir consulté l'oracle d'Apollon, par un commun accord de toute la Grèce, envoyèrent en Asie treize colonies, chacune ayant son capitaine, sous la conduite générale d'Ion, fils de Xuthus et de Créuse, qu'Apollon, par son oracle rendu à Delphes, avait avoué pour son fils. Entré en Asie, Ion s'empara de toute la Carie et y fonda treize grandes villes... Le pays fut nommé, par les conquérants, Ionie, du nom de leur chef. Des enceintes y furent consacrées aux dieux immortels, et l'on commença d'y bâtir des temples. Le premier fut dédié à Apollon Panionien ; ils le firent à la manière de ceux qu'ils avaient vu en Achaïe, et ils l'appelèrent Dorique, parce qu'il y en avait eu de pareils dans les villes des Doriens. Mais, comme ils ne savaient pas bien quelles proportions il fallait donner aux colonnes de ce temple, ils cherchèrent le moyen de les faire assez fortes pour porter le poids de l'édifice tout en les rendant agréables à la vue. Pour cela ils mesurèrent le pied d'un homme, et trouvant qu'il était la sixième partie de la hauteur du corps, ils appliquèrent à leurs colonnes cette proportion ; quel que fût le diamètre de la colonne à son pied, ils donnèrent à la tige, y compris le chapiteau, une hauteur égale à six fois ce diamètre. C'est ainsi que la colonne dorique emprunta les proportions, la force et la beauté du corps de l'homme.

« Plus tard, voulant élever un temple à Diane, et cherchant quelque nouvelle manière qui fût belle, ils lui donnèrent la délicatesse du corps de la femme, et ils portèrent la hauteur des colonnes à huit diamètres, afin qu'elles parussent plus sveltes. Ils y ajoutèrent des bases avec des enroulements, à l'imitation des chaussures, et ils taillèrent des volutes au chapiteau pour représenter les boucles de la chevelure, rejetées à droite et à gauche du visage. Des cymaises et des guirlandes furent comme des ornements arrangés sur le front des colonnes ; enfin, des cannelures creusées le long du fût imitèrent les plis d'une robe. Ainsi, ils inventèrent deux ordres de colonnes dont les unes rappelaient les proportions et la simplicité négligée du corps de l'homme, et les autres la délicatesse et la parure de la femme. Par la suite, le sentiment de l'élégance s'étant développé, on préféra les proportions plus élancées, et l'on donna sept diamètres en hauteur à la colonne dorique et huit et demi à la colonne *ionique*, car cette dernière prit le nom du peuple qui l'avait inventée. Le troisième ordre, que nous appelons *corinthien*, imite la grâce d'une jeune fille ; il en a les proportions délicates, et il appelle aussi les ornements les plus élégants... »

Tel est le texte de Vitruve touchant les trois ordres. Nous aurons plus d'une fois à y revenir, soit pour en signaler les erreurs étranges, soit pour en donner le véritable sens ; car de telles histoires seraient bien près d'être absurdes, s'il les fallait prendre à la lettre, au lieu d'y voir un ressouvenir, il est vrai, très obscur et fort altéré, du symbolisme architectonique des grands siècles.

XVII

DANS L'ORDRE DORIQUE, LES PROPORTIONS SONT MALES, LES FORMES SONT INDICATIVES DE LA CONSTRUCTION, LES ACCENTS DE LA SOLIDITÉ TIENNENT LIEU D'ORNEMENT.

L'ordre dorique est le plus ancien des trois ordres. Il fut apporté en Grèce, selon toute apparence, par la race dorienne, qui était la race hellénique pure, tandis que les races ionienne et achéenne étaient mélangées de sang pélasge. C'est ce qui symbolise la tradition qui fait de Dorus le fils d'Hellen, dont Achæus et Ion n'étaient que les petits-fils. Descendus des montagnes de la Thessalie, où on les trouve établis dès le XVIe siècle avant notre ère, les Doriens s'étaient emparés du Péloponèse, environ quatre cents ans plus tard, conduits par les descendants d'Hercule, qui les avait jadis protégés contre les Lapithes. C'était une race sérieuse et mâle. Ils avaient des mœurs rigides, une religion austère et solennelle, un dialecte rude, le goût de l'agriculture, la passion de la gymnastique et de la guerre. Leur génie formait le plus éclatant contraste avec celui des tribus ioniennes. qui se caractérisaient par un culte pompeux, des mœurs plus faciles et plus élégantes, un esprit mobile et ouvert à toutes les jouissances morales, une langue harmonieuse, de l'aptitude au commerce et le goût des arts. Cette opposition des deux races fut représentée historiquement par l'antagonisme de deux républiques à jamais illustres, Sparte et Athènes.

On devine que l'architecture des Doriens portera l'empreinte de leur génie sévère. Elle sera solide, massive, puissante, et elle accusera sa puissance comme un athlète montre ses muscles. Tels sont, en effet, les caractères saillants de l'ordre dorique, surtout dans ses commencements. C'est la nécessité même de la construction qui engendre la principale beauté de cet ordre. L'ossature du monument dorique est visible et si bien accentuée que le spectateur, passant par toutes les phases de la construction, bâtit l'édifice une seconde fois dans sa pensée.

Si nous analysons l'architecture dorique, nous allons en voir toutes les parties s'agencer, se pondérer, se soutenir avec une logique rigoureuse. Chaque membre occupera une place inévitable, chaque pierre dira elle-même sa fonction, chaque moulure s'expliquera, et l'expression du monument ressemblera à ce langage laconique dont tous les mots portent.

Nous connaissons déjà la colonne dorique ; elle est sans base ; elle a une forme conique très prononcée avec un léger renflement. On y a traîné des cannelures profondes à vives arêtes. L'image d'une forte ligature a été figurée en haut du fût et répétée à la gorge du chapiteau. Les formes végétales de l'Egypte ont été remplacées par un tore évasé dont les contours rappellent ceux d'une patère et qui, par le caractère de son profil, semble représenter la résistance d'une matière comprimée. Ce membre du chapiteau se nomme *échine*, nom dérivé sans doute du mot *echinos* (ἐχῖνος), qui signifie cuvette. Sur l'échine est posée une dalle carrée appelée *tailloir* ou *abaque*. Tel est le support dorique chez les Grecs, inventeurs des trois ordres. Vitruve dit que ce support est proportionné comme le corps de l'homme dans lequel le pied est égal à la sixième partie de la hauteur du corps ; mais, d'une part, ce rapport n'est pas bien observé, ainsi que nous l'avons établi dans le chapitre sur les *Proportions du corps humain* ; d'autre part, si ces proportions avaient été appliquées aux

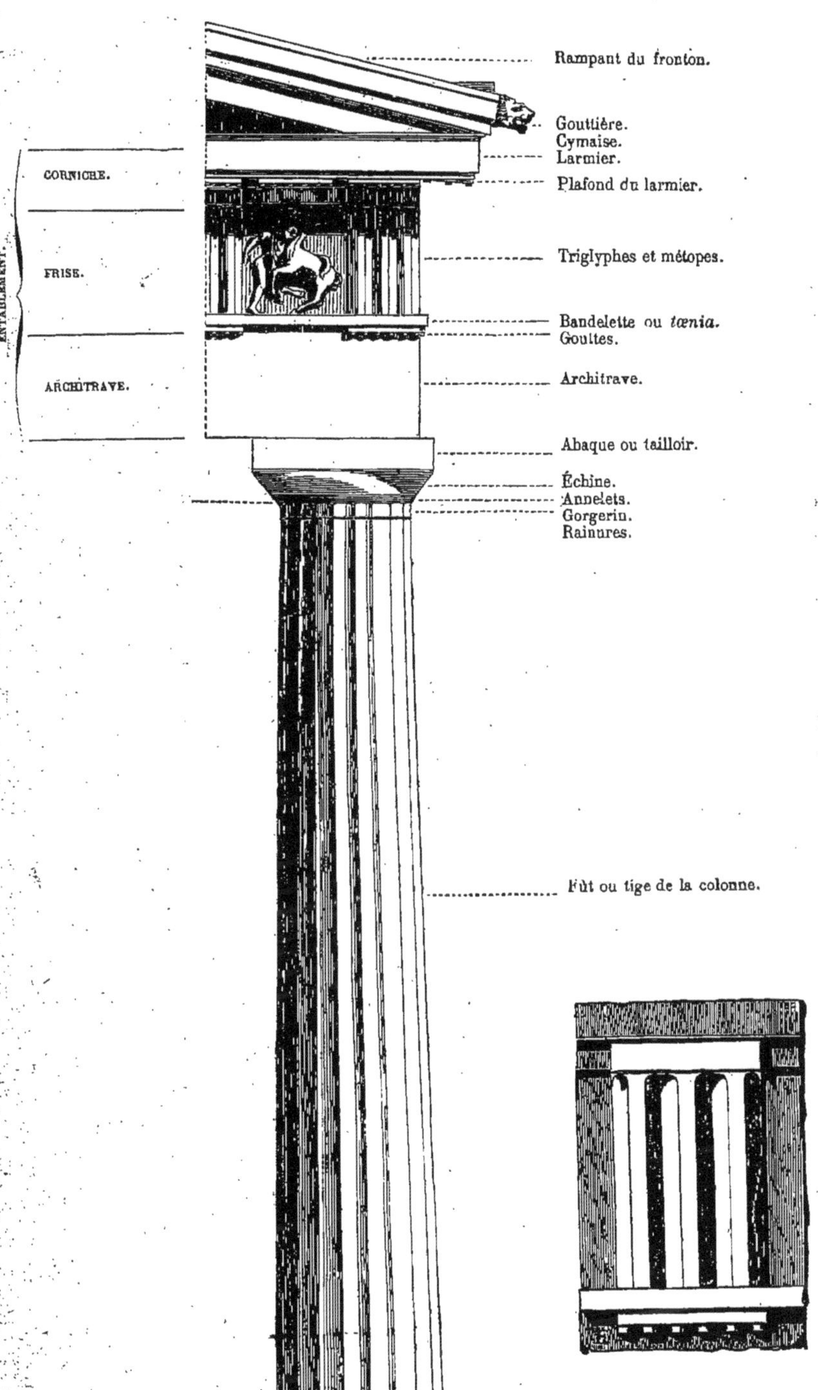

COLONNE ET ENTABLEMENT DE L'ORDRE DORIQUE.

colonnes doriques, elles auraient toujours six diamètres de hauteur, ce qui jamais ne se vérifie. En effet, dans les temples de l'ordre dorique véritable, du dorique grec, la colonne la plus élancée, y compris son chapiteau, a toujours moins de six diamètres.

Maintenant, que va porter cette colonne ? L'espace entre deux supports est couvert, nous l'avons dit plus haut, par une seule pierre horizontale, une plate-bande, qui va d'une colonne à l'autre, joignant les deux axes, et qui est posée à joints vifs sans mortier. Dans la construction en pierre, cette plate-bande, l'*architrave*, rappelle par son nom, qui signifie maîtresse poutre, la construction primitive en bois. En effet, les temples les plus anciens de la Grèce, même lorsqu'ils étaient bâtis en pierre, étaient couverts en charpente, ainsi qu'en témoignent plusieurs passages d'Euripide (tragédies d'*Oreste* et des *Bacchantes*), de Polybe, de Pline, de Pausanias. Le temple de Junon à Métaponte, dans la Grande-Grèce, le temple de Neptune à Mantinée, étaient portés sur des colonnes de chêne ou d'autres bois. A Éphèse, le fameux temple de Diane fut aisément brûlé par Érostrate, parce que la couverture était en bois de cèdre. Leur ancienneté même donnait aux colonnes en bois un caractère sacré, et souvent — c'est Pausanias qui l'affirme — elles étaient conservées comme des modèles vénérables, dans les édifices en pierre qui avaient succédé aux temples primitifs. Il est certain que ces temples eurent en tous cas des toitures en bois, et nous verrons que le souvenir s'en perpétua dans les constructions de l'ordre dorique, qui conservèrent ainsi, en pierre ou en marbre, une image commémorative de l'antique charpente.

Sur la maîtresse poutre étaient posées des solives qui la coupaient à angles droits et qui étaient soutenues à l'autre bout par le mur principal du temple. Mais ces solives étaient séparées de l'architrave par un cours de planches qui la couvrait pour la garantir de l'humidité, précaution d'autant plus nécessaire qu'une maîtresse poutre se compose toujours de deux demi-poutres jumelles, juxtaposées et reliées par des clefs, mais qui laissent entre elles un joint, de manière que, si l'une des deux vient à fléchir, l'autre puisse résister encore quelque temps, la solidité ayant ainsi deux chances pour une. Les solives étaient couvertes à leur tour par une sablière, c'est-à-dire par une pièce de bois couchée horizontalement dans le même sens que l'architrave, et supportant les chevrons du comble, lesquels faisaient saillie au dehors pour écarter la chute des eaux de pluie, et portaient le plancher incliné de la couverture. Mais, comme ces chevrons présentaient à leur extrémité une suite de petites surfaces carrées d'un effet mesquin et déplaisant, on en rabattait les angles et on y clouait des planches qu'on plaçait sur un plan vertical, afin que la pluie n'y pût séjourner. La même chose était pratiquée sur la face inférieure, tant pour la préserver que pour épargner au spectateur placé en dessous un effet semblable à celui dont nous venons de parler. Cependant, au bas de la toiture règne un canal appelé *chéneau*, destiné à recevoir la masse des eaux de pluie et à les conduire dans les tuyaux de gouttière; on évite par là de laisser couler des torrents de pluie tout le long de l'édifice. C'est ainsi que se construisait en général et que se construit encore une couverture en charpente (1).

Voyons à présent comment les Grecs ont imité ou plutôt rappelé ces dispositions, particulièrement dans l'ordre dorique.

On entend, en architecture, par le mot *ordre*, le rapport établi entre la colonne et les parties qu'elle supporte. Ces parties, au nombre de trois, forment ce qu'on appelle l'*entablement*. L'édifice pouvant se terminer en terrasse ou se couronner d'une toiture qui varie, le comble n'est pas compris dans l'entablement, ni par conséquent dans l'ordre. Les trois seules parties de l'entablement sont l'*architrave*, la *frise* et la *corniche*. L'architrave, encore une fois, représente la maîtresse poutre; elle est donc posée horizontalement sur les colonnes. La frise est l'espace occupé au-dessus de l'architrave par la rangée des solives qui s'y appuient et qui la coupent à angle droit, à moins que l'édifice ne soit rond, et qu'alors l'architrave ne soit courbe. La corniche (du grec κορωνίς, achèvement, couronnement) est l'image de la sablière qui portait les chevrons du comble et de la partie saillante disposée comme nous l'avons dit. De toute manière, alors même que la toiture est absente, la corniche a sa raison d'être dans la nécessité d'empêcher l'égouttement des eaux sur les murs ou sur les colonnes de l'édifice. Pour cela, à l'extrémité inférieure de la surface verticale qui est censée couvrir les chevrons, on creuse en dessous le canal dont le bord, taillé à vive arête, s'oppose au

(1) Voir ci-après les figures pages 143 et 145.

retour de l'eau vers l'entablement, et la force de s'égoutter plus loin que le pied des colonnes. On voit alors les gouttes d'eau suspendues comme des larmes tout le long de cette partie saillante et verticale, qui, pour cette raison, s'appelle *larmier*.

Dans l'ordre dorique, la frise a cela de distinctif, que le bout des solives qu'on veut rappeler y est accusé par une table saillante. Originairement, selon Vitruve, pour cacher et orner ces bouts de poutres coupées, on y clouait des tringles de bois dont les joints étaient mastiqués avec de la cire. Ces tringles posées verticalement formaient des rainures ; l'artiste grec en a conservé la tradition en creusant sur la table saillante deux canaux et deux demi-canaux qui, répétant les cannelures de la colonne, affirment de nouveau la verticale et produisent un contraste piquant avec les horizontales de l'architrave et celles de la corniche. Ces entailles en biseau, qui semblent gravées avec un burin, s'appellent *glyphes* (de γλυφή, gravure), et leur ensemble compose le *triglyphe*, c'est-à-dire les trois gravures, en comptant sans doute les deux demies pour une.

Dans le principe, les intervalles entre les triglyphes restaient vides, non seulement au-dessus de l'architrave, mais au-dessus du mur correspondant à la colonnade. Aussi appelait-on ces intervalles des *métopes*, c'est-à-dire des ouvertures intermédiaires (μετά, et ὀπή, ouverture). Cela résulte clairement d'un passage d'Euripide, dont le sens a été pour la première fois mis en lumière par Winckelmann. Oreste et Pylade se concertant sur les moyens d'entrer dans le temple de Diane pour en enlever la statue de la déesse, Pylade fait remarquer à son ami qu'il existe entre les triglyphes un vide par lequel on peut passer le corps. Mais, dans la suite, ces vides furent bouchés, par une tablette, si l'édifice était de bois, par une dalle, s'il était de pierre ou de marbre, et cette dalle, un peu en retraite, se trouva un champ tout préparé pour recevoir un ornement. Cependant les plus anciens monuments de l'ordre dorique, les temples de Pæstum, par exemple, ont des métopes lisses ; l'idée de sculpter un bas-relief sur la métope ne vint que plus tard, lorsque le mode dorien se développa dans le sens de la richesse et de l'élégance.

Ainsi composée de triglyphes et de métopes, la frise est séparée de l'architrave par une moulure plate, la *bandelette* ou *tænia*, qui représente sans doute l'épaisseur du cours de planches qui couvrait la

IMAGE DE LA CONSTRUCTION PRIMITIVE EN CHARPENTE.

maîtresse poutre. Ces planches étaient reliées à chaque solive par des vis ou des chevilles dont la tête reste visible sous les triglyphes de pierre. Ces chevilles, au nombre de six, Vitruve les appelle des *gouttes*, et le nom leur en est resté, comme si elles exprimaient les gouttes d'eau qui auraient coulé le long des rainures du triglyphe, primitivement mastiquées en cire. Mais cette explication ne vaut pas celle de Léon-Baptiste Alberti, qui voit avec raison, dans les prétendues gouttes, l'image des chevilles par lesquelles le charpentier avait fixé la planche courante à chacune des solives.

Maintenant, comme les solives étaient naturellement placées sur l'axe des supports, le triglyphe qui les représente est mis au droit des colonnes, et le triglyphe intermédiaire (car il y a plus de triglyphes que de colonnes) correspond au milieu de chaque entre-colonnement. De cette manière, la métope dessine un carré parfait, en opposition avec la forme allongée du triglyphe, que ses cannelures allongent encore. Et, pour que la métope parût parfaitement carrée, les Athéniens eurent la précaution délicate de la tenir un peu plus haute que large, comptant sur la perspective qui en raccourcirait la hauteur.

Ici se présente une difficulté. La colonne d'angle, étant isolée, va porter une charge plus lourde que les autres; c'est sur elle que pèsera principalement la poussée du toit qui s'incline, surtout dans le cas où un tremblement de terre imprimerait une secousse à l'édifice, comme il arrive souvent en Grèce. L'architecte grec a donc senti le besoin d'augmenter le diamètre de cette colonne angulaire, et de diminuer, en dépit de la symétrie, l'intervalle qui sépare les deux dernières colonnes. Il a observé qu'en grossissant la colonne d'angle, il l'a rendue plus forte pour supporter son fardeau, sans toutefois la faire paraître plus épaisse, car si elle avait exactement le même diamètre que les autres colonnes du portique, elle semblerait plus mince, parce qu'elle est noyée dans la lumière diffuse et que ses contours sont dévorés par la grande masse de l'air environnant. Pour être à nos yeux aussi forte que les autres, il faut que cette colonne soit plus forte. Rétrécir le dernier entre-colonnement présente un double avantage, puisqu'on augmente ainsi la solidité réelle et la solidité évidente. Mais si les deux dernières colonnes se rapprochent, les triglyphes se rapprocheront aussi et les métopes ne seront plus égales, ce qui sera très choquant, surtout si l'on se propose d'attirer l'attention sur la métope en l'ornant d'un bas-relief. Pour éviter une telle irrégularité, l'artiste grec a rejeté le dernier triglyphe à l'angle de la frise, au lieu de le placer sur l'axe de la dernière colonne. La symétrie qu'il avait résolument sacrifiée dans les entre-colonnements, il la retrouve dans la frise, qui est la partie la plus apparente et la plus caractéristique de l'ordre. Cette solution, d'ailleurs, était inévitable, soit que la métope restât vide, comme nous l'avons dit plus haut, soit qu'elle fût remplie par une dalle. Dans le premier cas, il eût été absurde que l'édifice se terminât aux angles par des vides, car si un point d'appui est nécessaire, c'est surtout à l'angle d'une construction : dans l'autre cas, si la métope était pleine, on avait à l'angle une demi-métope, indiquant une retraite là où le regard désire une saillie, et montrant une partie faible là où l'esprit demande une partie forte. La raison et le sentiment, l'utile et le beau s'accordaient ainsi pour faire porter le dernier triglyphe à l'angle de la frise. Nous verrons bientôt comment les Romains, s'écartant peu à peu des modèles de l'architecture grecque, ont fini par agir comme s'ils n'en comprenaient plus le sens.

En continuant d'examiner dans ses détails l'entablement dorique, nous voyons au-dessus de la frise une suite de tables inclinées, appelées *mutules*, qui s'avancent également sur les triglyphes et sur les métopes, et qui semblent exprimer la projection des pièces de charpente qui soutenaient la saillie du larmier, saillie nécessaire pour éloigner l'égouttement des eaux, même sur les faces où il n'y a point de toit. Ces espèces de corbeaux, formant le plafond du larmier, sont, dans l'ordre dorique, ornés de trois rangs de petits cônes tronqués au nombre de six pour chaque rang, lesquels sont quelquefois tracés en creux, mais le plus souvent sculptés en relief. Que signifient ces appendices? Vitruve les appelle encore des *gouttes;* mais il est évident cette fois qu'il ne peut pas y avoir de gouttes sur une surface qui est inclinée tout exprès pour les éviter. Ces prétendues gouttes représentent sans doute, comme celles de l'architrave, les chevilles au moyen desquelles le charpentier avait fixé sous les chevrons un plancher pour en cacher les maigres saillies.

Quant aux mutules, Vitruve les regarde comme une image des *forces*, c'est-à-dire des maîtresses pièces du comble. Et, en effet, dans quelques monuments grecs, notamment au temple de Thésée, à Athènes, l'inclinaison des mutules continue exactement celle du toit. Mais s'il faut admettre l'explication de Vitruve, l'image ne serait juste que sur les faces latérales de l'édifice, puisque le toit, dans les temples grecs, n'a que deux pentes; elle serait de pure con-

LARMIER DU PARTHÉNON.

vention sur les façades principales, qui n'ont point de toit. Les *forces*, d'ailleurs, devraient être aussi espacées que les colonnes, et non pas aussi rapprochées que des chevrons. C'est ici le cas de rappeler ces paroles sensées de Claude Perrault : « Il faut concevoir que les *mutules* qui sont au droit des colonnes sont les seules qui représentent les bouts des forces, et que celles qui sont entre deux y sont ajoutées pour la bienséance, de même que les triglyphes. »

Quand on regarde l'édifice à une certaine distance, ces mutules inclinées qui forment le plafond de la corniche sont cachées aux egards par la surface rectangulaire et verticale du larmier. Cette surface, pour laisser couler l'eau, est tenue lisse; mais, comme elle

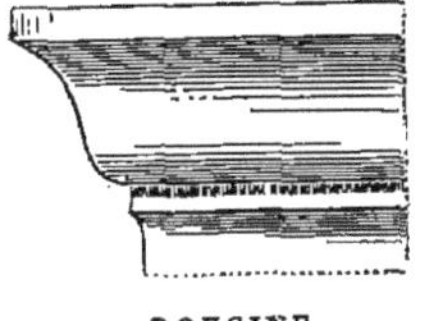
DOUCINE.

TALON.

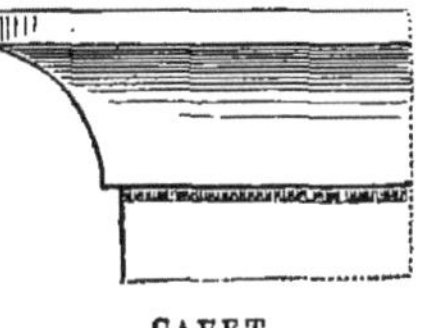
CAVET.

est censée débordée par les tuiles de la couverture, on exprime cette

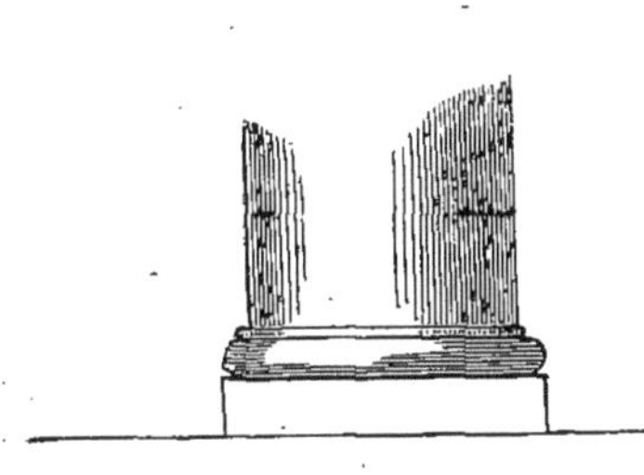
BASE DE DORIQUE ROMAIN.
(Colisée.)

COLONNE DORIQUE DE VIGNOLE.

disposition en couronnant le larmier d'une partie saillante nommée la *cymaise*, du mot grec κυμάτιον, qui signifie ondulation. La cymaise est en effet une moulure ondée qui présente une partie concave et une partie convexe. — Si la moulure est concave en haut et convexe en bas, elle prend le nom de *doucine;* si elle est concave en bas et convexe en haut, c'est un *talon*. Lorsque la moulure est simplement concave, on l'appela *cavet*. — Ainsi la corniche dorique se compose de trois membres, la *mutule*, le *larmier* et la *cymaise*.

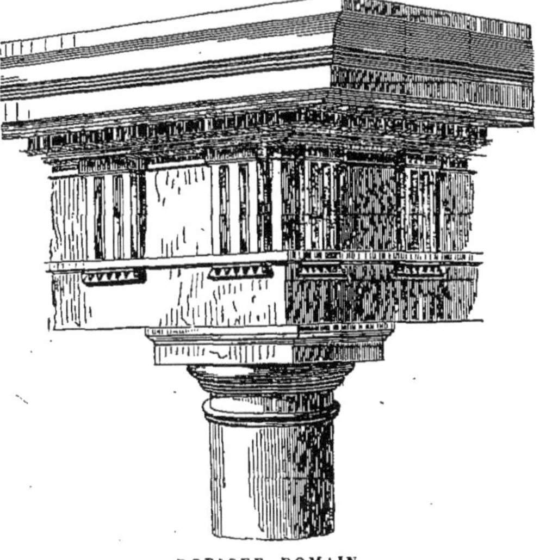
DORIQUE ROMAIN.

Telles sont les parties constitutives du véritable ordre dorique, du dorique grec. Cet ordre grave, mâle et imposant, où la construction elle-même engendre sa décoration, ne nous est bien connu que depuis l'affranchissement de la Grèce par la victoire de Navarin. Coïncidence fatale! il s'est trouvé que les Turcs se sont rendus maîtres de l'Attique et du Péloponèse vers le milieu du XVe siècle, lorsque la seconde Renaissance éclatait en Italie et se préparait en France, au moment où les grands architectes de l'Occident auraient eu besoin de connaître les vrais modèles et de s'en inspirer, de sorte que la terre classique de l'architecture en plate-bande nous a été fermée durant les quatre cents ans qui nous séparent du moyen âge. Déjà, sans doute, au XVIIIe siècle, deux architectes anglais, Stuart et Revett, et un architecte français, Le Roy, avaient exploré les antiquités d'Athènes et dessiné les monuments de la Grèce, mais le temps n'était pas encore venu où l'on pourrait comprendre la beauté de ces monuments, si étrangère à nos habitudes invétérées. Il fallait qu'une esthétique passionnée et intelligente eût déblayé le terrain; il fallait que la routine fût vaincue par l'étude. L'architecture grecque ne pouvait être comprise du premier coup, pas plus que la sculpture de Phidias, qui a passé, même de nos jours, pour un ouvrage de l'époque d'Adrien! Enfin il nous est permis de penser aujourd'hui tout haut ce que disait naguère avec tant de chaleur, d'éloquence et d'autorité, un des maîtres de la critique contemporaine, M. Vitet (*Études sur les Beaux-Arts*) :

« Combien voilà-t-il de temps que nos yeux se sont accoutumés à la majestueuse rudesse du véritable ordre dorique? Que d'hésitations, que de tâtonnements avant d'en venir là! Ce proéminent chapiteau ombrageant de son vaste tailloir un coussinet rustique au galbe épais, fuyant et aplati, ces cannelures aiguës, ce fût conique, descendant jusqu'au sol sans base ni talon, sans cothurne ni sandale, depuis quand sentons-nous que c'est là de l'art grec et de la vraie beauté? L'ordre dorique promulgué par Vitruve, tel que sur sa parole on l'enseigne en Europe depuis plus de trois siècles, a-t-il la moindre ressemblance avec celui-là? Support banal, maigre colonne, chapiteau froid et effacé, tailloir timide et sans saillie, traduction romaine, en un mot, d'un admirable texte grec, tout est amoindri, tronqué, défiguré dans le dorique de Vitruve; et pourtant, quand

Vitruve écrivait, les grands modèles étaient debout. Depuis Pæstum et Sélinonte jusqu'au fond de la mer Egée, on n'avait qu'à choisir. Tout le sol hellénique était couvert de types du dorique véritable. Vitruve n'en dit rien. Pas un mot de ces vieux chefs-d'œuvre, pas même du plus jeune, du plus brillant de tous, du Parthénon ; il n'a pas l'air de savoir qu'il existe. En revanche, il soutient doctement que l'ordre dorique est impropre à la construction des temples, que les anciens l'ont ainsi reconnu. Les anciens ! qu'entend-il par là? Le voilà donc qui rejette Ictinus par delà les anciens, dans les temps à demi barbares ! Les anciens, pour Vitruve, ce sont les Grecs d'Alexandrie, les architectes des Ptolémées ! Il place l'âge d'or en pleine décadence. Or, c'est lui, notez-le bien, c'est lui seul qui a fait notre éducation ; les secrets du grand art de bâtir ne nous sont venus que par lui. De là notre tardive intelligence de l'antiquité véritable, de l'antiquité grecque. »

C'est à nous maintenant de prouver par l'analyse des faits, par leur évidence, combien sont justes ces vives paroles. Si nous comparons l'ordre dorique grec à celui que nos modernes ont hérité de Vitruve et des Romains, nous verrons que l'art et la construction, d'abord étroitement liés, peu à peu se séparent, que l'expression des formes s'altère et que le sens de l'exemplaire original disparaît dans la version de l'imitateur. Et d'abord, la colonne grecque de l'ordre dorique est sans base, et elle accuse une solidité inébranlable par son implantation dans les entrailles du sol. Que font les Romains? Dès le règne de Vespasien, ils ajoutent une base à la colonne, et cette base, qu'il faudrait au moins laisser ronde, ils la font reposer sur une plinthe carrée dont les angles offensent le regard par cela seul qu'ils menacent de blesser les pieds du passant. A l'idée d'implantation succède l'image d'une cale qui serait mise sous la colonne pour l'empêcher de s'enfoncer en terre, de façon qu'au lieu de surgir comme un arbre, la colonne avec sa plinthe ressemble à un étai qui serait placé après coup pour soutenir un édifice ébranlé. Nous avons vu avec quel mélange de grâce et d'énergie le chapiteau dorique représentait une ligature répétée, et comment l'*échine* répondait, par sa courbe brusquement terminée en ligne droite, à l'hypothèse d'une pression égale sur toute la surface du chapiteau. Eh bien, les Romains dénaturent chacune de ces formes : les fines rainures qui serraient le haut du fût sont remplacées par un astragale très saillant et au profil rond, qui représente un anneau lâche. Les secondes rainures, celles qui marquent la gorge du chapiteau et qu'on nomme *annelets*, au lieu d'être curieusement fouillées et profilées à facettes, ne sont plus que des entailles à angles droits. La courbe de l'échine, cette courbe indéfinissable, mais si élégante en sa fermeté, fait place à une forme boudinée, à un contour purement géométrique, sans art et sans grâce, qu'on appelle le *quart de rond!* Le tailloir simple du chapiteau grec, ce tailloir qui s'annonçait par une bande de lumière et qui accusait si nettement sa fonction, le Romain y traîne un filet ou une moulure qui affaiblissent l'image en la divisant... Viennent ensuite les architectes de la Renaissance, qui, oubliant le vrai caractère de l'ordre, se plaisent à enjoliver leur quart de rond en y taillant des oves, et leur gorgerin en y figurant un ornement déplacé : des roses. Et Vignole transforme en règles ces faux exemples, et cela fait loi dans toutes les écoles !

Mais l'entablement est bientôt aussi défiguré que la colonne. Les Grecs avaient donné à la hauteur de l'architrave plus que le demi-diamètre de la colonne (un tiers en sus environ) : les Romains, méconnaissant la signification de l'ordre dorique, la force, ont réduit l'architrave jusqu'à lui donner seulement la proportion d'un demi-diamètre, comme d'ailleurs Vitruve le prescrit. Ainsi la *maîtresse poutre* est devenue, dans le plus solide des trois ordres, moins forte en réalité et en apparence que ce qu'elle porte : au lieu d'avoir une hauteur égale à celle du triglyphe, elle n'est pas plus haute que le triglyphe n'est large, et l'axiome que le fort doit porter le faible se trouve renversé !

Arrivé à la frise, l'artiste romain continue ses altérations. Le triglyphe, qui était chez les Grecs à l'aplomb de l'architrave, il le place, lui, en surplomb, et il se croit alors obligé de figurer sous chaque triglyphe une sorte de petite base en ressaut. De cette manière, la bandelette simple et lisse qui distinguait l'architrave de la frise, en formant une horizontale continue et bien prononcée, se trouve interrompue par les saillies que font les bases des triglyphes et par les petites ombres qu'elles projettent... Ce n'est pas tout : les Grecs, ayant serré l'entre-colonnement aux angles de l'édifice, avaient été conduits à placer le dernier triglyphe, non pas au droit de la dernière

TEMPLE DE NEPTUNE A PÆSTUM.

colonne, mais au tranchant de la frise, et cela pour les vives raisons que nous avons plus haut déduites. Les Romains, comme l'enseignent Vitruve et les architectes de la Renaissance, ont terminé la frise par une demi-métope, parce qu'ils ont fait le dernier entre-colonnement égal aux autres. Ils ont commis de la sorte une double faute : en compromettant la solidité réelle et apparente, qui veut des colonnes moins espacées dans chaque retour d'équerre, et en montrant une métope pliée en deux, c'est-à dire un membre faible et en retraite, là justement où était représenté jadis un point d'appui énergique et en saillie.

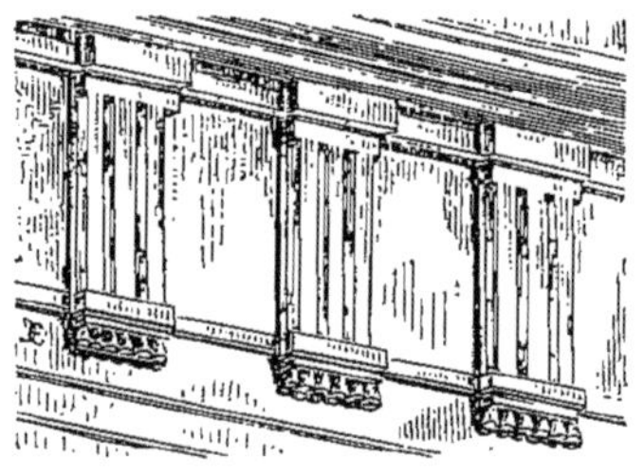
EXEMPLE DE TRIGLYPHES A RESSAUT.

On le voit clairement, la notion de l'art grec nous a été transmise telle que Vitruve la possédait, c'est-à-dire sensiblement faussée et corrompue. Si les écrits d'Ictinus et de Carpion sur le temple dorique de Minerve, le Parthénon, étaient arrivés jusqu'à nous, l'architecture grecque nous eût été connue dans toute sa pureté. Aujourd'hui, du moins, elle nous est révélée par ses monuments eux-mêmes, elle y vit, elle y parle. Et quelle différence entre le dorique romain et le dorique grec! entre cet art lourd, timide, sans moelle et sans caractère, dont les raides préceptes se sont perpétués dans les écoles, et cet art dorien, si robuste, si vivant et si fier, qui, des rives de la Grande-Grèce à l'Acropole d'Athènes, se montre maintenant ruiné, mais auguste, à nos yeux dessillés, étonnés! Encore une fois, cet art que

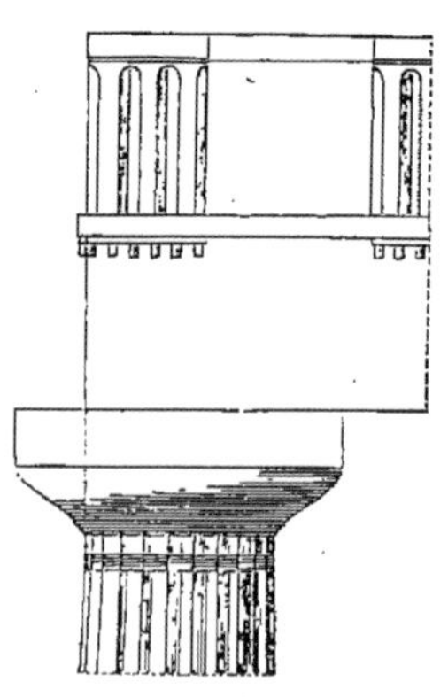
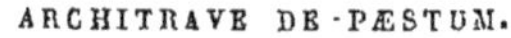
ARCHITRAVE DE PÆSTUM.

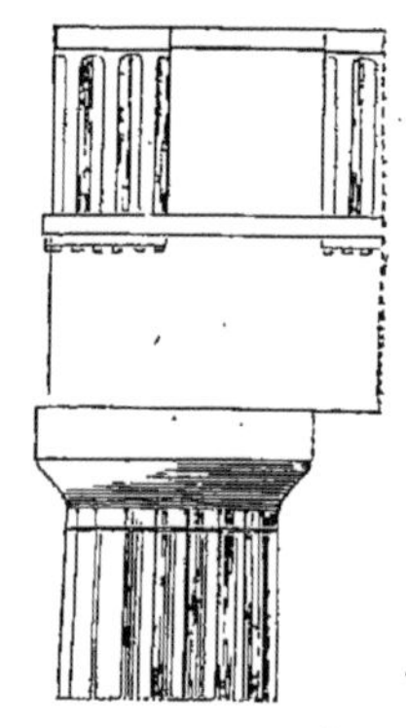
ARCHITRAVE DU PARTHÉNON.

nous avions cru enchaîné, immuable, inflexible, il nous paraît au contraire libre et hardi, malgré son respect pour certaines lois éternelles. Jamais il n'est esclave de la symétrie; jamais il n'est rivé à une formule. S'il obéit toujours à de grands principes, il n'est pas gêné du moins par de petites règles. Souvent il emploie les artifices les plus délicats pour arriver à l'expression de la vérité. Aussi le voyons-nous se modifier peu à peu sous l'influence du génie athénien, qui vient modérer, en y mêlant avec mesure un sentiment de grâce, le laconisme farouche de l'ordre dorique primitif.

Elles sont visibles, ces transformations, dans les divers temples de l'ordre dorique qui nous ont été conservés ou dont la restitution est facile. Ainsi se vérifie ce que nous disions des trois ordres, que chacun d'eux présente des variantes en plus ou en moins, selon qu'il s'éloigne ou se rapproche de son origine. Les colonnes tendent à devenir plus élancées et les entablements moins massifs ; l'ordre acquiert par degrés toute l'élévation compatible avec la solidité et l'énergie.

A la première période du dorique appartiennent le temple de Corinthe, dont les colonnes, les plus courtes que l'on connaisse, n'ont pas même neuf demi-diamètres de hauteur, et le grand temple de Neptune à Pæstum, dont la rudesse a quelque chose de terrible encore et de sauvage, et dont les colonnes, hautes de cinq diamètres sont courtes et fortes ; elles ont un renflement insensible, mais une diminution très prononcée; les cannelures sont à vive arête. L'étroitesse des entre-colonnements imprime à l'ordonnance, selon le mot des anciens, cette *âpreté*, dont la belle expression, *asperitas*, s'est conservée dans le latin de Vitruve. L'architrave est épaisse, le triglyphe puissant, la métope lisse, et l'absence de tout ornement sculptural est une austérité de plus. Au temple d'Égine, la colonne s'allonge ; elle dépasse la hauteur de cinq diamètres, et le monument s'enrichit, au fronton, de sculptures raides, aux plis compassés, qui rappellent la symétrie architectonique. Au temple de Thésée, à Athènes, la colonne a onze modules c'est-à-dire onze demi-diamètres. Au Parthénon, elle a un peu moins de six diamètres. Mais quelle marge laissée à la liberté du génie entre les supports trapus de Corinthe et les colonnes relativement sveltes des Propylées d'Athènes et du Parthénon !

Ici l'ordre dorique est à son apogée. Une intention de grâce se mêle à la force et se fond dans le caractère dominant, qui est la majesté. Un temple élevé à la grande déesse, par le peuple le plus élégant de la terre, devait offrir ce tempérament de sévérité et de douceur, si convenable à la demeure d'une vierge armée, pudique et fière. Aussi tout ce que l'ordre dorique comporte de délicatesse y est ajouté par l'atticisme d'Ictinus et de Phidias. La rudesse primitive a fait place à des raffinements inconnus. Dans le grand temple de Pæstum, par exemple, l'architrave est posée à l'aplomb du diamètre supérieur de la colonne, de sorte que la forte saillie de l'échine et du tailloir devient inutile, puisqu'on peut la supprimer sans compromettre la solidité réelle et apparente du monument. Dans le Parthénon (comme le fait observer M. Viollet-le-Duc), la fonction du chapiteau est mieux comprise et mieux accusée. L'architrave dépassant le nu de la colonne, on sent mieux que l'évasement du chapiteau a pour objet d'offrir une assiette plus large au fardeau qu'on lui impose.

Mais en étudiant de près le Parthénon, les architectes de nos jours y ont découvert le secret d'une harmonie ravissante et d'une incomparable beauté. Les horizontales sont renflées suivant une courbe insensible. Le soubassement de l'édifice, les architraves, la frise, le fronton, offrent une convexité inappréciable qui charme le regard sans se laisser deviner. Au contraire, les entablements sur les faces latérales forment une ligne concave, de sorte que les angles du temple ne sont pas exactement droits, mais légèrement aigus ; les murs se penchent l'un vers l'autre, et, au lieu d'être tracés au cordeau, ils décrivent une courbe rentrante ; les colonnes s'écartent de la perpendiculaire pour s'incliner légèrement vers le centre imaginaire du temple, et cette inclinaison est plus prononcée dans les colonnes angulaires, qui semblent épauler tout l'édifice. De même que chaque colonne s'élargit à sa naissance et va diminuant jusqu'au chapiteau, pour être et pour paraître d'autant plus solide, de même le monument tout entier, plus large à sa base que dans son élévation, prend la forme d'une pyramide tronquée dont l'invisible sommet se perdrait dans les nuages, à la hauteur de l'Olympe. Cette déviation de la verticale avait sa tradition dans l'antique Égypte, où les murs sont toujours en talus et les portes plus étroites au linteau qu'au ras du sol. Quant aux courbes horizontales, il faut les regarder comme une pure invention du génie grec, invention qui remonte au VIIIe siècle avant notre ère, car on en trouve déjà le principe dans un des temples de Pæstum. Avec une sagacité exquise, l'architecte athénien avait remarqué sans doute qu'une horizontale prolongée, si elle est rigoureusement droite, paraît fléchir vers son milieu comme ferait une corde tendue, et c'est pour corriger cette illusion qu'il relevait la ligne droite là où les yeux auraient cru la voir s'abaisser. Une surface plate, quand elle est très étendue, se creuse vers son centre, et c'est pour lui rendre sa fermeté que l'artiste grec lui donnait un imperceptible renflement, ainsi que le remarque M. Penrose (*An investigation on the principles of athenian Architecture*, 1851), l'architecte anglais qui a si savamment analysé et chiffré à un millième près toutes ces courbes, et qui les a notées comme une mélodie musicale, selon l'excellente expression de M. Beulé (*L'Acropole d'Athènes*).

Il y a plus : loin d'être enchaîné à une parfaite égalité de mesures pour les membres semblables, Ictinus, avec une étonnante hardiesse, modifia, par exemple, la largeur des abaques de telle sorte qu'ils sont plus larges sur les faces méridionale et occidentale que sur les deux autres faces. Pourquoi? sans doute parce que le côté du midi, qui domine l'escarpement du rocher, et le côté du couchant, devant lequel se trouvaient des enceintes sacrées, ne pouvaient être vus que très obliquement par le spectateur placé sur l'Acropole. Dans ce raccourci aigu, les abaques se seraient confondus, et, le jeu des vides qui les séparent étant supprimé, l'œil n'aurait aperçu qu'une seule pierre interminable. En s'écartant un peu des rigueurs de la symétrie, l'architecte a corrigé un effet désagréable, là où le spectateur n'aurait pu l'éviter lui-même en se déplaçant.

Les déviations les plus légères, les inflexions les plus subtiles servaient de la sorte à redresser les erreurs de la vue, et ici encore la délicatesse du mensonge appuyait l'expression de la vérité. Quant à ces courbes merveilleuses, c'était la contemplation de la nature qui les avait inspirées aux Grecs. Plus d'une fois, nous plaçant à l'orient du Parthénon et regardant la mer du haut de ces ruines, dans un jour de calme, nous avons été frappé de la similitude qui existe entre la courbe du fronton occidental et celle qui dessine l'horizon de la mer de l'île d'Égine au cap Sunium. Les deux arcs paraissent avoir le même rayon... Qui sait encore si de ces courbes mystérieuses ne résulte pas l'étrange effet de ce temple fameux, dont la grandeur réelle est si fort au-dessous de la grandeur apparente? Qui sait si, en évitant partout la ligne qui est le plus court chemin d'un point à l'autre, on n'a pas trompé secrètement le spectateur et agrandi l'aspect du monument?

Mais l'étude de ce chef-d'œuvre va nous fournir un autre enseignement : c'est que le canon des proportions était chez les Grecs une règle élastique, une échelle mobile de mesures que l'artiste pouvait dans le détail varier à son gré et à l'infini.

Le corps humain, nous l'avons dit, présente quelques rapports essentiels et dominants, celui-ci, par exemple : l'homme, en étendant les bras, donne la mesure de sa hauteur, laquelle est égale à dix-neuf fois le médius ; — mais, en dedans de ces limites, il y a place pour des variétés individuelles sans nombre et sans fin. Celui-ci a une petite tête sur un cou effilé, celui-là est très haut de buste sur des jambes courtes, cet autre a des jambes allongées aux dépens du torse... C'est ainsi que procède la nature pour créer ces êtres toujours divers et toujours innombrables dont se compose l'espèce humaine. L'exemplaire éternel, le *type*, n'existe nulle part que dans la pensée de Dieu. Notre esprit le conçoit, mais nos yeux ne l'ont jamais vu ; c'est la statue voilée du temple égyptien.

De même, en architecture, l'absolu des proportions ne saurait exister. Il y a sans doute quelques lois générales, et elles sont écrites dans le Parthénon, qui par sa perfection peut servir de modèle pour des édifices bâtis sur le même plan. — La hauteur de la colonne est le tiers de la longueur du *naos*, c'est-à-dire de la partie du monument qui renferme l'idole ; elle est aussi le tiers de la largeur du temple, prise à la plus haute marche du soubassement, et cette largeur est égale à quinze fois celle de l'abaque oriental. La hauteur de l'architrave est égale à celle de la frise; la hauteur du fronton est le huitième de sa largeur. — Mais en dehors de ces grandes lois, qui elles-mêmes ne sont pas inflexibles, la rigueur des proportions doit fléchir. Pour le détail, les rapports des membres entre eux, et de chacun d'eux avec le tout, sont soumis à la volonté de l'architecte, et cette volonté est soumise elle-même à toutes les conditions créées par le sens moral du monument, par son assiette, par sa perspective, par ce qui doit l'environner, par le fond sur lequel il se détachera, et par mille autres circonstances locales qui sont autant de raisons pour échapper à la symétrie, pour enfler ou affaiblir la proportion, agrandir ou atténuer les distances, pour racheter une erreur des sens par un artifice de l'art, enfin pour détromper le regard en le trompant.

Le Parthénon était l'ouvrage d'architecture le plus parfait de l'ordre dorique et le plus beau de toute l'antiquité. Rien ne pouvait être ajouté aux raffinements du goût qui avait su, par une conciliation des contraires, y mettre l'empreinte d'une douceur imposante, d'une élégance majestueuse et solennelle. Aussi, quand Ictinus fut chargé d'élever le temple d'Apollon Épicurius à Bassæ, près de Phigalie, il crut devoir chercher, comme nous le verrons, des combinaisons nouvelles, pensant ne pouvoir plus atteindre à la hauteur de son chef-d'œuvre, et désespérant de se surpasser lui-même.

XVIII

DANS L'ORDRE IONIQUE, LES PROPORTIONS SONT ÉLANCÉES, LES FORMES SONT EXPRESSIVES, LES IMAGES DE LA FLEXIBILITÉ ET DE LA GRACE REMPLACENT LES ACCENTS DE LA RÉSISTANCE ET DE LA FORCE.

Il y avait dans l'antique Olympe des divinités aimables et gracieuses que le génie de la Grèce avait inventées pour faire pardonner la faiblesse humaine et la purifier, en lui prêtant les formes d'une beauté divine. A côté des dieux sévères qu'adoraient les fortes âmes, souriaient les dieux indulgents qui avaient leur culte dans les âmes plus douces, dans celles que la nature domine, que la vie entraîne. La grâce, l'amour, le plaisir, l'ivresse même, reconnaissaient leurs déités protectrices, et les imploraient en leur consacrant des autels et des statues, en leur bâtissant des temples. Cependant, l'austérité mâle de l'architecture dorique aurait mal exprimé les sentiments qu'inspiraient ces dieux ; les Grecs imaginèrent un ordre moins grave, plus élégant, plus léger dans sa construction, plus délicat dans ses ornements : l'*ordre ionique*.

Nous l'avons dit, c'est dans l'architecture orientale des premiers âges que se trouvent les rudiments des ordres grecs, et particulièrement le trait distinctif de l'ordre ionique. La mission des Hellènes n'était pas d'inventer, mais de perfectionner, de polir les inventions étrangères, d'en découvrir les principes, d'en écrire les lois, et de les marquer pour toujours à l'empreinte d'une grandeur mesurée et d'une sobriété exquise.

Fergusson fait observer (*Illustrated Hand-Book of Architecture*) que le proto-ionique, c'est-à-dire l'embryon de l'ordre ionique, se voit dans les très anciennes et sveltes colonnes du palais de Persépolis, qui ont treize diamètres de hauteur, et qui, d'après leur espacement, furent évidemment destinées à porter une architrave de bois, *timber architrave*. Ces colonnes, en effet, nous offrent, dans leur partie supérieure, une idée générale du chapiteau ionique, si l'on ne met de volutes que d'un seul côté. On y trouve d'ailleurs une disposition commune à tous les styles asiatiques, celle qui consiste à soutenir l'architrave par des projections latérales, qui, tantôt tournées vers le haut, servent ainsi de consoles, tantôt, pendantes et roulées, font penser à la volute. Mais, quelles que soient l'ancienneté de l'ordre ionique et son origine, il est certain que les Grecs de l'Asie Mineure et de l'Attique furent les régulateurs de l'ordre auquel l'Ionie a donné son nom.

L'ordre dorique pur exprime la force : il l'exprime par des colonnes courtes et sans base qui semblent implantées dans le sol ; il l'exprime par une échine évasée dont la courbe commence en ligne droite : il l'exprime encore par l'épaisseur de l'abaque, par la hauteur de l'architrave, par les solives, dont la présence est énergiquement rappelée au moyen du triglyphe, enfin par ce que Vitruve nomme si bien « l'âpreté des entre-colonnements ». Eh bien, c'est en modifiant l'un après l'autre ces indices de force, que les Grecs d'Ionie vont exprimer, par opposition, des sentiments de délicatesse et d'élégance.

Dans l'ordre ionique, dont le dessin est sous les yeux du lecteur, la colonne a une base, mais une base ronde, qui, ne reposant pas sur une plinthe, porte immédiatement sur les degrés. L'idée de solidité devant faire place à une idée d'élégance, l'image d'une implantation dans le sol n'est plus nécessaire, et le cède au besoin de varier l'expression de la colonne. La base est du reste une invention asiatique. A mesure qu'on avance vers l'Orient, on la voit grandir et se développer à un tel point que, dans l'Inde, où elle est chargée de moulures innombrables, elle dépasse quelquefois en hauteur le fût même de la colonne.

La base ionique, celle des plus beaux monuments d'Athènes, est

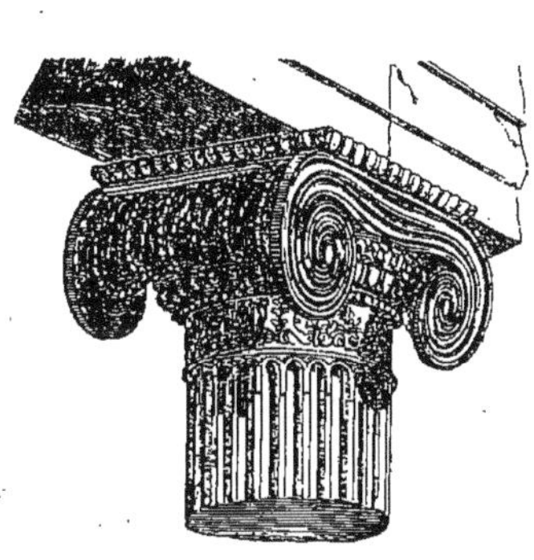

COLONNE IONIQUE.

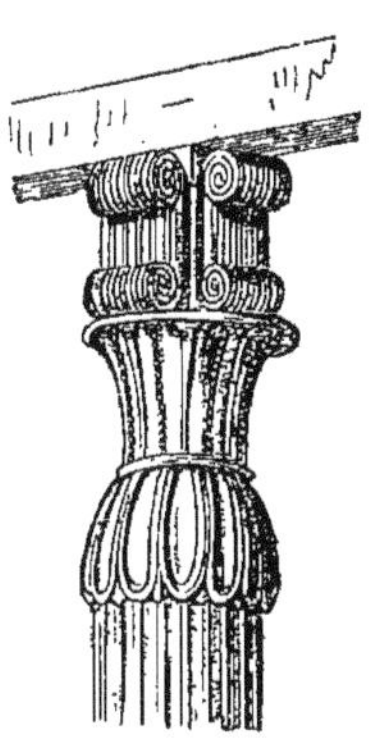

PROTO-IONIQUE.

la base qu'on nomme *attique ;* elle se compose de deux tores séparés par une scotie. Au temple d'Érechthée, dans le portique du nord, le tore supérieur est orné d'une tresse qui rappelle les entrelacs des bas-reliefs persans; mais dans le portique oriental du même temple, comme dans celui de la Victoire Aptère, le tore supérieur est divisé

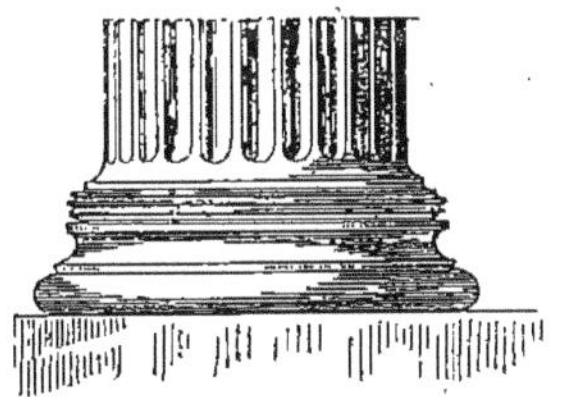

BASES GRECQUES DE L'ORDRE IONIQUE.

(Temple de la Victoire Aptère.) (Temple d'Érechthée.)

en filets qui sont formés par une sorte de cannelure horizontale. En Asie Mineure, au temple d'Aizani, décrit par M. Charles Texier, dans son livre : *Description de l'Asie Mineure*, la base ionique porte deux scoties séparées par un double filet, et un gros tore dont la courbure n'est pas en arc de cercle, mais rentrée beaucoup plus en bas qu'en haut, cette délicatesse étant motivée, sans doute, par l'effet de la perspective qui déforme les courbes engendrées dans un arc de cercle.

Quoi qu'il en soit, dans toutes les variantes de la base ionique, le poids de la colonne semble porter sur des matières compressibles qui ont débordé, mais dont le débordement a été retenu par une corde serrée qui a laissé la marque de son étreinte. Cela est si vrai, que la moulure creuse qui sépare les deux moulures saillantes s'appelait en grec τροχίλιον (poulie), et s'appelle encore indifféremment *trochile* ou *scotie*. Ainsi peut se vérifier ce que nous avons développé dans une proposition précédente, savoir : que les formes employées en architecture ne sont pas toujours indiquées par les besoins de la construction, et que la poésie de l'art les a modifiées pour leur prêter une muette éloquence. « Par une fiction pure, avons-nous dit, l'architecte supposera dans son édifice des matières hétérogènes, associées pour constituer un tout... Il ira jusqu'à figurer, dans ses métaphores de pierre ou de marbre, des substances molles mêlées à des substances rigides, et des matières élastiques pressées par des matières pesantes. » On le voit, en effet, l'image de l'élasticité est venue remplacer, dans les bases ioniennes, ce que présentait d'énergique et d'inflexibles le fût dorique sortant du sol comme un arbre qui aurait ses racines dans les fondations de l'édifice.

Mais si l'expression de la colonne est déjà sensiblement modifiée par le dessin de la base, les proportions du fût vont lui imprimer un caractère de sveltesse et d'élégance, convenable à la demeure d'une divinité gracieuse, et en rapport avec la pensée qui préside à la construction du monument. Tandis que, dans l'ordre dorique véritable et pur, le dorique grec, les colonnes les plus sveltes, qui sont celles du Parthénon d'Athènes, ont moins de six diamètres en hauteur, celles de l'ordre ionique sont hautes de neuf diamètres, mesure moyenne qui admet quelques variétés en plus ou en moins. Ainsi, dans les colonnes du fameux temple d'Éphèse, selon le témoignage de Vitruve, le diamètre n'était que la huitième partie de la hauteur, tandis que celles de l'Erechthéion d'Athènes, portique du nord, qui sont encore debout, ont en hauteur neuf diamètres et un dixième (1). Un tel chan-

(1) On donne le nom général d'Érechthéion ou d'Érechtheum aux trois temples de Minerve Poliade, d'Érechthée et de Pandrose, lesquels n'en forment qu'un seul et s'élèvent sur l'Acropole d'Athènes, tout près du Parthénon et au nord de ce monument. Le

COLONNE ET ENTABLEMENT DE L'ORDRE IONIQUE.

gement dans les proportions nous éloigne déjà beaucoup de la sévérité dorique ; mais à ce premier effet s'ajoute encore l'impression que produit un entre-colonnement plus large.

C'est une loi du bon sens que, plus les colonnes sont élancées, plus il convient de les rapprocher pour compenser leur faiblesse par leur nombre. Plus elles sont massives, au contraire, plus on peut les espacer. Ce principe n'a pourtant rien d'absolu, et, tant que la solidité n'est pas compromise, il se prête aux diverses nuances d'impression que l'architecte veut produire. En serrant les colonnes, déjà courtes, de l'ordre dorique, les Grecs avaient accentué avec énergie la solidité et la force ; ils avaient pour ainsi dire frappé sur le spectateur à coups redoublés. Dans l'ordre ionique, ils suivirent la marche inverse, et, non contents d'allonger les colonnes, ils en augmentèrent aussi l'espacement; mais ce fut seulement par degrés qu'ils en vinrent à réunir ces deux moyens d'expression. Le temple de la Victoire Aptère, récemment relevé de ses ruines et qui est un des plus anciens temples de l'ordre ionique, ne présente encore que des colonnes médiocrement élancées, puisqu'elles ont un peu moins de huit diamètres, et l'entre-colonnement est de deux diamètres. A l'Érechthéion, les colonnes sont plus sveltes, puisqu'elles ont plus de neuf diamètres au portique de l'orient et plus de huit au portique du nord, et pourtant l'entre-colonnement y est plus large qu'au temple de la Victoire Aptère, car il est de deux diamètres un huitième, dans le premier portique, et presque de trois diamètres dans le second. Ainsi, tout en ayant soin de tenir plus massives les colonnes qu'ils voulaient espacer davantage, les Grecs n'en ont pas moins distingué leur ordre ionique et par une colonne plus élancée et par un entre-colonnement plus large. Cette double différence, elle est frappante sur l'Acropole d'Athènes, où le dorique du Parthénon et l'ionique de l'Êrechthéum s'élèvent en regard l'un de l'autre, à une distance de soixante pas.

Mais c'est dans le chapiteau de la colonne qu'est placé le trait caractéristique de l'ordre, la volute. Selon Vitruve, la volute serait l'imitation de deux boucles de cheveux encadrant la coiffure d'une femme dont la tête serait représentée par le chapiteau. Nous avons vu que

temple de Minerve Poliade a son portique tourné vers l'orient ; celui d'Érechthée regarde le nord, et le Pandroséion ou Pandrosium, qui est porté sur des cariatides, regarde le sud, c'est-à-dire le Parthénon.

cette forme, la volute, était originaire de l'Asie, et qu'on en trouvait le principe dans les chapiteaux de Persépolis. Mais les Grecs, supérieurs à tous les peuples par le raffinement de la raison et par l'extrême pureté du goût, les Grecs se sont approprié la volute en lui donnant une expression pleine de douceur et d'élégance. L'ordre ionique, encore une fois, est destiné à la demeure, d'une divinité gracieuse comme Minerve Poliade, ou d'une jeune fille comme Pandrose, ou de cette Victoire sans ailes qui, ne pouvant plus s'envoler, ne quittera jamais la ville sacrée des Athéniens. Un tel ordre d'architecture ne doit donc éveiller en nous que des sentiments de délicatesse et d'amour. C'est pour cela qu'il s'annonce à nos regards par la plus belle courbe qui soit dans la nature. Il se peut qu'originairement l'idée de la volute soit venue de l'écorce roulée du bouleau, ou bien des cornes de bélier qu'on avait coutume de susprendre aux autels et aux cippes funéraires ; il se peut aussi que la volute rappelle tout simplement les copeaux que le charpentier avait enlevés en voulant équarrir un poteau de bois, selon l'indication pratique et ingénieuse que semble donner M. Viollet-Le-Duc. Mais sous la main de l'artiste grec, l'enroulement asiatique s'est transformé ; il a imité la charmante spirale de ces coquillages de mer au milieu desquels était née la Vénus Anadyomène.

Maintenant, sur les colonnes ioniques, légers supports d'un temple intime, comment faire peser le sévère entablement du Parthénon ou la rude architrave de Pæstum ? Non seulement l'architecte allégera sa poutre de marbre et en affaiblira encore l'image en la divisant, mais entre le fût de la colonne et le poids qu'elle doit porter il interposera un *coussinet* qui sera roulé en spirale sur le devant, tandis que sur les côtés il sera serré par des ligatures et formera comme un doux oreiller sur lequel viendront se poser ensuite un abaque mince et une architrave aussi légère que la colonne.

Le temple est-il élevé à une Victoire, qui est toujours fière, le chapiteau sera décoré sobrement par le seul effet des oves qui seront taillés dans l'échine, et du jeu de la lumière sur les reliefs et les creux de la spirale. Que si le monument est consacré à une vierge aimable ou bien à ce fils adoptif et mystérieux de Minerve, Érechthée, qui fut bercé dans la corbeille de Pandrose, l'ordre ionique pourra se couvrir des plus riches ornements. Les coussinets seront brodés de perles; les deux volutes avec leurs triples filets seront réunies par une courbe. Au-dessous de l'échine se dessinera un large collier terminé par deux rangs de *perles,* ou si l'on veut par deux chapelets composés d'amandes et d'olives, et rappelant les offrandes apportées sur l'autel de la déesse. Sur ce collier, si bien nommé le *gorgerin*, règne une frise sculptée où alternent le lis marin et la palmette ; puis

OVES ET PERLES.

PALMETTES.

viennent les oves de l'échine incrustés dans leur fine coquille, et séparés tantôt par des fers de lance, tantôt par des langues de serpents et ce rang d'oves est surmonté d'une tresse qui orne le tore du chapiteau comme celui de la base. Ensuite, au-dessous du gorgerin, commencent les cannelures de la colonne, qui, plus nombreuses et plus profondes que celles de l'ordre dorique, ne présentent pas des arêtes aiguës, mais sont adoucies aux angles par un filet plat, par un *listel.* Enfin, l'abaque ou tailloir, « qui semble, dit M. Beulé, prévenir le froissement de l'architrave et en amortir le poids, l'abaque est

TRESSE.

RAIS-DE-CŒUR ET RANG DE PERLES.

également enrichi d'oves. Et comme si tant de sculptures n'eussent pas suffi, des guirlandes de bronze doré couraient sur les volutes : leurs attaches sont fixées dans le marbre. L'œil (ou centre) de la volute avait été également doré... Dans les intervalles des entrelacs du tore, on remarque de petits trous où étaient enchâssés, vraisemblablement, des émaux ou des matières brillantes qui formaient à la colonne comme une couronne de pierreries. Il ne faut pas croire cependant que ce luxe de décoration fît paraître le chapiteau trop chargé. Tous ces détails sont si légers et d'un goût si exquis, leur importance est d'une mesure si heureuse, ils sont sculptés dans le marbre avec tant de délicatesse, qu'on dirait une broderie. »

Si nous continuons d'analyser l'ordre ionique en le comparant au dorique pur, nous voyons les membres supportés se modifier dans le même sens que le support. Au temple de Neptune, à Pæstum, la hauteur de l'entablement est à la hauteur de la colonne comme 3 est à 7. Au temple d'Égine, le rapport est de 5 à 13; au Parthénon, il est de 5 à 14; au cap Sunium, l'entablement est juste égal au tiers de la colonne. Dans l'ordre ionique d'Athènes, aux temples de la Victoire Aptère et de Minerve Poliade, la proportion a subi un notable changement : le rapport de l'entablement à la colonne est réduit à deux neuvièmes. En d'autres termes, au lieu d'avoir en hauteur le tiers ou plus que le tiers de la colonne, l'entablement n'en a pas même le quart. Il y a plus : l'architrave, pour paraître moins lourde, est divisée en trois bandes appelées *faces*, dont la plus haute est ornée d'un rang de perles et se termine par un talon sculpté en *rais-de-cœur*, c'est-à-dire en fleurons et feuilles d'eau, et surmonté d'un listel. Au-dessus règne la frise, qui, destinée le plus souvent à recevoir des figures sculptées d'hommes et d'animaux, était nommée pour cette raison *zoophorus* par les Latins (en grec ζωοφόρος, qui porte des figures vivantes). Mais au lieu d'être, comme la frise dorique, en triglyphes et en métopes, la frise ionique, lorsqu'elle demeure lisse, représente un cours de planches qui cacherait le bout des poutrelles posées en travers sur l'architrave, de sorte que là où les Doriens accentuaient la construction et par conséquent la solidité, les Ioniens la dissimulent, voulant inspirer au spectateur d'autres pensées. Enfin la corniche, composée d'un larmier avec son échancrure et d'une cymaise, répète dans sa moulure inférieure les rais-de-cœur de l'architrave, et dans sa moulure supérieure les oves du chapiteau, soutenus par un nouveau chapelet de perles (1).

Ainsi l'ordre ionique, poussé à sa perfection par les Athéniens, est en perpétuel contraste avec le dorique, depuis le sol jusqu'au faîte. Il a une base, mais une base ronde qui figure la compression de matières élastiques. La colonne est svelte, et ses cannelures évidées

(1) Tous les mots techniques employés ici ont été expliqués précédemment.

en demi-cercle y creusent des ombres qui la font paraître plus svelte encore; les arêtes, au lieu d'être aiguës et rudes comme celles de Pæstum, sont adoucies par une côte. Les entre-colonnements, plus ouverts, ont perdu l'âpreté du vieux dorique. L'échine du chapiteau est taillée en oves, dégagée par un gorgerin et recouverte d'un coussinet roulé qui semble fait pour préparer au tailloir un lit plus doux. L'architrave est rendue plus légère par ses divisions, et la pesanteur en est encore dissimulée par des ornements délicats. Tout l'entablement est réduit dans son épaisseur, et l'ordre entier est une heureuse combinaison de formes qui expriment la délicatesse et l'intimité, la légèreté et la grâce.

Tel est le véritable ordre ionique. Ainsi l'ont compris les Grecs d'Athènes, supérieurs aux Grecs de l'Asie Mineure; ainsi l'ont pratiqué, avec des variantes voulues par les convenances, Mnésiclès dans l'intérieur des Propylées, et les architectes inconnus du temple de la Victoire Aptère, du temple ionique sur l'Ilissus, et de l'Érechthéion. Mais que d'altérations lui ont fait subir les Asiatiques d'abord et ensuite les Romains et les modernes! Quelle distance de Mnésiclès à Vitruve, et du temple d'Érechthée aux préceptes de Vignole! Par quelle fatalité les architectes de la Renaissance ont-ils hérité de l'ordre ionique tel que l'avait dénaturé la décadence, au lieu de l'étudier dans les exemplaires originaux, dans ceux où se trouve l'empreinte de ce génie grec dont on croit depuis si longtemps posséder et enseigner la tradition?

Premièrement, les Grecs d'Asie avaient donné à l'ordre ionique des proportions colossales : dans le fameux temple d'Éphèse, dont les colonnes avaient dix-neuf mètres d'élévation, dans le temple de Cybèle à Sardes, qui était plus grand que le Parthénon, et dans l'Heræum de Samos (c'est-à-dire dans le temple de Junon, *Hera*), bâti sous le tyran Polycrate, au VIe siècle avant notre ère. Les Athéniens ne commirent pas une semblable faute. Ils se gardèrent d'appliquer l'ordre ionique à ces vastes édifices qui doivent porter le caractère d'une force imposante, d'une solidité monumentale et éternelle. C'eût été transposer dans un ordre délicat les qualités d'un ordre robuste et sévère; c'eût été agir comme le sculpteur qui aurait donné la sveltesse à une statue d'Hercule. Ce furent aussi les Grecs de l'Ionie qui les premiers imaginèrent d'altérer la base ionique en y ajoutant une plinthe carrée, addition barbare que les Romains ne manquèrent pas d'imiter, et qui est aujourd'hui si malheureusement consacrée par l'exemple de Vignole, renouvelé de Vitruve, et par la routine. Sur cette plinthe, dont les angles offensent les regards et blessent les pieds de la foule, les architectes du temple d'Apollon Didyméen, à Milet, Péonius et Daphnis élevèrent la base que Vitruve a prise pour modèle et dont il donne la règle au chapitre III du troisième livre. Cette base repose sur un socle carré et elle se compose de deux scoties séparées par deux astragales avec leurs filets ; la scotie supérieure est surmontée d'un gros tore, comme on le voit dans la gravure ci-jointe, de façon que, par un renversement du principe « le fort doit porter le faible », c'est ici le faible qui porte le fort. La base ionique de Vitruve est celle que les architectes de la Renaissance ont adoptée, celle qu'on enseigne dans les écoles (1). Palladio préfère, il est vrai, la base attique : *per che le base attiche a me più piacciono*, dit-il (parce que les bases attiques me plaisent davantage), mais il y met une plinthe, *orlo*, et Philibert Delorme, qui a fait au palais des Tuileries ces colonnes ioniques dont on vante la beauté, leur a donné la base de Vitruve, *que personne n'a jamais pu louer*, dit le judicieux Perrault.

Le chapiteau ionique a subi également quelques notables déformations chez les Romains. L'artiste athénien avait dégagé son chapiteau en y ménageant un gorgerin qui donnait plus d'importance à la tête de la colonne. Ce gorgerin formait une frise circulaire qui se prêtait à la décoration et pouvait ajouter à la richesse du monument. Si cette frise restait lisse, elle faisait ressortir les ornements de l'échine, les perles de l'astragale supérieur et les spirales refouillées de la volute. C'est ainsi qu'est disposé le chapiteau dans l'architecture de Pompéi. « On y remarque, dit M. Uchard (*Revue générale d'Architecture*), que les cannelures s'arrêtent à une certaine distance des volutes et laissent briller, par opposition à la partie lisse du tambour, l'ornementation du chapiteau. »

Mais les artistes romains ne valaient pas ceux de la Grande-Grèce. Au temple de la Fortune virile, à Rome, les cannelures, en montant jusqu'au haut du fût, étranglent le chapiteau. La courbe élégante qui

(1) Nous avons à Paris un exemple (unique) de colonnes ioniques sans plinthe, au péristyle de l'église Saint-Paul construite par M. Hittorff.

réunissait les volutes de l'Érechthéion s'est changée en une sèche et dure ligne droite. Déjà, du reste, quelques-unes de ces altérations avaient été commises dans le temple d'Apollon Didyméen. Sans doute ce sont là de simples nuances ; mais de ces nuances dépend la pureté

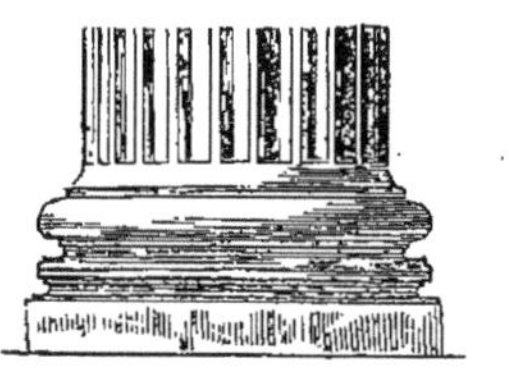

BASE IONIQUE SELON VITRUVE.

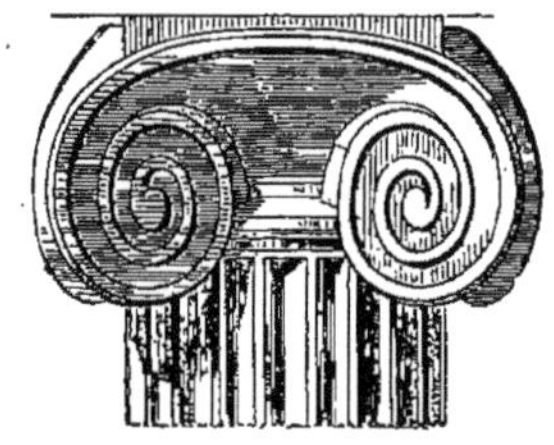

CHAPITEAU IONIQUE DU TEMPLE DE PHIGALIE.

de l'art, ce que nous appelons l'atticisme ; et si ce mot est devenu synonyme d'une exquise délicatesse en toute chose, c'est que les monuments de l'Attique sont en effet comme la littérature de ce pays, l'ouvrage d'un goût parfait qui ne se rencontre plus ailleurs.

Ici se présente une difficulté. Le chapiteau ionique n'a de volutes que sur les deux faces antérieure et postérieure ; il y a des coussinets sur les côtés, de manière que les colonnes vues de profil

CHAPITEAU IONIQUE MODERNE SELON SCAMOZZI.

DENTICULES.

manquent de couronnement, le chapiteau n'étant pas plus large latéralement que le fût. Il en résulte que la colonne placée à l'angle du portique doit avoir aussi des volutes sur le côté qui regarde le dehors, et faire face au spectateur dans les deux sens. Cette double face est d'ailleurs indispensable pour raccorder la colonne d'angle avec les colonnes latérales, si le portique se continue en retour d'équerre. Les

Athéniens ont résolu ainsi la difficulté ; mais ils n'ont admis l'exception que pour un cas exceptionnel, pour le chapiteau des encoignures. Plus tard on supprima les coussinets, et l'on mit des volutes sur les quatre faces, comme nous l'avons observé dans tous les chapiteaux ioniques de Pompéi. Michel-Ange fut le premier, parmi les modernes, à reprendre cette tradition ou à la réinventer, et après lui, un architecte de Vicence, Scamozzi, y attacha son nom. Il faut dire, cependant, que l'idée d'un chapiteau ionique, présentant des volutes sur toutes ses faces appartient à Ictinus lui-même. Ce grand artiste, après avoir construit le chef-d'œuvre de l'architecture dorique, le Parthénon, essaya des combinaisons nouvelles dans le temple d'Apollon Épicurius, à Bassæ, près de Phigalie. On y voit, à l'intérieur, des colonnes ioniques engagées dans des têtes de murs et présentant des volutes sur les trois faces libres. Ce fut là certainement la moins heureuse des inventions qui furent inspirées à Ictinus par le désir d'innover ; je dis la moins heureuse, pour deux raisons : d'abord, parce qu'un tel changement fait perdre au chapiteau sa signification symbolique et son caractère ; ensuite, parce que, dans ce même temple de Phigalie, Ictinus fit un premier essai de la colonne corinthienne.

Ignorant sans doute les plus belles œuvres de l'art grec, Vitruve ajoute à l'entablement ionique un membre d'architecture, les *denticules*, qui ne se trouve point dans les monuments du siècle de Périclès, ni aux temples d'Érechthée et de Minerve Poliade, ni à celui de la Victoire Aptère, ni au temple ionique sur l'Ilissus, qui a disparu, mais dont les dessins nous ont été conservés par les auteurs des *Antiquités d'Athènes*, Stuart et Revett. Les denticules sont une suite de petits blocs taillés en carré long et en manière de dents, mais séparés entre eux par des vides plus étroits que les dents. Placées entre la frise et le larmier, les denticules représenteraient, selon Vitruve, les extrémités saillantes des chevrons dans les toitures primitives en charpente. Cette explication, sujette à controverse, n'est qu'en partie justifiée par quelques tombeaux de l'Asie Mineure où l'imitation de la bâtisse en bois est flagrante, et dans lesquels on voit la corniche soutenue par de gros blocs carrés en saillie, figurant, il est vrai, non pas des chevrons, mais des bouts de solives. Aussi est-ce dans les temples ioniques de l'Asie Mineure, notamment dans celui de Minerve Poliade à Priène, bâti par Pythæus au temps d'Alexandre, que se remarquent les denticules, mais taillées finement et en petites proportions. L'architecture de l'Attique n'offre pas d'exemple de denticules, à l'exception de celles dont les très petits cubes couronnent l'architrave du Pandrosium, portée par des cariatides. Encore est-il évident que les denticules ne peuvent ici rappeler pes chevrons, puisqu'il n'y a point de toit sur ce petit temple. Ce sont tout simplement des formes employées comme une agréable dissonance, car des moulures carrées, tranchant sur les moulures rondes qui ornent cette architrave sans pareille, y forment un contraste piquant. Mais à part cette explication tout à fait exceptionnelle, et particulière à l'entablement du Pandrosium, dans lequel — exemple unique — on a supprimé la frise, les Athéniens n'ont jamais attribué à l'ordre ionique ces formes rectangulaires et *constructives* qui contrarient le sentiment voulu d'une délicatesse élégante.

Oui, les ordres grecs, l'ionique aussi bien que le dorique, nous ont été transmis par les Romains et par Vitruve, non pas dans leur perfection, mais, au contraire, tels que la décadence les avait altérés et corrompus. Il est temps enfin que l'architecture grecque nous soit enseignée de première main par les maîtres de la grande époque, et non par leurs disciples dégénérés. Il est temps qu'on préfère aux leçons écrites de Vitruve et aux préceptes dessinés de Vignole, les modèles à jamais admirables qu'éleva le libre génie de la Grèce antique, et que la Grèce moderne a reconquis en 1829, avec sa liberté.

XIX

DANS L'ORDRE CORINTHIEN, LES PROPORTIONS SONT TRÈS ÉLANCÉES ; LES FORMES SONT IMITATIVES ; LES CARACTÈRES DE LA MAGNIFICENCE ET DE LA RICHESSE SONT SUBSTITUÉS A LA SÉVÉRITÉ DE L'ORDRE DORIQUE ET A LA DÉLICATESSE DE L'IONIQUE

C'est vers la 85e olympiade, 440 ans avant Jésus-Christ, que naquit la première pensée de l'ordre corinthien. Selon Vitruve, cet ordre aurait été inventé par Callimaque, sculpteur de Corinthe, que les

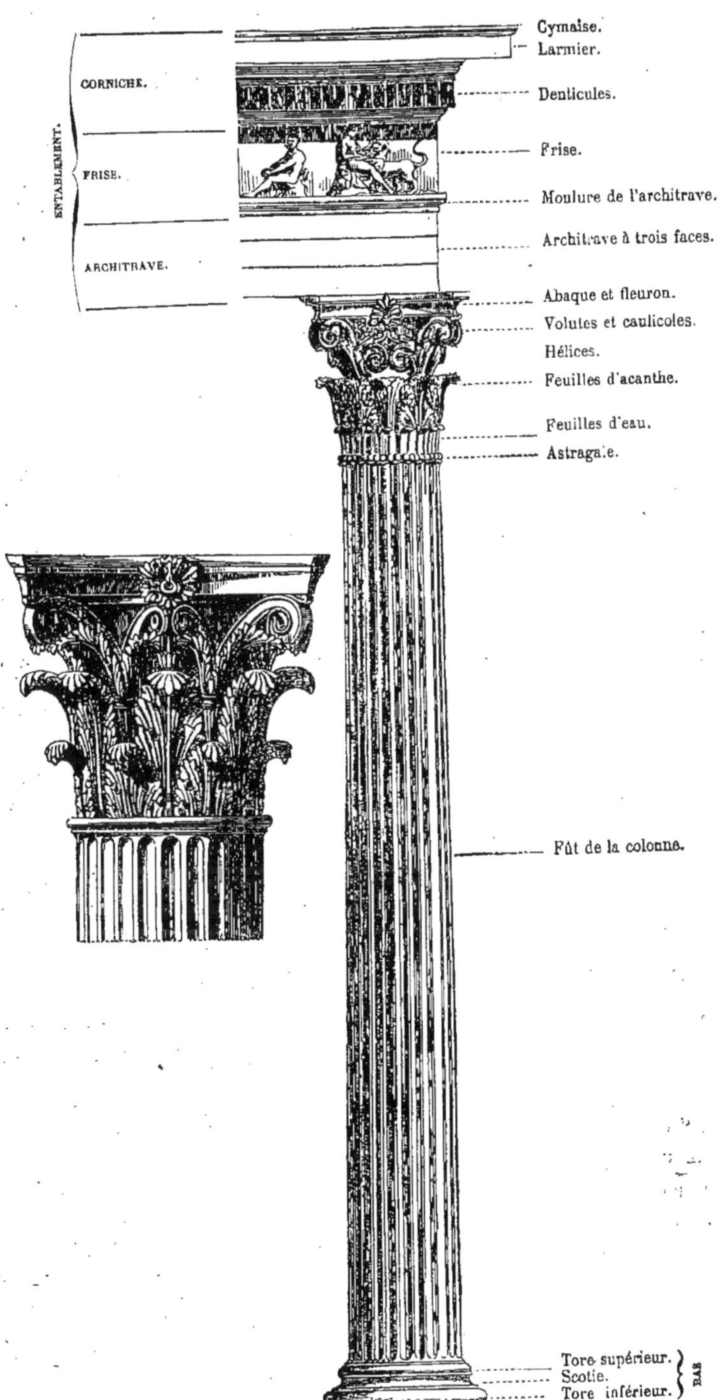

COLONNE ET ENTABLEMENT DE L'ORDRE CORINTHIEN.

(Monument de Lysicrate.)

Athéniens appelaient *catatechnos* (κατάτεχνος), à cause de son extrême habileté à tailler le marbre. L'auteur romain raconte à ce sujet une de ces fables ingénieuses qui étaient familières au génie de la Grèce, et qui sont devenues banales précisément pour avoir paru jolies :

« Une jeune fille de Corinthe étant morte au moment de se marier, sa nourrice posa sur son tombeau, dans une corbeille, quelques petits vases que cette fille avait aimés pendant sa vie, et, pour les mettre à l'abri, elle recouvrit la corbeille d'une tuile. La racine d'une acanthe s'étant trouvée par hasard en cet endroit, lorsqu'au printemps les feuilles et les tiges commencèrent à pousser, elles entourèrent la corbeille, et, rencontrant les angles de la tuile, elles furent contraintes de se recourber à leur extrémité en forme de volutes. Callimaque, passant près de là, vit cette corbeille, remarqua la grâce et la nouveauté de ces formes, et y puisa le modèle des chapiteaux qu'il fit exécuter à Corinthe. Il fixa ensuite les règles et les proportions de l'ordre corinthien. » Cette petite histoire, qu'on a tant de fois répétée, a le double mérite — on l'a fait observer avant nous — d'attacher un souvenir poétique au chapiteau inventé par Callimaque et de rendre un compte assez net des diverses parties de l'ornement qui caractérise l'ordre corinthien. La corbeille, dont la surface apparaît au travers des feuillages qui l'entourent, repose sur l'astragale qui termine le fût de la colonne, et elle est surmontée d'un abaque, ou tailloir, qui représente la tuile placée par la sollicitude de la nourrice. Au pied de la corbeille prennent naissance des feuilles d'inégale hauteur qui se courbent en manière de panaches et dont les plus hautes s'échappant de leur tige, vont s'enrouler comme des volutes sous les angles saillants de la tuile, ou, se tournant en sens contraire, viennent se rencontrer deux à deux sur chacune des faces du chapiteau, tandis qu'une tige plus hardie va s'épanouir en fleuron au milieu de l'abaque et y forme ce qu'on nomme *la rose*.

Ici encore les Grecs n'ont fait que perfectionner un motif déjà inventé par les Égyptiens, qui avaient imité sur le calice de leurs colonnes la végétation du lotus ou du palmier. Que l'honneur de ce perfectionnement appartienne à Callimaque, cela peut s'induire aussi d'un passage de Pausanias, rapportant ce qu'il a vu dans le temple de Minerve Poliade. « Callimaque, dit-il, fit à la déesse une lampe d'or qui brûlait nuit et jour et dont la fumée s'échappait à travers un

MONUMENT CHORAGIQUE DE LYSICRATE, RESTITUÉ.

palmier de bronze (φοῖνιξ χαλκοῦς) qui montait jusqu'au plafond. » Quoi qu'il en soit, de tous les chapiteaux corinthiens connus, le plus ancien est celui qui fut placé par Ictinus dans le temple d'Apollon Épicurius, à Phigalie, environ 430 ans avant notre ère. Une seule colonne corinthienne, placée derrière la statue d'Apollon, se raccordait avec les colonnes ioniques de l'intérieur. Mais un chapiteau isolé ne constitue pas un ordre. C'est dans le petit monument choragique de Lysicrate, vulgairement et improprement appelé Lanterne de Démosthène, que l'ordre corinthien paraît avoir été appliqué pour la première fois à l'ensemble d'un édifice (1). Celui dont nous parlons fut élevé en l'honneur du chorège Lysicrate, dont la troupe avait remporté le prix dans une fête publique, sous l'archontat d'Évænétus, la deuxième année de la 111e olympiade, c'est-à-dire 335 ans avant notre ère. On voit encore, et nous avons vu à Athènes, au pied de l'Acropole, les charmantes ruines de ce monument, qui est un chef-d'œuvre de grâce, une petite merveille. Il est circulaire et construit tout en marbre pentélique. L'entablement est soutenu par six colonnes corinthiennes qui semblent être des demi-colonnes, parce que les entre-colonnements sont remplis par des panneaux de marbre, ornés, à la hauteur des chapiteaux, de trépieds en bas-relief. Ces colonnes reposent sur deux marches circulaires qui servent de base à la colonnade et qui portent elles-mêmes sur un piédestal carré. L'édifice est surmonté d'une coupole dont la couverture imite des feuilles de laurier, placées en recouvrement les unes sur les autres. La coupole est couronnée d'un magnifique fleuron à trois branches sur lequel était posé le trépied décerné en prix au vainqueur. Trois hélices ou consoles, portant peut-être des dauphins, se dressaient avec une extrême élégance pour appuyer les volutes du fleuron. Plus élancées que celles de l'ordre ionique, les colonnes ont dix diamètres de hauteur et même un peu plus. Elles ont une base, mais une base ronde sans plinthe : c'est la base attique, composée, comme nous l'avons dit, de deux tores et d'une scotie. Le fût est cannelé. Les cannelures, séparées par un filet, se terminent, pour plus de richesse, en feuilles d'eau légèrement recourbées. L'astragale, au lieu d'être en saillie, présente un anneau creux dont la cavité était remplie sans

(1) Un moulage restitué de ce petit monument existait dans le parc de Saint-Cloud ; il n'y existe plus depuis la guerre de 1870. Il y en a un à l'École des beaux-arts, à Paris.

doute par un chapelet de bronze. Le chapiteau se compose de deux rangs de feuilles. Les premières, celles d'en bas, sont lisses comme des feuilles d'eau, les secondes ressemblent à des feuilles d'acanthe, alternant avec des fleurs à la corolle étoilée. Le cratère du chapiteau ne se laisse voir qu'au dessus du second rang des feuilles, et sur ce cratère cylindrique se détachent des volutes et les doubles enroulements de la tige centrale. L'abaque du chapiteau a des coins saillants réunis par une ligne concave, et il est orné d'une palmette au milieu de son échancrure.

Vient ensuite l'architrave : divisée en trois bandes comme dans l'ordre ionique, elle est enrichie d'une moulure qui efface l'idée de sévérité robuste que donnait l'architrave dorique dans son indivision et sa nudité. Au-dessus règne la frise, qui est un peu moins haute que l'architrave, vu la légèreté particulière que devait offrir un tel monument. Enfin la corniche est remarquable par l'emploi des *denticules*. Or, que signifient les denticules ? Vitruve, nous l'avons dit, les donne comme représentant les chevrons du toit ; mais si les denticules représentaient les chevrons, elles seraient inclinées comme les chevrons eux-mêmes, au lieu que nous voyons les denticules employées ici, et partout, présenter des surfaces parfaitement verticales. D'autre part, si les denticules figuraient les chevrons, elles ne seraient point si rapprochées l'une de l'autre, au point de laisser entre elles un vide moindre que le plein ; enfin, troisième raison, les denticules, dans l'explication de Vitruve, devraient être placées, non pas au-dessous du larmier, mais immédiatement sous la cymaise, laquelle était dans son origine le chéneau qui recevait les eaux du toit et les rejetait en dehors par des orifices. Il ne paraît donc pas rigoureusement juste de dire avec Vitruve que les denticules sont une image commémorative des chevrons. Cette image, d'ailleurs, serait inexacte et de pure convention sur les façades de l'édifice qui ne correspondent pas à une des pentes du toit, comme sont les faces antérieure et postérieure d'un temple grec, toujours couronnées d'un fronton. Dans le monument de Lysicrate, plus encore que dans le petit temple de Pandrose, les Grecs ont employé les denticules évidemment pour contrarier les formes rondes. La courbe du monument, qui est circulaire depuis les marches du stylobate jusqu'à la corniche, la convexité d'un toit en coupole, la bordure de ce toit, qui est en rouleaux courants appelés *postes*, l'enroulement des trois hélices qui servent de consoles au grand fleuron du couronnement et, enfin les volutes de ce fleuron, tout cela composait un ensemble de courbes qui aurait donné de la mollesse à l'édifice, si la rondeur n'avait été rachetée deux fois: en haut, par la forme carrée des denticules et par le triangle que font les hélices et le trépied du sommet ; en bas, par la forme quadrangulaire du piédestal, dont les rudes bossages offraient un autre contraste avec les riches et délicates ciselures du monument.

Tel est le plus ancien exemple d'ordre corinthien que le temps ait un peu respecté. Les Romains, il faut le dire, n'ont pas corrompu cet ordre comme ils avaient corrompu le dorique et l'ionique : le corinthien a été le triomphe de leur architecture. Cependant ils ont commis le plus souvent dans cet ordre la même faute que dans les deux premiers, en faisant porter les colonnes sur une plinthe carrée ; je dis le plus souvent, parce qu'au petit temple corinthien de Tivoli bâti sur la fin de la république, les colonnes n'ont pas de plinthe. C'est une erreur propre à toutes les décadences que d'altérer les lois primitives en s'attachant à la lettre au lieu de s'en tenir à l'esprit. Ceux qui, comme Vitruve, affectaient de voir dans la colonne ionique l'image d'une femme dont la coiffure était représentée par les volutes du chapiteau, la robe avec ses plis par les cannelures, et la chaussure par la base, ceux-là, disons-nous, furent naturellement amenés à mettre sous la base de leurs colonnes une semelle, la plinthe, que les Italiens appellent en effet *zoccolo*, c'est-à-dire le socle. Les Athéniens, au contraire, avaient si peu de goût pour les bases, que non seulement ils ont repoussé la plinthe, mais qu'ils ont quelquefois supprimé la base même de l'ordre corinthien, par exemple dans l'horloge d'Andronicus Cyrrhestes, dite la Tour des Vents.

Mais, à part cette altération, les Romains ont pratiqué à merveille l'ordre corinthien. On peut même dire qu'ils en ont à peu près fixé les formes et les proportions. Dans son élégante légèreté, le monument choragique de Lysicrate, n'ayant en hauteur que 10 mètres, était une exception tout à fait rare et ne pouvait servir absolument de type. Tout n'était pas à imiter dans ses colonnes, ou plutôt dans ses colonnettes, — elles n'ont que $3^{m},50$ de haut, — qui n'avaient à

POSTES.

ENTABLEMENT CORINTHIEN AVEC RINCEAUX DANS LA FRISE.

porter qu'un entablement délicat, une coupole d'un seul bloc, un fleuron et un trépied. Appliqué à un édifice de grandes proportions, le chapiteau de ces colonnes aurait eu des volutes un peu grêles relativement aux deux rangs de feuilles peu fouillées qui enveloppent et cachent la partie inférieure du calice. Les petits enroulements qui sont placés au-dessous de la rose, sur chacune des faces du chapiteau, ces enroulements qu'on appelle les *hélices*, l'architecte romain les a diminués en les soutenant par des feuilles d'eau, pour augmenter l'importance des volutes angulaires et des tiges ou *caulicoles* (1) qui leur donnent naissance. Il a développé davantage le premier rang de feuilles, et plus profondément évidé le second rang ; il a mis enfin dans le tout une sorte de symétrie solennelle, une harmonie grave et monumentale qui a été justement admirée. « La disposition des feuillages, des tiges, des volutes, de toutes les parties du système, dit M. Léonce Reynaud, est pleine de grâce et de mouvement ; la fantaisie y abonde, mais elle est dirigée avec tant de goût, toutes ces formes variées se rattachent si bien entre elles, il y a une telle harmonie dans l'ensemble, qu'elle paraît en quelque sorte toute naturelle... Il est peu de formes où le génie de l'homme se soit mieux approprié les inspirations qu'il avait puisées dans la nature. »

Le chapiteau corinthien, bien qu'on le trouve déjà parfait dans les derniers temps de la république romaine, le chapiteau corinthien a subi plus tard bien des modifications. Et d'abord une certaine variété y est produite par le genre de feuillage que l'artiste a choisi. Les uns ont imité l'acanthe, non pas l'acanthe sauvage, qui est épineuse et ressemble à un chardon, mais l'acanthe sans épine, l'*acanthus mollis* de Virgile, dont la feuille est large et assez profondément découpée pour produire un effet de richesse. Les autres ont sculpté la feuille d'olivier, dont les refends ont encore plus de fermeté et accusent un jeu de lumière plus vif. Ainsi sont taillés les chapiteaux du Panthéon, à Rome, ceux de la Maison-Carrée, à Nîmes. D'autres ont préféré une feuille imaginaire rappelant celle du laurier dont les découpures aiguës se prêtent mieux aux finesses du ciseau. Sous les empereurs, la décoration des chapiteaux devint peu à peu

(1) Les architectes donnent aussi, par extension, le nom de *caulicoles* aux volutes.

capricieuse, indiscrète. Certains chapiteaux, comme ceux que l'on voit à Rome dans l'église Saint-Laurent hors des Murs, nous montrent des trophées entés sur le premier rang de feuilles, et des Victoires qui, remplaçant les caulicoles et les volutes, sortent de l'aplomb pour soutenir les cornes du tailloir. Il en est où un foudre a été substitué à la rose ou au fleuron, tandis que le tailloir est porté aux quatre angles par des griffons, par des chevaux ailés ou par des aigles. A la villa Adriana, près de Tivoli, on a trouvé des chapiteaux qui vomissent des dauphins, suivant l'expression de Winckelmann. Enfin, il n'est sorte de fantaisie qui n'ait tenté les architectes de l'empire romain, à mesure qu'ils s'éloignaient des premiers exemplaires travaillés à Rome par des artistes grecs, à mesure qu'on oubliait en tout genre ces modèles qu'Horace recommandait à la littérature de son temps, *exemplaria græca.*

Mais quoi! c'est Vitruve, un contemporain d'Horace, qui nous dit : « Le troisième ordre, que nous appelons corinthien, imitant la grâce d'une jeune fille à qui son âge rend la taille plus dégagée, et dont la parure vient augmenter encore la beauté naturelle... » Ainsi, un écrivain du siècle d'Auguste, un auteur si longtemps classique, nous affirme que l'antiquité a voulu marquer dans l'architecture une analogie entre la jeune fille et l'ordre le plus riche, le plus orné, comme si l'idée d'ornement et de richesse pouvait s'accorder jamais avec l'image d'une vierge, qui se contente si bien de sa jeunesse pour toute parure!

Oui, l'ordre corinthien répond à un sentiment de somptuosité, de magnificence. Il est donc naturel que la colonne corinthienne reçoive tous les embellissements avoués par le goût, et d'abord qu'elle soit enrichie de cannelures, car si le fût demeure lisse, sa simplicité n'est plus en harmonie avec la richesse du chapiteau. De même que dans l'ordre ionique, les cannelures du corinthien seront plus nombreuses que celles du dorique, où l'on n'en compte ordinairement que vingt. On en creusera vingt-quatre, ou vingt-huit, ou trente-deux, suivant le diamètre de la colonne, et cela parce qu'il est convenable qu'une cannelure corresponde au milieu du chapiteau ; et comme le chapiteau a quatre faces, il faut que le nombre des cannelures soit divisible par quatre. Au lieu d'être légèrement évidées, elles se creuseront en demi-cercle ; au lieu de présenter, à la façon dorique, une vive arête, elles seront séparées par la surface plate d'un listel ; au lieu de se terminer carrément en haut et en bas, elles finiront le plus souvent en forme de niche arrondie. Enfin, il sera utile en certains cas d'y pratiquer une *rudenture*, c'est-à-dire de remplir chaque cannelure d'une baguette qui montera jusqu'au tiers de la colonne à partir de la base, pour fortifier les arêtes et les garantir ainsi de la dégradation dont elles sont menacées près du sol. Quelquefois l'architecte, voulant éviter que l'enlèvement de la matière par des cannelures profondes n'amoindrisse la force de la colonne et n'en diminue la solidité apparente, l'architecte tient sa cannelure rudentée dans toute sa hauteur, ainsi que l'a fait Soufflot pour les colonnes du péristyle, au Panthéon de Paris. A Pompéi, dans la Basilique et dans la maison du Labyrinthe, les cannelures s'arrêtent à quelque distance de l'astragale, et la bande lisse ménagée sous le chapiteau en laisse briller l'ornementation.

Venons maintenant à une partie de l'ordre corinthien qui le caractérise autant que le chapiteau : c'est l'entablement. Mesures prises sur les plus beaux monuments corinthiens, qui sont le temple de Vesta à Tivoli, le temple de Minerve à Assise, le Panthéon et le temple d'Antonin à Rome, nous trouvons que la hauteur de l'entablement est le cinquième de la hauteur des colonnes. Toutefois, on peut élever l'entablement aux deux neuvièmes, qui sont la moyenne entre le cinquième et le quart : « C'est une belle proportion, dit Chambray, et qui fait très bien en œuvre. » Au monument de Lysicrate, les Athéniens ont divisé le parement de l'architrave en trois bandes, comme dans l'ordre ionique de l'Erechthéion, et ils ont donné ainsi à la partie supportée la légèreté apparente que commandait la délicatesse du support. Pour insister sans doute sur cette apparence de légèreté, ils ont incliné les trois faces en arrière, de façon qu'au lieu d'être parfaitement verticales elles forment un angle obtus avec l'horizon. Ces trois faces, les Grecs les ont tenues d'égale hauteur, comptant sur la perspective qui les ferait paraître inégales ; les Romains ont diminué la largeur des faces en montant, c'est-à-dire que la bande inférieure est plus large que la supérieure, ainsi qu'on le remarque dans le temple de Pola en Istrie, bâti au siècle d'Auguste. D'autres fois, et le plus souvent, ils ont suivi un ordre inverse : au lieu de faire porter la plus faible bande par la plus forte, ils ont mis la plus petite au-dessous et la plus grande au-dessus : c'est ainsi, du reste, que l'enseigne Vitruve; mais toujours ils ont orné la bande supérieure d'une moulure qui se compose ordinairement d'une

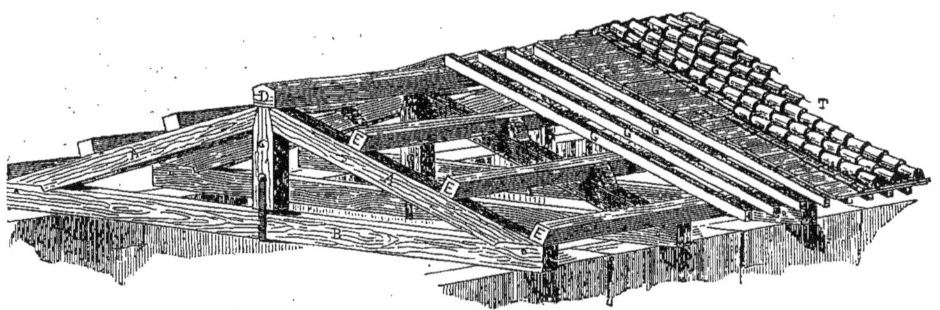

A, A, Arbalétriers ou forces ; B, entrait ; C, poinçon ; D, faîtage ; E, E, E, pannes ; F, F, chantignolles ; G, G, G, chevrons ; H, lattes ; T, tuiles rondes.

cymaise et d'un filet, et qui, faisant saillir l'architrave, la sépare nettement de la frise.

« La cymaise de l'architrave, dit Vitruve, doit en avoir la septième partie; et sa saillie doit être égale à sa hauteur. Le reste sera divisé en douze parties, dont il faut donner trois à la première bande, quatre à la seconde, et cinq à la troisième, qui est celle d'en haut, *summa quinque.* »

Quant à la frise corinthienne, elle ne se distingue pas de l'ionique.

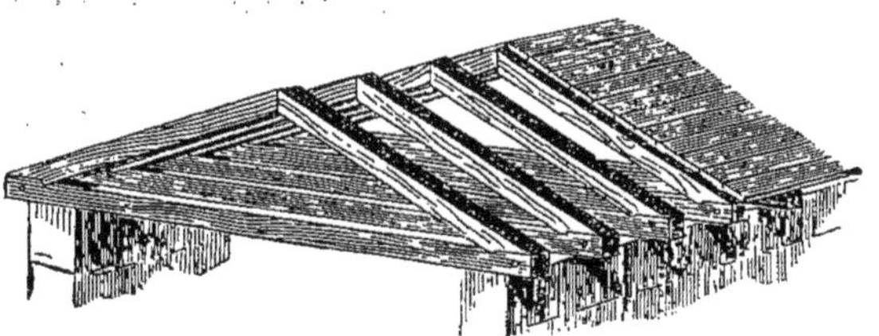

TOITURE AVEC CHEVRONS TENANT LIEU DE FORCES.

Lorsqu'elle doit rester lisse, elle conserve la même hauteur que l'architrave, comme on le voit au portique du Panthéon de Rome, telle que l'a dessinée Chambray dans son *Parallèle de l'architecture antique avec la moderne*; mais si la frise doit être décorée de sculptures, on la tient plus haute que l'architrave d'un quart environ, tout comme on le pratique dans l'ordre ionique, les lois de cet ordre pouvant s'appliquer au corinthien en ce qui touche l'entablement, du moins selon Vitruve : « Les membres qui sont posés sur les colonnes corinthiennes, dit-il, sont empruntés de l'ordre dorique ou de l'ionique, car l'ordre corinthien n'a point d'ordonnance propre et particulière pour sa corniche et pour ses autres ornements (1) ; mais il a quelquefois une corniche dorique avec des mutules semblables à celles qui surmontent les triglyphes, et des gouttes dans son architrave ; quelquefois il tient de l'ordre ionique sa frise ornée de sculptures et sa corniche avec des denticules. De sorte que de deux ordres on en a formé un troisième qui n'a rien de propre que son chapiteau. »

Si nous vérifions cette doctrine sur les monuments antiques, nous n'y rencontrons aucun exemple d'un entablement dorique porté par des colonnes corinthiennes. Ce que nous voyons presque partout, c'est qu'entre la frise et le larmier on a placé des espèces de consoles renversées, destinées évidemment à écarter l'égouttement des eaux. Ces consoles à double volute prennent le nom de *modillons*, et remplissent dans le corinthien la même fonction que les mutules dans le dorique. Mais si les mutules inclinées du dorique grec rappellent la pente des pièces de bois qui portaient la couverture, les modillons ont perdu ce caractère primitif et ne sont plus que des saillies utiles pour soutenir le plafond du larmier.

Reste à savoir s'il convient de placer des denticules dans la corniche corinthienne. Vitruve, qui regarde ces formes comme représentant l'extrémité des chevrons, blâme logiquement les architectes romains d'employer les denticules sous les modillons. « Jamais, dit-il, les Grecs n'ont mis des denticules au-dessous des mutules, parce que les chevrons ne peuvent être sous les forces (2). C'est donc une grande

(1) Il faut avertir ici le lecteur que Vitruve donne le nom singulier et inexplicable d'*ornements* à ce que nous appelons l'architrave, la frise et la corniche.

(2) On appelle *forces* ou *arbalétriers* les grosses pièces de bois inclinées qui forment les deux côtés du triangle d'un toit, et qui s'assemblent au faîte. Ces pièces, largement espacées, portent des *pannes*, c'est-à-dire d'autres pièces horizontales qui les relient en les coupant à angles droits. Sur les pannes sont posés les *chevrons*, qui sont parallèles aux forces, en plus grand nombre et par conséquent plus près l'un de l'autre. Mais il arrive souvent que les pannes sont supprimées, et que les chevrons, placés sur le même plan que les arbalétriers, portent comme eux les lattes qui reçoivent la couverture. Chaque chevron, dans ce système, fait l'office d'une force. C'est ainsi qu'en usaient nos charpentiers à l'époque dite gothique, selon le témoignage de M. Viollet-le-Duc (*Dictionnaire de l'Architecture française*, au mot *Arbalétriers*), et c'est ainsi que l'on construit

faute que ce qui, dans la vérité de la construction, doit être placé sur des forces et sur des pannes, soit mis au-dessous dans la représentation. »

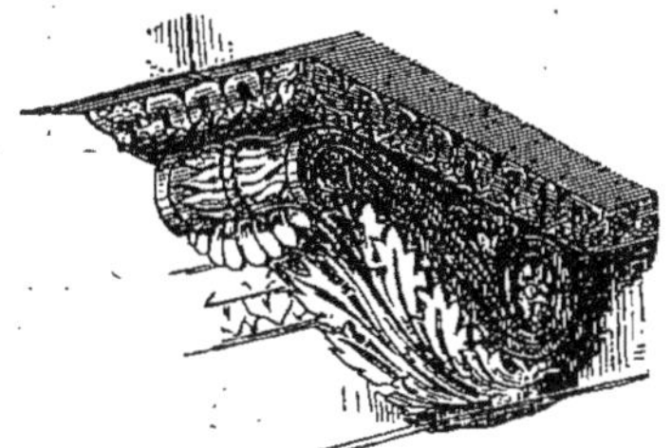

MODILLON DANS LA POSITION ORDINAIRE.

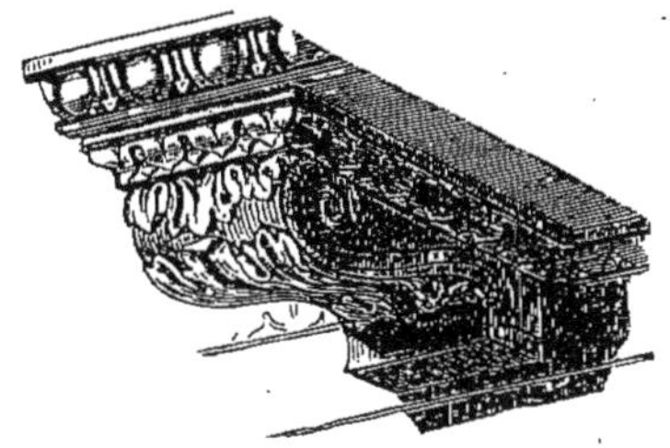

MODILLON LA PANSE EN AVANT. (Maison-Carrée de Nîmes.)

La vérité est que le monument de Lysicraté présente des denticules, mais pas de modillons. Cependant, beaucoup de temples ou d'édifices antiques et des plus beaux parmi les corinthiens offrent à la fois dans leur corniche des modillons et des denticules, celles-ci n'étant employées sans doute qu'à titre d'ornement et pour contraster

MODILLON PLUS HAUT QUE LARGE.

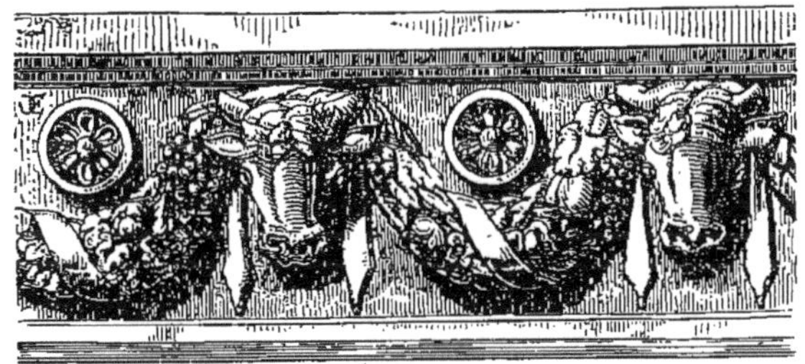

EXEMPLE DE BUCRANES AVEC GUIRLANDES ET BANDELETTES.

avec les courbes que forment les oves, les quarts-de-rond, les cymaises et les doubles enroulements des modillons. Le temple de Pola en Istrie, les temples de Nerva, de Jupiter Stator et de Jupiter tonnant,

encore beaucoup de toitures en Allemagne. Il est probable que la charpente des Grecs ressemblait à celle que pratiquaient les charpentiers du moyen-âge. De cette manière, il devient facile de comprendre comment les mutules doriques et les modillons corinthiens, qui sont beaucoup moins espacés que ne le sont les *forces*, peuvent cependant les représenter. — Il est à observer ici que, dans le second dessin, ce ne sont pas les chevrons qui font saillie, ce sont les pièces horizontales, les *entraits*; mais on peut supposer un autre genre d'assemblage, qui mettrait en relief la pièce inclinée et en ferait sentir l'inclinaison.

10

à Rome, celui de Castor et Pollux, à Naples, et la célèbre Maison-Carrée de Nîmes, bâtie au temps même de Vitruve, offrent des exemples de denticules placées au-dessus de la frise, sous les modillons. La Maison-Carrée, qui a fait l'admiration de tous les siècles, est remarquable par la richesse de ses ornements que Palladio trouvait de la plus belle invention, *bellissima inventione.* La dissonance introduite dans l'ornementation par les formes anguleuses de la denticule y est, selon nous, une richesse de plus. Il est donc permis, en s'appuyant sur des autorités imposantes, de réunir dans une même corniche corinthienne des modillons et des denticules, mais à la condition de donner peu d'importance à ce dernier membre et de ne l'appliquer qu'aux entablements les plus riches.

Du reste, la corniche de la Maison-Carrée est défectueuse par une singularité qui se retrouve à l'arc de triomphe d'Orange. Les modillons, placés à contre-sens, montrent leur panse aux spectateurs, au lieu de l'appuyer contre le nu du mur, ce qui est en principe une faute, motivée ici par le besoin d'avoir une touche de lumière plus énergique. Lorsqu'un modillon est placé horizontalement, la solidité apparente veut que la plus grosse volute tienne à l'édifice. Quand le modillon, étant plus haut que large, est posé verticalement, il convient que l'enroulement supérieur soit le plus gros pour ménager une assiette plus large à la partie supportée (fig. page 145). Il y a peu de différence, on le voit, entre l'entablement corinthien et l'entablement ionique. C'est surtout par la décoration qu'ils diffèrent. Dans l'ionique, les ornements sont délicats, ils sont abondants et magnifiques dans le corinthien. La frise y est ordinairement brodée de ces feuillages imaginaires et enroulés qu'on appelle *rinceaux*, et dont les tiges sont représentées parfois produisant des demi-figures d'hommes et d'animaux. Ici, des enfants sortis d'une plante semblent effrayés d'une fleur qui donne naissance à une tête de lion ; là, ce sont des sphinx, des quadrupèdes ailés, des griffons qui tiennent des guirlandes ou paraissent garder un flambeau ; d'autres fois ce sont des béliers qui se menacent de leurs cornes, ou bien de chimériques sirènes qui végètent parmi les feuillages. Au temple de Tivoli, la frise corinthienne est ornée de *bucranes* (ce qui veut dire des têtes de bœuf décharnées ou non), alternant avec des guirlandes de fruits qui sont attachées par des bandelettes aux cornes de l'animal, et rien de plus frappant que ces images d'offrandes et de victimes immolées, décorant le lieu même du sacrifice. De sorte que, si quelque chose distingue la frise corinthienne, c'est en général

AUTRE EXEMPLE DE BUCRANES AVEC GUIRLANDES ET BANDELETTES.

l'absence des figures humaines et la préférence donnée par l'architecte à une décoration fantastique.

Sous les empereurs, l'ordre corinthien se dénatura peu à peu et se corrompit. On y vit déborder, au IIIe siècle, cette ornementation sans mesure et sans repos qui caractérise toutes les décadences. Les Athéniens avaient délicatement sculpté un des tores de la base dans les colonnes de l'érechthéion ; les Romains chargèrent de sculptures la base tout entière. Ils fouillèrent des cannelures dans la scotie ; ils taillèrent des sillons dans les volutes du chapiteau, imitant ainsi à la lettre les cornes du bélier ou les stries de la coquille. Le fleuron de l'abaque se répandit en rinceaux. L'architrave elle-même fut accablée d'ornements au point qu'on n'épargna pas le listel qui sépare l'architrave de la frise. Les denticules furent creusées comme autant de niches ; les intervalles entre les modillons se couvrirent d'écailles ; le larmier, que les Grecs avaient toujours tenu lisse pour en bien rappeler la destination (l'égouttement de la pluie), les Romains le défigurèrent en y traînant des cannelures, de manière que les grandes lignes horizontales disparurent partout, étouffées sous cette décoration extravagante.

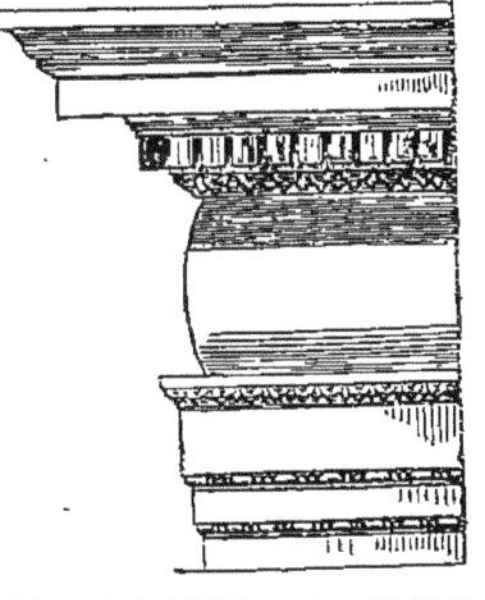

ENTABLEMENT A FRISE BOMBÉE.

Les architectes de la Renaissance, qui, trompés par les enseignements de Vitruve et par les monuments romains, avaient si tristement faussé le dorique original et altéré l'ionique, ont été plus heureux pour l'ordre corinthien, parce qu'ils en ont trouvé de beaux modèles en Italie et en France. Mais, dans leur respect aveugle pour les antiquités romaines, qu'ils n'avaient point comparées aux monuments grecs, Bramante, Peruzzi, Serlio, Vignole, Palladio, Scamozzi, Jean Bullant, Philibert Delorme, Pierre Lescot, tous ces artistes d'une haute intelligence et d'un goût qui eût été excellent si une tradition meilleure l'avait épuré, acceptèrent sans contrôle les leçons que leur avait données l'architecture romaine, et ils en répétèrent les fautes. Tous ils mirent des plinthes carrées sous les bases; tous ils élevèrent leurs colonnes sur des piédestaux, sans y être autorisés par la nécessité ou par la raison. Palladio le fit lui-même en quelques rencontres, bien qu'il eût condamné cette vicieuse méthode dans ses *Quatre livres d'architecture*, où il dit expressément : «Les colonnes sans piédestal me plaisent beaucoup plus, parce que les piédestaux sont un obstacle à l'entrée dans le temple, et parce que les colonnes partant du pavé donnent plus de grandeur et de magnificence à l'édifice : *Si perchè con i piedestili si impedisce molto l'entrare al tempio; si anche perchè le colonne, le quali da terra cominciano, rendono maggior granrezza, e magnificenza.* (Liv. IV, ch. v.)

Ce fut aussi pour avoir trop regardé quelques édifices romains mal conçus, que l'élégant Palladio introduisit dans l'architecture moderne la *frise bombée*, innovation malheureuse, il faut l'avouer, car ce genre de frise semble représenter un corps compressible qui, n'étant retenu par aucune ligature, comme l'est le tore par la scotie, dans la base des colonnes, pousse au vide et menace de crever sous le poids de la corniche.

Il était réservé à un architecte français, Claude Perrault, de faire revivre les meilleures traditions de l'ordre corinthien dans sa colonnade du Louvre, si imposante avant qu'on l'eût gâtée par le percement des fenêtres inférieures. En se plaçant au point de vue d'un monarque orgueilleux, d'un Louis XIV, il était impossible d'imaginer un frontispice mieux approprié à sa demeure que ce péristyle magnifique, s'élevant au-dessus d'un rez-de-chaussée dont le plein formidable n'eût été interrompu que par des niches, et qui eût ressemblé ainsi à une forteresse protégeant la richesse ombrageuse d'un palais. Les colonnes y reposent, accouplées, sur un double piédestal, mais justifié cette fois par la nécessité d'une balustrade à hauteur d'appui. L'entablement y est suffisamment riche et tous les profils en sont fiers ; mais la frise n'y est point sculptée, et elle forme par son repos une bande de lumière qui détache mieux la colonnade sur le fond obscur qu'elle a creusé. A l'effet du soleil, ou la nuit, au clair de lune, cette longue horizontale, rendue sensible par la surface lisse de la frise, produit une impression solennelle de calme et de grandeur. Une certaine sévérité se mêle ainsi à la magnificence du corinthien, et nous avons là une preuve que cet ordre, variable comme les deux autres, se prête à l'expression de bien des nuances, dans les idées de pompe, de richesse et de majesté.

XX

AUX TROIS ORDRES SE RATTACHENT QUELQUES VARIÉTÉS QUI EN SONT DÉRIVÉES ET QUE L'ON A IMPROPREMENT APPELÉES DES ORDRES, EN LES DÉSIGNANT SOUS LES NOMS D'ORDRE TOSCAN, D'ORDRE COMPOSITE ET D'ORDRE CARYATIDE.

Les Grecs ne reconnaissaient que trois ordres, et la philosophie n'en admet que trois ; en effet, selon la judicieuse remarque de Galiani, « comme rien ne peut être plus sévère, plus élégant ou plus riche que ce qui l'est au superlatif, et ne peut l'être moins que ce qui l'est au positif, aucun ordre ne mérite ce nom quand il passe l'un ou l'autre de ces deux termes, car si l'on faisait plus, on ferait trop, et si l'on faisait moins, on ne ferait pas assez. » Vitruve a décrit un quatrième ordre, qu'il appelle toscan, *ratio tuscanica*, mais l'ordre ainsi nommé n'est évidemment qu'une image oblitérée du dorique grec. L'Étrurie, qui avait été colonisée par les Pélasges, avait emprunté de la civilisation hellénique son architecture primitive et les arts qui tiennent à l'industrie; mais, sur un autre sol et sous l'empire d'autres idées, l'architecture dorienne prit un aspect tout différent. Les colonnes, devant porter une architrave de bois, purent être très espacées, et déjà cette largeur des entre-colonnements changeait la physionomie de l'édifice. L'ordre dorique grec n'avait donné en hauteur à la colonne que six diamètres au plus ; les Étrusques l'allongèrent jusqu'à sept, et ils y mirent une base composée d'un simple tore avec son congé et d'une plinthe inutile ; mais du moins la plinthe fut ronde, cette fois, comme le tore. Fortement diminuée par en haut, — le diamètre

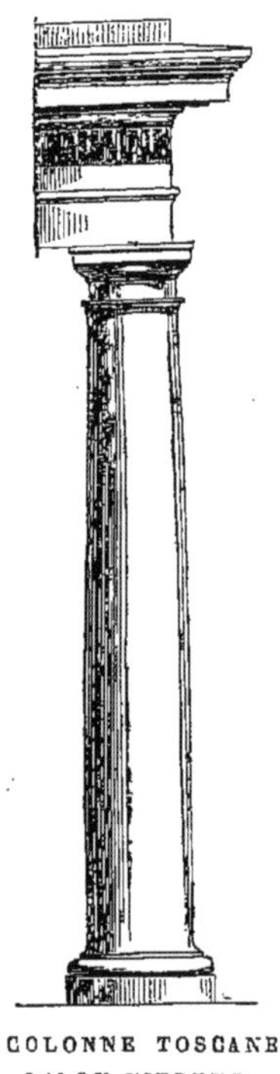

COLONNE TOSCANE SELON VITRUVE.

CHAPITEAU COMPOSITE. (Arc de Titus, à Rome.)

supérieur est d'un quart moins large que le diamètre inférieur, — la colonne toscane a cela de commun avec la colonne dorique. La hauteur du chapiteau, selon Vitruve, « sera divisée en trois parties : une pour le tailloir, une autre pour l'échine, la troisième pour la gorge avec le listel et le congé. » L'entablement est un mélange de maçonnerie et de charpente. La frise reste dénuée de triglyphes et porte des mutules saillantes sur lesquelles est clouée une corniche de bois. Lorsque l'édifice était un temple, l'entablement était surmonté d'un fronton très élevé, qui, formant un angle très aigu sur des colonnes écartées, achevait d'imprimer à une telle architecture l'aspect le plus déplaisant et le plus mesquin. Simple jusqu'à la pauvreté, le prétendu ordre toscan, tel que Vitruve le décrit, n'est qu'un ordre dorique dépourvu de caractère, et qui n'a pas même la rude énergie des choses archaïques.

Encore moins faut-il admettre au nombre des ordres ce qu'on nomme le *composite*, puisqu'il ne diffère du corinthien que par l'arrangement du chapiteau, dans lequel on a superposé aux feuilles de l'olivier ou de l'acanthe les volutes ioniques et une échine taillée en oves. Cet amalgame de formes a été employé pour la première fois, au dire de Winckelmann, dans l'arc de Titus, qui s'élève à Rome sur le Campo Vaccino, l'ancien Forum, et c'est là que Balthazar Peruzzi, dont les dessins originaux sont sous nos yeux, a pris le modèle de son ordre composite (1).

Nous avons vu que le désir d'innover avait introduit de très nombreux changements dans la décoration du chapiteau corinthien; que les architectes de la décadence y avaient placé des griffons, des aigles, des pégases, des Victoires, des corps de sphinx, des trophées d'armes. Quelquefois même ils y avaient figuré des poissons dont le corps, en se repliant, forme des volutes aux quatre angles et ramène sa queue au milieu de l'abaque pour lui servir de fleuron. Or, si le mélange des volutes ioniques avec les ornements du calice corinthien suffisait pour créer un nouvel ordre, il n'y aurait pas de raison pour refuser le même privilège à toutes les combinaisons imaginées par les artistes romains, dont quelques-uns ont remplacé la rose du chapiteau par un masque de femme, pendant que d'autres allaient jusqu'à supprimer et les volutes et l'abaque, et réduisaient le chapiteau à la figure d'une cloche renversée, d'une *campane* ornée de feuillages et d'oiseaux. Il est vrai que les Romains ont apporté aussi certaines variétés dans la corniche corinthienne, les uns ayant omis le larmier, comme au temple de la Paix et au Colisée, les autres ayant retranché les modillons, comme on le voit au petit temple rond de Tivoli, ou bien ayant mis un premier rang d'oves sous les denticules et un second rang au-dessus. Mais ces sortes de variantes, suivant l'observation de Quatremère,

(1) Les dessins de Peruzzi, ainsi que son écriture, ont été soigneusement calqués en Italie par M. Letarouilly, et ces calques ont été mis sous nos yeux par M. Errard, architecte, qui est l'auteur des dessins d'architecture insérés dans le texte de notre ouvrage.

« indiquent beaucoup moins l'espèce d'un ordre particulier que l'impossibilité d'en créer un à si peu de frais... Le *composite*, pour s'être placé, par le mélange de deux ordres, entre le corinthien et l'ionique, n'a conservé le caractère d'aucun d'eux et n'a pu avoir ni la richesse de l'un ni l'élégance de l'autre. »

Les Grecs, qui surent toujours demeurer libres dans leur respect pour les grandes lois, pour les lois éternelles de l'art, les Grecs imaginèrent, au siècle de Périclès, de substituer une figure humaine à la colonne. Déjà sans doute l'antiquité asiatique avait fait jouer le rôle de supports à des animaux fantastiques ou naturels, qui, accroupis sous l'architrave des temples, semblaient symboliser ainsi leur propre servitude. Les éléphants indiens, qui avaient porté des tours remplies d'hommes armés, figuraient aussi, taillés dans le roc, sous les montagnes d'Ellora, et servaient de soubassement à des temples d'une architecture bizarre et prodigieuse. Les Persans avaient posé sur leurs chapiteaux des chameaux agenouillés, des licornes accouplées et fléchies. Les Égyptiens avaient rappelé la forme humaine sur les chapiteaux de Dendérah, dont les quatre faces étaient de grands masques d'Isis. Quelquefois ils avaient adossé des idoles à des montants de granit ; mais ces statues architectoniques, rigides, immobiles, engagées dans la pierre, n'avaient été que des simulacres de supports. Les Grecs furent les premiers qui posèrent une architrave, tantôt sur des figures d'hommes qu'on appelle *télamons* ou *atlantes*, en mémoire d'Atlas, qui porta le ciel, tantôt sur des figures de femmes, que l'on nomme *caryatides*. Vitruve, très soigneux de recueillir tous les contes auxquels se plaisait l'esprit ingénieux des Grecs, explique ainsi l'origine des caryatides : « Les citoyens de Carya, ville du Péloponèse, s'étant ligués avec les Perses contre les Grecs, en furent punis par la prise de leur ville, dont tous les citoyens furent passés au fil de l'épée, tandis que les femmes étaient traînées en esclavage. Non content de les forcer à suivre la marche du triomphe, le vainqueur prolongea le spectacle de leur humiliation en les obligeant de garder leurs longues robes de matrones et leurs parures, et, pour éterniser la mémoire d'un tel châtiment, les architectes imaginèrent de les représenter dans les édifices publics, faisant l'office de colonnes, et condamnées à gémir en effigie sous le poids des architraves. Les Lacédémoniens en usèrent de même lorsque, sous la conduite de Pausanias, fils de Cléombrote, ils eurent défait les Perses à la bataille de Platée. Ils élevèrent à Sparte une galerie qu'ils appelèrent Persique, dans laquelle l'entablement était soutenu par les statues des captifs vêtus de leurs habits barbares. Juste punition infligée à un peuple orgueilleux, et qui devait faire trembler les ennemis de Sparte, en excitant le peuple à la défense de la liberté. C'est de là que vient l'usage suivi par plusieurs architectes de substituer aux colonnes des statues persiques, et d'ajouter ainsi aux richesses de l'art un nouveau motif de décoration. »

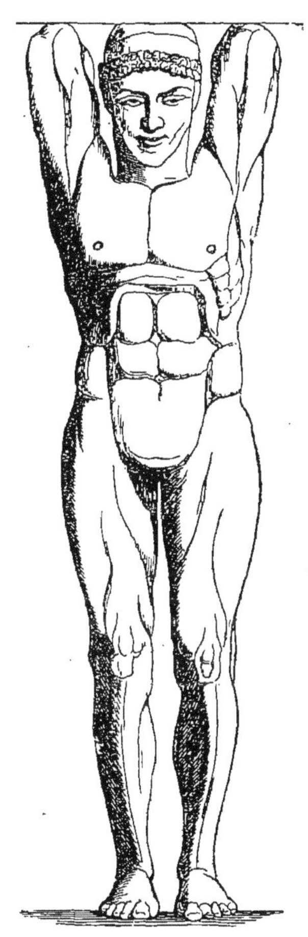
TÉLAMON COLOSSAL DU TEMPLE D'AGRIGENTE.

Quelle que soit l'origine des caryatides, il est certain que l'architecture antique de la Sicile nous offre un exemple de nature à confirmer l'explication de Vitruve. Cet exemple se trouve dans les ruines du temple de Jupiter Olympien, construit à Agrigente au ve siècle avant notre ère édifice colossal dont les colonnes pouvaient contenir un homme en chacune de leurs cannelures. La grande nef du temple était formée par des piliers sur lesquels s'élevaient, en manière de secondes colonnes, une suite de télamons gigantesques, hauts de huit mètres, qui portaient la corniche en s'aidant de leurs deux bras, et semblaient faire effort pour ne pas plier sous le fardeau, mais avec un sourire bestial. Parmi ces atlantes, emblèmes des Carthaginois vaincus, il y avait des figures de femmes, à n'en pas douter, puisque les fragments de ces figures ont été retrouvés sur place par M. Hittorff (1). Il est donc avéré que l'antiquité grecque osa imposer le

(1) C'est à l'obligeance du savant architecte que nous devons le calque, ici gravé, d'un

rôle des supports à des statues féminines, représentées dans une attitude humiliante. Mais il est vrai de dire aussi que les Athéniens, plus délicats que les Grecs de Sicile, comprirent mieux l'emploi des caryatides. Celles que l'on voit au petit temple de Pandrose, sur l'Acropole d'Athènes, sont des figures calmes qui soutiennent, sans douleur et sans effort, un entablement dont on a supprimé la frise. Sur le coussinet formé par les tresses de leur chevelure, repose un chapiteau qui ajoute à la longueur et à la sveltesse de cette colonne humaine. Elles portent le poids du marbre avec autant de sérénité qu'elles portaient jadis, dans la procession des Panathénées, la corbeille mystérieuse que leur avait confiée la prêtresse de Minerve. Pour indiquer l'aisance et la souplesse gracieuse qu'elles conservent sous le fardeau de l'architrave, le sculpteur a eu soin de fléchir légèrement une jambe ; mais l'architecte a voulu que la jambe fléchie fût celle qui regarde l'intérieur, en d'autres termes, que les six figures eussent dans leur ensemble une imperceptible tendance à la pyramide, celles de droite s'appuyant sur la jambe gauche et celles de gauche, au contraire, sur la jambe droite, de manière à fortifier la résistance apparente des caryatides angulaires et à reporter les pressions vers le centre de l'édifice (1).

Ainsi les caryatides du Pandrosium, un des chefs-d'œuvre de la sculpture grecque, sont restées cependant un ouvrage architectonique. En faisant le tour de ces admirables statues, nous y retrouvions la solidité d'une colonne sous la grâce d'une figure humaine ; leurs draperies, légèrement rompues sur le devant par la jambe fléchie et par le balancement du corps, sont par derrière fermes, droites et à plis parallèles comme des cannelures ; sur la nuque de leur col puissant et sur leurs reins se dénoue une masse de cheveux qui rend la statue plus résistante et plus forte, et la verticale d'une colonne est rappelée par le péplum qui, recouvrant la tunique, tombe en ligne perpendiculaire jusqu'aux pieds. Les bras n'étaient point détachés du corps,

de ces télamons gigantesques, dont le dessin a paru dans les dernières livraisons de son grand et précieux ouvrage, *Architecture antique de la Sicile*.

(1) Dans le neuvième de ses *Entretiens sur l'Architecture*, M. Viollet-le-Duc a prouvé, par un de ces dessins qui parlent aux yeux, que si l'on changeait l'attitude des caryatides du Pandrosium, en fléchissant une jambe au lieu de l'autre, ou en montrant les figures hanchées dans un ordre alternatif, l'entablement perdait aussitôt sa solidité apparente, et le petit édifice semblerait près de se disloquer.

autant qu'on peut en juger après les ravages du temps. Peut-être ces bras étaient-ils coupés au-dessus du coude, comme les a représentés Jean Goujon dans les belles caryatides qui décorent une salle des Antiques, au Louvre. Il est fort probable que Jean Goujon ignorait le Pandrosium d'Athènes et n'avait vu de caryatides que dans la description de Vitruve. C'est donc un trait de génie à ce grand artiste d'avoir résolument coupé les bras de ces statues-colonnes. Par là il substituait une signification symbolique à une vérité qui eût offensé les convenances. Il présentait comme des emblèmes ces figures élégantes et originales qui peuvent bien rappeler de loin le charme et les palpitations de la vie, mais qui, par la mutilation voulue de leurs bras, rentrent dans le domaine des pures images et se rattachent à la régularité imposante et solennelle de l'architecture.

Les Athéniens d'aujourd'hui appellent leurs caryatides *corai* (κόραι), ce qui veut dire les jeunes filles, et c'est le nom qu'on leur donne aussi dans les inscriptions antiques conservées au British Museum. Il est possible même que ce nom de *corai* soit la véritable étymologie du mot *caryatides* ou *cariatides*.

Quoi qu'il en soit, en sculptant les jeunes filles du Pandrosium, les figures persiques de Lacédémone et les télamons puniques d'Agrigente, les Grecs n'ont pas entendu créer un ordre *caryatide*, un ordre *persique*, dénominations impropres qui sont répétées dans les livres; ils ont voulu seulement montrer par ces rares exceptions jusqu'où pouvait s'étendre la liberté d'un art si fatalement soumis, d'ailleurs, aux lois de la géométrie, de la statique et des nombres.

XXI

LE SEUL EMPLOI DES ORDRES ET DES NUANCES QUI LES SÉPARENT NE SUFFIT PAS A DONNER LEUR CARACTÈRE ET LEUR BEAUTÉ AUX MONUMENTS DE L'ARCHITECTURE EN PLATE-BANDE : IL Y FAUT ENCORE LE CONCOURS DE TOUS LES AUTRES MEMBRES DE L'ÉDIFICE.

Le lecteur sait maintenant qu'on entend par *ordre*, en architecture, un certain rapport entre la colonne qui supporte et l'entablement qui est supporté. Une fois établi, ce rapport se continue dans tout l'édifice en se répétant autant de fois qu'il y a de colonnes. Mais il est extrêmement rare qu'un monument puisse être bâti sans clôture, c'est-à-dire qu'il demeure ouvert de toutes parts : de là les *murs*. Lorsqu'on peut employer des supports isolés, des colonnes, le mur a pour destination de fermer plutôt que de soutenir. Cependant la nécessité de clore est modifiée par le besoin de livrer passage à l'homme aussi bien qu'à l'air et à la lumière ; de là les *portes* et les *fenêtres*. Et comme les murs veulent être fortifiés aux angles, on y pourvoit par des piliers angulaires qui adhèrent à la muraille et en augmentent l'épaisseur : de là les *antes*.

D'un autre côté, il est impossible qu'une construction ne soit pas protégée contre les injures de l'air par une toiture qui l'abrite, en tout ou en partie : c'est le *comble*. Et lorsque le climat s'oppose, comme chez les Grecs, à ce que l'édifice se termine en plate-forme, à la manière des temples de la Haute-Égypte, où la pluie est presque inconnue, la couverture est un toit à deux égouts, c'est-à-dire à deux pentes, qui dessine sur les petits côtés de l'édifice une surface triangulaire : c'est le *fronton* — à moins que le bâtiment, au lieu d'être un rectangle, ne soit circulaire, comme le monument choragique de Lysicrate, car la couverture est alors en coupole ; ou bien qu'il ne forme un polygone régulier, comme la Tour des Vents à Athènes, car le comble a dans ce cas autant de pentes qu'il y a de côtés et il se dessine en pyramide, ou, suivant l'expression consacrée, en pavillon. — Enfin il importe à la durée, à la salubrité et à l'élégance d'un monument qu'il ne soit pas au niveau du sol et qu'il soit élevé sur quelques assises qui lui servent de piédestal continu : c'est le *soubassement*.

Chacune de ces parties, devant contribuer à la beauté ou au caractère, est soumise à certaines lois que le goût peut modifier sans doute, en raison des circonstances, mais qu'il faut exposer ici telles qu'on les voit écrites dans les œuvres du génie grec.

LE SOUBASSEMENT. — La colonne, nous l'avons dit, peut se passer de base et elle ne doit pas avoir de piédestal, à moins qu'elle ne soit isolée et qu'au lieu de faire support elle ne soit elle-même un monument, comme la colonne Trajane à Rome, la colonne de la place Vendôme à Paris. Mais s'il répugne à la raison et à la bonne grâce de hisser un support sur un piédestal et de donner ainsi à une partie l'aspect d'un tout, il convient au contraire d'exhausser l'édifice entier sur une base continue, qui prend le nom particulier de *stylobate* lorsqu'elle porte une colonnade. Pour peu que cette base soit haute, elle devra se diviser naturellement en degrés pour rendre le péristyle accessible. Les Grecs ont fait régner ces degrés dans toute l'étendue de leurs grands temples, à Pæstum, à Égine, à Athènes, quand ces temples étaient entourés de colonnes sur leurs quatre faces. Les degrés étaient presque toujours en nombre impair. Pourquoi? Sans doute parce que ce nombre, dans l'architecture, a l'avantage de présenter toujours un milieu. Vitruve en donne une autre raison, un peu puérile, mais fondée sur la superstition populaire : « Les degrés, dit-il, doivent être en nombre impair, afin qu'ayant mis le pied droit sur la première marche, on arrive à mettre aussi le pied droit sur la dernière. »

Ce qui est remarquable, c'est que les degrés des temples antiques sont proportionnés au diamètre de la colonne, de manière que si le temple devient colossal, les degrés grandissent en proportion et semblent faits, non plus pour des hommes, mais pour des géants, ou plutôt pour les habitants imaginaires du temple, pour des dieux. De petits degrés formant piédestal à un grand édifice seraient disgracieux. Les Grecs, préférant le beau à l'utile, ont sacrifié la commodité de l'homme à la dignité de l'art. Au temple de Pæstum, les marches sont déjà si hautes qu'on ne les monte qu'avec peine; au Parthénon la plus grande marche, qui est la troisième, porte 52 centimètres de hauteur et 60 centimètres de giron, ce qui est une proportion déme-

surée surtout pour une jeune fille. Au temple de Jupiter Olympien, à Agrigente, les colonnes étant énormes, — elles ont plus de trois mètres de diamètre, — les marches, qui avaient environ le quart de ce diamètre, étaient colossales, et le temple eût été inabordable, si l'on n'avait pris soin de ménager en quelques endroits un escalier praticable, en divisant chaque degré en trois marches. De même au

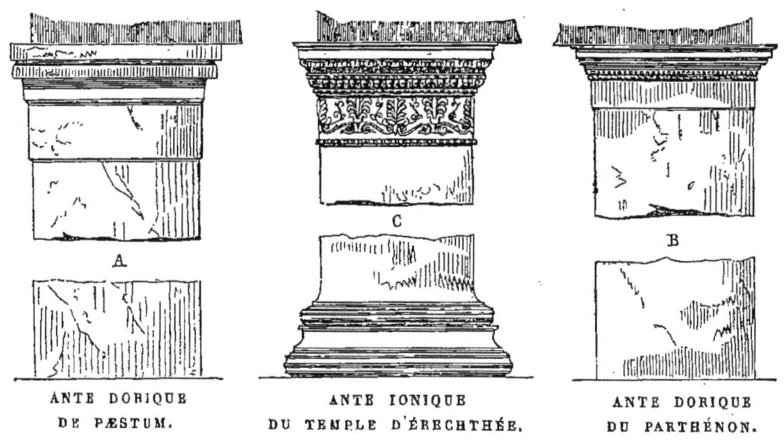

ANTE DORIQUE DE PÆSTUM. — ANTE IONIQUE DU TEMPLE D'ÉRECHTHÉE. — ANTE DORIQUE DU PARTHÉNON.

Parthénon, des escabeaux de bronze étaient adaptés aux degrés de l'avant-temple, les jours où les canéphores devaient y monter en procession, et de plus, sur les deux façades, devant l'entre-colonnement du milieu, les marches étaient diminuées par une entaille qui en doublait le nombre.

Le soubassement des temples antiques offrait quelquefois des gradins au peuple lorsqu'il n'était pas admis dans la nef. Pausanias nous montre les députés de la Phocide assemblés près de Delphes, prenant séance sur les marches d'un palais, et Cicéron parle d'un temple situé près de la porte Capène, à Rome, et dont les degrés servaient de sièges à la multitude. Alors même que leurs monuments étaient bâtis au haut d'une montagne, les Grecs les élevaient sur un emmarchement de hautes assises, pour insister sur leur solidité apparente en leur donnant une assiette élargie, et pour ajouter à la majesté du temple en l'isolant de la terre.

Les murs. — Dans la onzième proposition de cet ouvrage, nous avons décrit les différentes manières d'ajuster les pierres d'un mur. Le lecteur a pu voir quelle diversité d'impressions engendre la variété des appareils, quel effet produit dans l'*isodomum* la parfaite égalité des assises et dans le *pseudisodomum* l'alternance des assises hautes avec les assises basses. Il connaît aussi l'aspect que prend un mur selon que les pierres, de dimensions égales, sont présentées par leur face étroite ou par leur face longue ; il sait à quels sentiments répondent l'appareil polygonal, renouvelé des constructions cyclopéennes, et l'appareil réticulaire, et le système des bossages (1). Il nous suffira donc de rappeler ici que dans les temples antiques de la Grèce les murs étaient construits le plus souvent en isodomum, et que ces murs de marbre à la surface polie, au dessin symétrique, ont une expression grave et quelquefois imposante de tranquillité et de silence. Il est en Grèce des temples dont les murs sont construits par exception en appareil polygonal ; nous en avons vu un exemple dans les ruines du temple de Thémis, à Rhamnus, non loin de Marathon. De grands blocs de marbre, joints sans mortier avec une précision admirable, mais formant des lignes inégales et bizarres, présentent cette irrégularité à demi sauvage qui caractérise les murs pélasgiques imités par les Hellènes.

Les antes. — Pour fortifier en réalité et en apparence l'extrémité des murs, on les terminait par des piliers carrés peu saillants, que

(1) Voir la proposition XI de ce volume.

les Latins appelaient *antæ* (du grec ἀντάω, *avancer*). Lorsqu'ils épaississent les angles d'une porte, ces piliers s'appellent plutôt *pieds-droits* ou *piédroits*; lorsqu'ils font saillie sur la face d'un mur ou qu'ils accompagnent et décorent les angles des murs latéraux d'un édifice, on les nomme aussi *pilastres*; ils ont la forme d'une colonne plate, adossée au mur et présentant une ou deux faces. On leur donne plus particulièrement le nom d'*antes* lorsqu'ils finissent les murs d'un temple prolongés jusque sur la façade, dont ils supportent les angles. Ils ont alors trois faces et figurent des supports carrés formant têtes de mur sur la ligne des colonnes (1). Les antes qui sont aux angles de la façade et celles qui font saillie à la rencontre de deux murs ont ordinairement une largeur égale au diamètre moyen des colonnes correspondantes; leur diminution est presque insensible, et quelquefois elle est nulle, comme au temple de Pæstum. Mais ni les chapiteaux ni les bases des antes antiques ne sont semblables aux chapiteaux et aux bases des colonnes.

Dans l'ordre dorique, qui n'a point de base, les antes (A, B) n'en ont pas non plus. Quant aux chapiteaux, ils diffèrent essentiellement de ceux des colonnes. A Pæstum, l'échine de l'ante, au lieu d'être évasée de bas en haut, est évasée de haut en bas, c'est-à-dire qu'elle représente une cuvette renversée et donne en profil un contour en bec de chouette. Au Parthénon, les chapiteaux des antes sont plus ornés que ceux des colonnes. On les voit taillés en oves et en fers de lance, avec un rang de perles au-dessous. Il semble, en effet, que l'ornementation doit devenir plus riche et plus délicate à mesure que l'on approche du sanctuaire qui renferme l'image du dieu ou de la déesse.

Dans l'ordre ionique, les antes (C) ont une base comme les colonnes; mais pour bien marquer que l'ante appartient au corps de l'édifice et qu'elle n'est plus assujettie à l'ordre du péristyle, les Grecs ont affecté de faire les bases de l'ante tantôt plus hautes, tantôt plus courtes que celles des colonnes, et ils y ont sculpté tout exprès d'autres moulures. Pour les chapiteaux, ils les ont ornés avec une rare intelligence, prenant soin d'y rappeler à la fois et les moulures de la colonne et les moulures de l'entablement. Ainsi, dans

(1) Voir ci-après, page 161, le temple à antes, dit *in antis*.

l'Érechthéion, les chapiteaux d'antes offrent un gorgerin qui reproduit les palmettes et le lis marin du chapiteau ionique avec les perles et le rang d'oves; mais ils sont plus développés en hauteur et ils se terminent par des rais de cœur pareils à ceux de l'architrave et à ceux de la corniche.

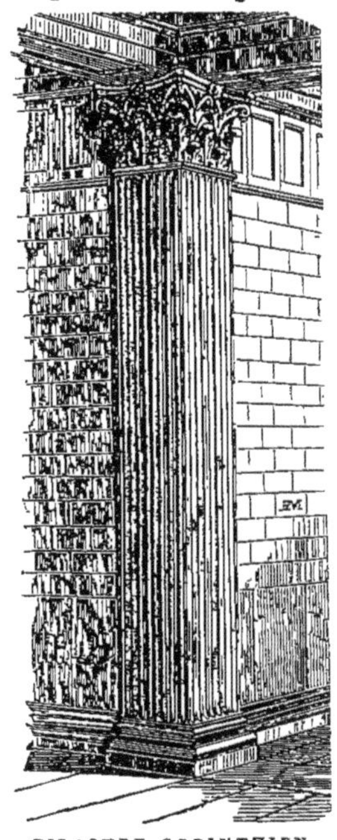

PILASTRE CORINTHIEN DANS UNE ENCOIGNURE.

Dans l'ordre corinthien, il n'existe pas d'antes ni de pilastres grecs, sauf les antes du propylée intérieur d'Éleusis, qui fut élevé par les neveux du consul Appius Claudius Pulcher, contemporain de Cicéron (1). Mais ces morceaux, travaillés à une époque de décadence, quatre siècles environ après Ictinus, ne peuvent être considérés comme des exemplaires purement grecs. Tous les monuments que nous pouvons consulter sont d'architecture romaine. Il ne faut donc pas s'étonner qu'on y trouve les défauts inhérents au génie d'un peuple qui fut toujours si inférieur aux Grecs en fait d'art. Soldats plutôt qu'artistes, préoccupés de la force et de l'utile plutôt que du beau, les Romains étaient incapables de raisonner tous les membres de leur architecture avec la délicatesse et le goût que les Grecs y apportaient. Rien de plus grossier que le pilastre corinthien tel que l'ont employé les architectes de l'ancienne Rome, surtout dans

TEMPLE DE L'ESPÈCE DITE « IN ANTIS ».

(1) L'inscription dédicatoire que M. François Lenormant venait de découvrir lorsque nous arrivâmes à Éleusis confirme d'une manière éclatante le passage de Cicéron qui attribuait la construction d'un propylée d'Éleusis à Appius. Il est donc certain que ce propylée n'est pas de la belle époque grecque. Au surplus, les chapiteaux que M. Lenormant nous montra, quoique d'une exécution finie, accusent déjà, par l'indiscrète abondance et la recherche de leurs ornements composites, une origine qu'on peut dire gréco-romaine.

les encoignures. Oubliant l'exemple de leurs maîtres, ils ont donné aux antes corinthiennes des chapiteaux semblables à ceux des colonnes, de sorte qu'on voit des feuilles d'acanthe, rangées en ligne droite, sortir d'un cylindre équarri figurant un arbre rectangle, ce qui est assurément le comble de la déraison et du mauvais goût. Appliqué sur deux faces à l'angle d'un édifice et sculpté en feuillages, le pilastre corinthien représente une colonne qui se serait aplatie en pénétrant la muraille, et ce qui achève de lui donner cette ressemblance disgracieuse et choquante, parce qu'elle est contre nature, c'est la cannelure que les Romains y ont traînée. Canneler un pilastre, c'est rappeler l'image d'un faisceau de tiges qui devient monstrueux lorsqu'il est carré et qu'il se termine par une végétation quelconque, imitée de l'olivier, du laurier ou de l'acanthe. Si les architectes de la Renaissance ont répété sur ce point les fautes de l'architecture romaine, cela tient au respect aveugle que leur inspirait toute antiquité, même celle de la décadence, et si de nos jours on retombe continuellement dans les mêmes erreurs, il le faut attribuer à cet empire de la coutume que n'a pu détruire encore la connaissance, d'ailleurs récente, des beaux modèles.

Que l'on se borne à distribuer des pilastres sur la face d'un mur, de manière à figurer des membres qui le fortifient et en varient l'aspect, rien de plus légitime ; mais ces pilastres ont toujours fort mauvaise grâce à s'épanouir en feuillages ; et si l'architecte juge convenable d'y traîner des cannelures pour répéter l'expression de la verticale, il importe que le pilastre ne rappelle jamais l'idée de colonne, ni par une base dont on a déformé le tore, ni par un chapiteau rigoureusement dorique, ionique ou corinthien, dont l'échine ronde, les volutes, les feuillages, les caulicoles, prennent un caractère absurde quand on les applique sur une surface plate pour y produire une saillie anguleuse. Nous remarquerons, en ce qui touche les cannelures, que les Grecs n'ont jamais eu l'idée de canneler leurs antes, et lorsqu'ils ont voulu répéter dans un triglyphe la verticale des supports, ils y ont creusé des rainures en biseau, qui diffèrent sensiblement des cannelures, et cette nuance renferme une excellente leçon.

Il y a plus : entre les colonnes et les antes, les Athéniens faisaient une telle différence qu'ils avaient soin de marquer les assises de l'ante par des lignes horizontales, qui contrastaient ainsi d'une manière frappante avec les cannelures perpendiculaires de la colonne. Ce contraste si évidemment voulu, les Grecs l'accusèrent nettement dans les temples qui ont des antes aux angles de la façade, et qu'on appelle *in antis.* Nous l'avons constaté en explorant les ruines de la Grèce, notamment le propylée du temple de Minerve, au cap Sunium, et le temple de Thémis, à Rhamnus. Quelquefois même ils sont allés plus loin, et ils ont continué sur la face de l'ante les joints des assises qui dessinent l'appareil du mur; de la sorte ils ont insisté avec un redoublement d'énergie sur la dissemblance entre les antes et les colonnes. Le temple de Némésis, à Rhamnus, en offre un exemple. Et, du reste, si l'on remonte à l'origine des choses, et qu'on se reporte aux époques où les peuples de l'Inde et de l'Égypte creusaient leurs sanctuaires dans des souterrains ou les évidaient dans le roc, on remarquera deux genres de piliers dont la fonction est bien différente: les piliers isolés, qui ont été réservés pour soutenir le poids de la montagne, et les piliers latéraux, qui adhèrent au rocher et qui le maintiennent. Les premiers résistent à l'écrasement dans le sens vertical; les seconds résistent à l'éboulement dans le sens horizontal, et sont justement l'image des *antes.* Encore une fois, puisque nous sommes, en fait d'architecture classique, les héritiers des Grecs, nous devons en revenir aux enseignements de nos maîtres, en reconnaissant combien il s'y trouve de saine logique, de délicatesse et d'atticisme.

Les portes. — Il y a cela d'admirable dans l'architecture, que les lois du goût n'y sont pas contrariées par les convenances de la construction. L'utile y est toujours la contre-épreuve du beau. Ainsi, lorsqu'une porte s'ouvre sur un fond obscur, si on élève ses jambages ou pieds-droits verticalement, l'ouverture paraît plus large en haut qu'en bas. Pour corriger cette erreur de l'optique, les Grecs inclinaient légèrement les jambages l'un vers l'autre, de façon que la baie était plus étroite à la partie supérieure qu'au niveau du sol. La forme de leurs portes était donc pyramidale, ou du moins tendante à la pyramide, ce qui leur donnait à la fois plus de solidité et plus d'élégance ; plus de solidité, parce que le rétrécissement de l'ouverture au sommet réduisait la portée du *linteau*, — c'est-à-dire de la poutre en bois ou en marbre qui est posée horizontalement sur les pieds-droits; plus d'élégance, parce que la porte en devenait élancée et que cet élancement détruisait une erreur désagréable au regard. Déjà les portes égyptiennes présentaient une disposition semblable. Participant

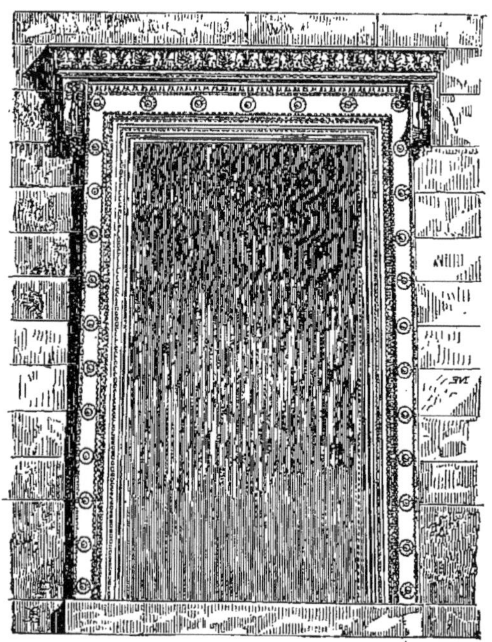

PORTE IONIQUE.
(Temple d'Érechthée.)

de l'inclinaison générale donnée aux colonnes et aux murs, les vides pyramidaient comme les pleins.

Mais le linteau n'était pas seulement posé sur les pieds-droits; il y était fixé sans aucun doute par des goujons de bronze ou par une double mortaise dans laquelle s'engageaient deux tenons dont les pieds-droits étaient pourvus. Dès lors le linteau devait déborder un peu le pied-droit, pour que la paroi extérieure de la mortaise ne fût pas trop faible. Mais de combien devait-il déborder? Le goût l'indiquait : de toute la largeur nécessaire pour que le linteau redevînt aussi large que le bas de la porte. Le spectateur pouvait alors, d'un coup d'œil, mesurer la diminution de l'ouverture, qui se trouvait exactement rachetée par le débord du linteau. Le petit ressaut que forme ce débord se nomme une *crossette*. Encore une fois, la grâce et l'utilité sont ici parfaitement d'accord.

Le principe du rétrécissement des portes, qui fut respecté à Rome jusqu'aux derniers temps de la république, puisqu'on le trouve au charmant petit temple de Vesta, à Tivoli, ce principe fut abandonné dès le siècle d'Auguste par les architectes romains. Vitruve cependant a connu cet usage des Grecs, et il le recommande en ces termes : « Le haut de l'ouverture devra être plus étroit de la troisième partie du jambage, si la hauteur de l'ouverture a 16 pieds ; du quart, si elle est de 16 à 25 pieds ; du huitième, si elle est de 25 à 30. Plus elles seront élevées, plus elles devront se rapprocher de la verticale, *ad perpendiculum collocari.* »

Maintenant, quel doit être, dans la porte d'un monument en plate-bande, le rapport de la hauteur à la largeur. Ce rapport est soumis sans doute au jugement de l'architecte, pourvu toutefois qu'il donne à la hauteur au moins le double de la largeur. On conçoit du reste que les proportions de la porte ont dû varier dans les différents ordres et participer du sentiment que respirait tout l'édifice. Le peu qui nous a été conservé de portes grecques est admirable. On peut juger du goût grec, en ce genre, par la porte dorique d'un monument d'Agrigente, l'Oratoire de Phalaris, et par la porte ionique de l'Érechthéion, qui s'ouvre sur le portique du nord. Il était naturel que, dans une architecture qui parlait toujours si fortement à l'esprit, l'entrée du temple portât le caractère donné à l'ensemble de l'édifice. Si les colonnes du vieux dorique étaient courtes et massives, elles n'en étaient pas moins serrées de façon que l'âpreté de l'entre-colonnement avait pour conséquence l'étroitesse de la porte, car c'est une règle générale que l'ouverture du temple répond à un entre-colonnement mesuré d'axe en axe, c'est-à-dire augmenté de deux demi-diamètres. Ainsi, même dans un temple aux proportions massives, la porte se trouvait toujours haute, parce qu'elle était toujours relativement étroite. C'est justement ce qui peut se vérifier dans l'Oratoire de Phalaris. Un sentiment de sévérité s'attache aux portes d'un temple lorsqu'elles sont hautes et peu larges, et que leur rétrécissement est prononcé. Un adage antique a exprimé cette idée : *Per angusta ad augusta*, par un chemin étroit on arrive aux choses augustes.

La porte ionique, chez les Grecs, avait un tout autre caractère, à en juger par la seule qui existe au monde, celle du temple d'Érechthée. L'entre-colonnement de cet ordre étant plus ouvert, l'entrée correspondante est aussi plus large et annonce déjà la demeure d'une divinité plus accessible et moins sévère. Le rétrécissement en est plus modéré, et l'ornementation y ajoute encore une grâce avenante. Les jambages et le linteau, qui, réunis, forment ce qu'on appelle le *chambranle*, c'est-à-dire l'encadrement de la porte, sont décorés de rosaces dont les boutons en bronze doré étaient scellés dans les cylindres en bois de cèdre. Sur la corniche, qui est soutenue par deux élégantes consoles, sont répétées les palmettes qui ornent le chapiteau des antes. L'ensemble, même depuis quelques restaurations byzantines, est resté délicat sans petitesse, riche sans confusion, harmonieux et doux sans fadeur. Avant que ce temple ne fût une ruine vénérable, personne, j'imagine, n'approchait de cette belle porte sans éprouver le désir de pénétrer, au moins en pensée, dans le sanctuaire d'une divinité dont le seuil invitait et charmait à ce point les regards... Ah ! combien sont différentes les impressions que produit l'architecture romaine, celle qui prévalut sous les empereurs, lorsque l'on commença d'oublier la tradition grecque ! Déjà, au Panthéon d'Agrippa, la porte est dessinée par des montants perpendiculaires qui n'offrent plus qu'une raideur mathématique et une banale exactitude. L'illusion fait paraître l'ouverture plus large dans le haut, où la largeur est inutile, que dans le bas, où elle est voulue ! On le sent bien, une froide science a été substituée au sentiment du beau. L'architecte raffiné d'une nation d'artistes a été remplacé par le géomètre d'une race de soldats (1).

(1) Croirait-on que Vitruve donne à la porte ionique des proportions qui conviendraient à la porte dorique, et réciproquement ? Selon lui, le rapport de la largeur à la hauteur, dans l'ionique, est de 2 à 5 (ou de 10 à 25), et, dans le dorique, de 5 et demi à 12 (ou de 11 à 24). Or, comme 10 est plus loin de 25 que 11 de 24, il en résulte que la porte ionique de Vitruve est plus étroite que la dorique, contrairement à ce qui est et à ce qui doit être.

Les fenêtres. — Les raisons qui ont amené les Grecs à donner une inclinaison en dedans aux jambages de leurs portes les ont conduits à rétrécir le haut de leurs fenêtres. A vrai dire nous n'en pouvons juger que par un ou deux exemples, car il n'existe plus de fenêtres grecques antiques, si ce n'est à Agrigente et à l'Érechthéion; encore

PORTE DORIQUE.
(Oratoire de Phalaris, à Agrigente.)

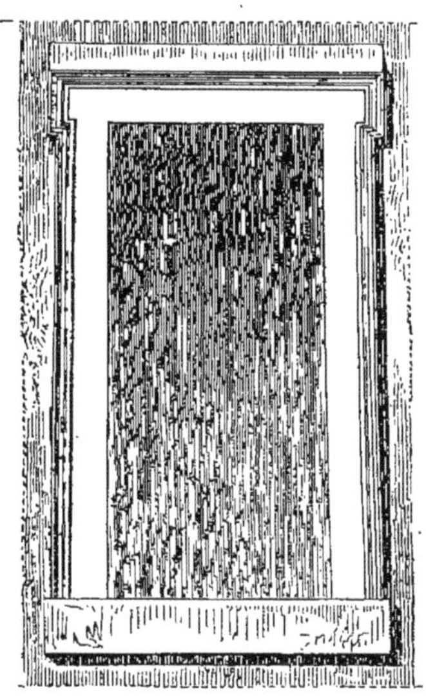

FENÊTRE DE L'ÉRECHTHÉION.

celles-ci ont-elles été renversées, il y a quelques années, par un tremblement de terre, de sorte que nous ne les connaissons plus que par un dessin de Stuart, dans les *Antiquités d'Athènes*. Vu la dimension de ces fenêtres, dont l'ouverture n'avait pas deux mètres de hauteur, si on les a rétrécies par le haut d'un douzième, c'est plutôt pour rappeler la forme pyramidale de la porte que pour soulager la portée, peu considérable, du linteau. Mais de toute manière la diminution à l'ouverture est une élégance, parce qu'en interrompant la froide régularité du rectangle, elle amène le regard à retrouver précisément, dans la saillie des crossettes, la différence de largeur entre le haut et le bas de la fenêtre. Car si l'on abaisse une perpendiculaire de l'extrémité des crossettes, elle tombera juste à la naissance du jambage. Vitruve a été instruit de ces délicatesses, et il les enseigne au sujet de la porte dorique à laquelle ressemblent beaucoup les fenêtres de l'Érechthéion. A cette diminution s'ajoute encore celle du chambranle : « La largeur des jambages, dit Vitruve, sera égale au douzième de la hauteur de l'ouverture, et ces jambages seront rétrécis par le haut de la quatorzième partie de la largeur. »

Mais ces mesures, générales et moyennes, ne se vérifient point et ne sauraient se vérifier, au surplus, sur un exemple particulier. La raison dit assez que la proportion et le caractère des fenêtres doivent être soumis à bien des convenances locales et varier selon la nature du climat, selon l'abondance ou la variété de la lumière. Les mœurs y introduisent aussi bien des nuances. A Pompéi, très peu de maisons avaient des jours donnant sur la rue. La vie privée s'y défendait contre une curiosité oisive, et quelques fenêtres qu'on a trouvées dans cette ville morte étaient percées très haut, de manière à procurer une lumière plongeante, lumière qui est d'ailleurs favorable à la beauté, puisque les jeunes filles de Rome qui ont été promises en mariage, dit Winckelmann, ne se font voir pour la première fois en public à leurs époux que dans la Rotonde, où le jour tombe d'une ouverture circulaire pratiquée au sommet de la voûte.

Les fenêtres du temple d'Érechthée étaient percées à six mètres du sol, et comme elles étaient fermées sans doute soit par des verres, soit par des pierres spéculaires, c'est-à-dire par ces lames minces d'albâtre ou de gypse transparent qui servaient de vitres dans les temples antiques, le soleil devait éclairer ce petit temple d'une lueur tranquille, mystérieuse et modérée, lueur qui s'harmonise avec le sentiment religieux, et qui fut chère aux prêtres de tous les siècles et de tous les pays. Un célèbre architecte, Léon-Baptiste Alberti, en a fait la remarque (*de Re ædificatoriâ*), et il faut la rapporter ici selon la version naïve de son traducteur : « Il appartient que dans les temples les fenestrages soient moyens et hault percez, si qu'on n'en puisse voir sinon le ciel, afin que les prestres et ceulx qui seront là pour y faire prières ne puissent par aucun objet avoir leurs pensées distraites des contemplations divines. Certes l'horreur qui vient de l'ombre augmente de son naturel la dévotion des courages, à raison que l'austérité est en grande partie conjointe avec la majesté. »

Jusqu'au temps de Vitruve, les Romains conservèrent, dans les fenêtres de leurs monuments, par exemple au petit temple rond de

Tivoli, la tradition antique du rétrécissement et des crossettes ; mais, cette tradition se perdit par la suite ; elle ne fut reprise qu'au temps de la Renaissance. Quelques architectes éminents y revinrent alors, notamment San Gallo et Michel-Ange, dans la construction des fenêtres intérieures du palais Farnèse. Balthazar Peruzzi, en élevant le beau palais Massimi, à Rome, accusa aussi une légère diminution dans la porte du vestibule. La distinction d'une telle forme ne pouvait échapper à ces grands artistes ; elle fut également sentie par l'ingénieux Palladio ; mais il ne manqua pas d'observer qu'elle était sans doute motivée par le besoin de diminuer le vide au-dessous du membre supporté, *forse per maggior fortezza.* Aujourd'hui quelques architectes, en dessinant des crossettes aux chambranles de leurs fenêtres, paraissent avoir oublié que cette forme, appliquée aux jambages d'une ouverture parfaitement rectangulaire, n'a plus aucune raison d'être, puisqu'elle devient l'image d'un rétrécissement qui n'existe plus, et qu'elle semble regagner dans le haut une différence de largeur qu'on n'a point perdue.

Cependant les fenêtres de l'Érechthéion sont une rareté, une exception même ; car les murs qui ferment l'intérieur du temple antique, la *cella*, ne présentent aucune ouverture autre que les deux portes. Le temple de Thésée, le Parthénon, le temple de la Concorde à Agrigente, la Maison-Carrée de Nîmes, n'offrent pas la moindre trace de fenêtres éclairant l'intérieur de la nef. Comment donc le temple était-il éclairé ? C'est là le plus difficile problème de l'archéologie classique ; c'est la plus obscure énigme que nous ait léguée l'antiquité grecque. Cependant, si la clarté du jour pénétrait dans le sanctuaire, ce ne pouvait être que par la couverture, car la baie d'une porte ne fournit qu'une lumière horizontale qui s'arrête aux premières couches de l'air dans un édifice clos. Ceci nous amène à examiner maintenant une partie qui est caractéristique dans la construction grecque : le *comble.*

Le comble. — Longtemps les antiquaires, même les plus illustres, avaient pensé que les temples grecs étaient obscurs et que la religion les avait ainsi voulus pour inspirer aux croyants une terreur vague et solennelle. « Les temples quadrangulaires, dit Winckelmann, n'avaient point en général de fenêtres et ne recevaient le jour que par la porte. On leur donnait un air plus auguste en les éclairant avec des lampes. » Spon et Wheler, qui visitèrent la Grèce en 1676, racontent qu'en entrant dans le Parthénon, converti en mosquée, ils ne furent pas surpris de son obscurité. « Est-il possible, dit Spon (*Voyage d'Italie et de Grèce*), que les païens fissent leurs temples sans jours ? Oui, sans doute... Ils s'imaginaient apparemment que l'obscurité avait quelque chose de plus majestueux et qui imprimait plus de respect. C'est de là que sera venu l'usage des lampes dans les lieux sacrés. »

Après avoir prévalu durant plus d'un siècle, cette opinion fut vivement combattue, et elle devait l'être. Comment supposer en effet privé de lumière un temple qui renfermait des peintures murales de Polygnote ou de Protogène, et des chefs-d'œuvre tels que la Minerve ou le Jupiter Olympien de Phidias ? Était-ce uniquement à la lueur des flambeaux qu'on pouvait jouir de ces merveilles et apprécier, dans toute leur délicatesse, les ciselures des statues en or et en ivoire, si bien faites pour resplendir au soleil ? Quand le sanctuaire était consacré au dieu du jour, n'eût-il pas été monstreux de le plonger dans les ténèbres ? Et s'il était dédié au dieu foudroyant, au Jupiter Fulgur, imagine-t-on que le temple fût entièrement fermé à la vue du ciel, d'où la foudre allait descendre ? Lorsque, au IIIe siècle avant notre ère, les Gaulois marchaient sur la ville de Delphes, les Grecs crurent voir Apollon sauter dans son temple par l'ouverture du comble. Lucien raconte l'histoire d'un imposteur qui contrefaisait les mystères d'Éleusis et donnait au peuple le spectacle des amours de Diane et d'Endymion : une courtisane, nommée Rutilia, jouait le rôle de Diane et descendait du ciel par une ouverture ménagée dans le plafond. Enfin Pausanias rapporte que Phidias, ayant achevé la figure colossale de Jupiter à Olympie, conjura le dieu de manifester par quelque signe si son image lui était agréable, et qu'aussitôt la foudre tomba sur le pavé du temple, devant la statue.

Tout cela prouve qu'il existait au moins une ouverture au plafond du temple antique. Cette ouverture, les Grecs la désignaient dans leur langue par un mot qui est passé dans la nôtre, l'*hypèthre* (ὕπαιθρον, de ὑπό *sous* ; αἰθήρ, *l'éther*, *le ciel*). Vitruve, du reste, dit formellement que les grands temples avaient, dans l'intérieur de la *cella*, deux rangs de colonnes superposées formant trois nefs, et que l'espace compris entre les deux colonnades intérieures, c'est-à-dire la nef centrale, était à ciel ouvert et sans toiture, *medium sub divo est, sine*

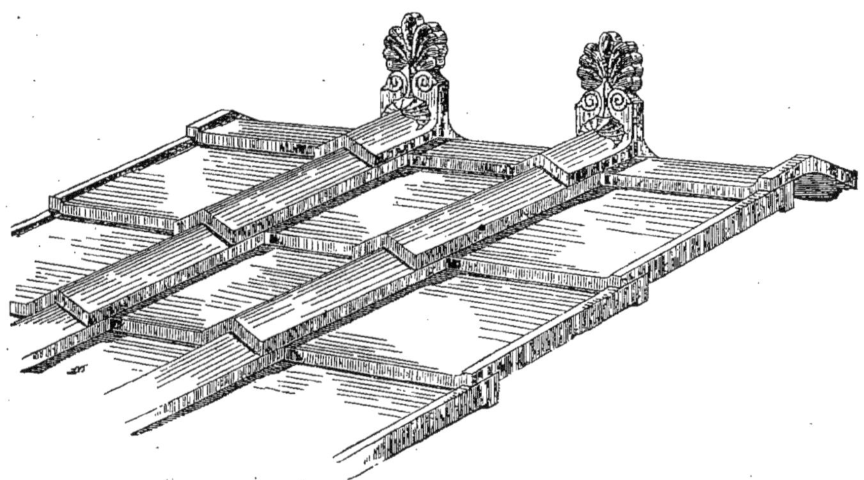

TUILES CREUSES ET TUILES FAITIÈRES.

tecto. Dans la pratique, au surplus, il eût été impossible à un peuple qui n'employait pas la voûte, de couvrir, d'un bout à l'autre, des constructions aussi colossales que les trois temples de Jupiter Olympien, à Agrigente, à Sélinonte, à Athènes. Où trouver des maté-

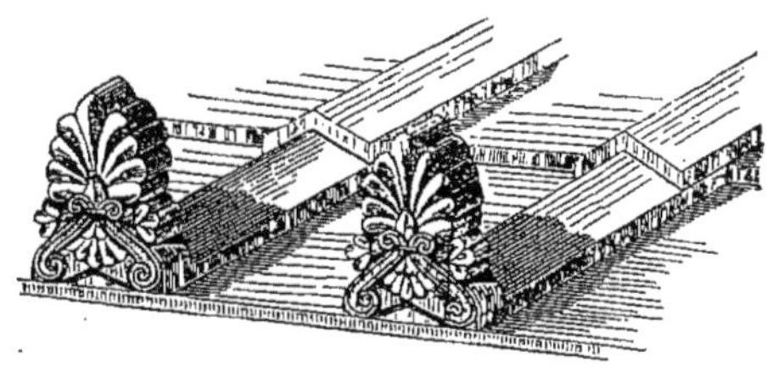

ANTÉFIXE.

riaux d'une portée aussi énorme, et, en l'absence de ces matériaux, comment soutenir la couverture sans encombrer l'édifice par une forêt de colonnes ? Le système de l'hypèthre est donc, pour certains monuments, plus qu'une hypothèse : c'est une certitude. Pausanias et, avant lui, Strabon nous apprennent que le temple d'Apollon

Didyméen, à Milet, resta découvert à cause de ses vastes dimensions.

Cependant si les beautés de la statuaire et de la peinture, si les figures d'un Parrhasius ou d'un Praxitèle appelaient dans le sanctuaire la clarté du jour, il nous répugne de penser que des objets aussi vénérables pour le croyant, aussi admirables pour l'artiste, demeuraient exposés aux injures des éléments, au vent corrosif de la mer. Il est vrai qu'on peut supposer l'hypèthre garni d'un *velarium* semblable à celui qu'on étendait les jours de pluie sur l'amphithéâtre du Colisée, à Rome, et qui, retenu à des cordes et se creusant par le seul effet de sa pesanteur, faisait couler la pluie à travers une ouverture pratiquée au milieu de la toile, de façon que l'eau pouvait être ainsi rassemblée et conduite où l'on voulait. Quoi qu'il en soit, il est également certain qu'il y avait, dans les temps antiques, et de grands temples hypèthres, et de petites chapelles entièrement closes, ne recevant la lumière que par la façade antérieure, comme le temple de la Victoire Aptère, qui, sur le devant, était fermé de grilles.

Mais, lorsque le soleil entrait dans le comble, y avait-il, au-dessus de l'hypèthre, une lanterne protégeant le vide, comme quelques-uns l'ont supposé ? Une pareille hypothèse est inadmissible. Non seulement elle est contredite par les monnaies, les bas-reliefs et les vases peints, lorsque les monuments grecs y sont représentés de profil, mais elle est incompatible avec le génie d'un peuple qui se plaisait à continuer les horizontales de son architecture, connaissant l'expression majestueuse et calme de ces grandes lignes quand elles ne sont pas interrompues, et que leur continuité même les agrandit aux regards et les prolonge.

La partie apparente de la toiture antique se composait de tuiles en terre cuite, dont les unes étaient plates et munies d'un rebord, les autres creuses et demi-cylindriques ou angulaires ; les secondes s'emboîtaient dans les premières au moyen du rebord, et elles en recouvraient les joints. Les tuiles plates, *tegulæ*, avaient la forme d'un trapèze et se rangeaient de façon que la partie étroite de chaque tuile entrait dans la partie large de la tuile inférieure. Les tuiles creuses, *imbrices*, étant également rétrécies à une extrémité, s'agençaient de la même manière l'une sous l'autre. On les nomme aussi *tuiles faîtières* parce que leur forme convexe se prête à couvrir le faîte du comble.

Mais une couverture en argile ne répondait pas à la magnificence d'un temple en marbre. On imagina, au VIe siècle avant Jésus-Christ, de tailler aussi les tuiles en marbre pentélique, et ce fut, selon Pausanias, un certain Bizès, de Naxos, qui donna le modèle de cette coupe ingénieuse, dont l'invention fut récompensée par une statue. Vint ensuite un autre artiste, Dibutade, de Sicyone, qui eut l'idée de masquer le vide produit par les dernières tuiles au bord inférieur du toit, en y appliquant un ornement saillant que Pline appelle *protype*, et auquel on donne généraelment le nom d'*antéfixe*. D'ordinaire, les antéfixes sont des tuiles verticales, taillées en forme de palmettes,comme celles du Parthénon. Quelquefois on y sculptait un masque ou une figure entière. Ainsi, sous la main d'un peuple artiste, tous les besoins de la construction se sont transformés en motifs d'élégance. L'utilité pratique, même en s'accusant avec franchise, a revêtu les nobles insignes de l'art.

Le fronton. — Lorsque les monuments sont rectangulaires, leur comble, nous l'avons dit, peut avoir quatre pentes et se dessiner en pavillon. Il n'en est pas ainsi dans les temples grecs : leur toiture présente sur les deux petits côtés une surface triangulaire, qui est le *fronton*, c'est-à-dire le front de l'édifice. Les Grecs l'appelaient ἀετός, *aigle*, sans doute par allusion au triangle que forme naturellement un aigle dont les ailes sont étendues. Toujours conseillés par un sentiment juste et fin, les Athéniens donnent à leurs combles une inclinaison modérée, de sorte que le fronton, se développant sous un angle très ouvert, forme à l'édifice un couronnement adouci et plein de grâce. Moins artistes et moins favorisés par le climat, les Romains ont terminé leurs temples par une pyramide aiguë qui offense l'œil. Tandis que les frontons grecs n'ont guère en hauteur que le huitième de leur largeur, ceux de Rome en ont environ les deux neuvièmes. Cette mesure de la hauteur est prise en y comprenant l'épaisseur de la corniche rampante, car le fronton est encadré par trois corniches : l'une horizontale, qui lui sert de base, les deux autres inclinées qui suivent la pente du toit et vont s'assembler au faîte. Le triangle intérieur enfermé dans ces trois corniches est le *tympan*.

Une chose remarquable, c'est que les corniches rampantes du fronton grec ne sont pas semblables à la corniche horizontale qui couronne l'entablement : on n'y voit point répéter les mutules. En effet, si les mutules inclinées du dorique représentent l'extrémité saillante des chevrons, leur présence le long des pentes du fronton serait un contre-sens, parce que les chevrons ne peuvent y être vus que de profil. Les Grecs, il est vrai, ont cru devoir continuer les mutules sur les petits côtés du temple, et les figurer ainsi là où elles ne répondent pas à un toit ; mais ils l'ont fait pour éviter une disparate et ne pas troubler la tranquille symétrie du couronnement général. La même raison de bienséance n'existait pas pour le fronton, qui est une partie de l'édifice tout à fait distincte, et qui peut en différer par ses moulures comme il en diffère par sa forme. Il est même convenable que cette partie, étant la dernière supportée, ait des moulures plus légères que celles du membre qui la supporte. Les Romains, que malheureusement nos modernes ont toujours imités, n'y regardèrent point de si près. Voulant retrouver sur le fronton une symétrie qui n'y était plus demandée, ils y rappelèrent les mutules dans l'ordre dorique, les modillons dans l'ordre corinthien et les denticules qu'ils attribuaient à l'ordre ionique. Vitruve cependant avait condamné cet usage : « Les anciens, dit-il, n'ont pas approuvé qu'on mît les mutules et les denticules aux frontons. Ils ont préféré d'y faire les corniches tout unies (*puras coronas*) parce que ni le bout des forces ni le bout des chevrons ne peuvent être supposés apparents sur la façade, car ces pièces, vues de profil dans le sens des pentes du fronton, ne montrent leurs extrémités que sur les parties latérales du monument. » La leçon de Vitruve était d'accord cette fois avec l'architecture des Athéniens et avec celle de la république romaine qui conserva jusqu'à la fin quelque souvenir des belles traditions. A cette époque appartient le temple corinthien de Minerve, à Assise, en Ombrie, où les corniches inclinées du fronton n'offrent pas des modillons, bien qu'on en ait figuré dans la corniche horizontale(1).

Étrange contradiction ! les architectes de la Renaissance et ceux qui de nos jours ont subi en toute chose l'autorité de Vitruve, ont refusé de s'y soumettre en ce qui touche les corniches du fronton, et ils ont donné le même encadrement aux trois côtés du triangle, ainsi

(1) Nous avons vu ce temple tout récemment à Assise. Il n'en existe plus d'entier que le portique, et ce portique, antérieur à Auguste, est admirable !

que l'avaient pratiqué les Romains, depuis le siècle d'Auguste, à Rome, à Naple, à Pola en Istrie, à Nîmes, dans la Maison-Carrèe. En France tous les frontons de nos monuments présentent des mutules lorsqu'ils sont d'ordre dorique, des denticules ou des modillons lors-

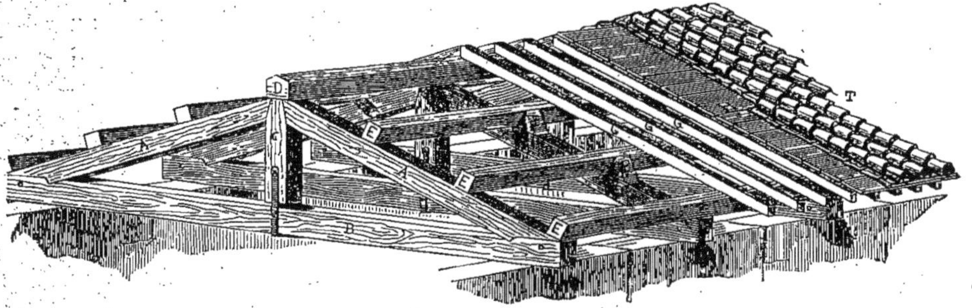

A, A, arbalétriers ou forces; B, entrait; C, poinçon; D, faîtage; E, E, E, pannes; F, F, chantignoles; G, G, G, chevrons; H, lattes; T, tuiles rondes.

qu'ils sont d'ordre ionique ou d'ordre corinthien. La colonnade du Louvre, la Madeleine, le Palais-Bourbon, les pavillons du Garde-Meuble nous en offrent des exemples; mais parmi nos architectes français, quelques-uns (entre autres François Mansart dans une église de Minimes, à la place Royale) ont pris soin de figurer leurs

EXEMPLE DE FRONTON AVEC UN TYMPAN SCULPTÉ ET DES ACROTÈRES.
(Fronton du temple d'Égine.)

modillons perpendiculaires au tympan, au lieu que les Romains le avaient déformés en les figurant perpendiculaires à l'horizon, ce qui est une faute évidente. En effet, si l'on se reporte à la construction en charpente, on verra que les seules pièces dont l'extrémité soit apparente dans le triangle d'un toit sont les *pannes*, marquées de la lettre E sur la gravure ci-jointe. Or ces pannes sont perpendiculaires aux forces et aux chevrons, puisqu'elles les coupent à angles droits, et si l'on suppose qu'elles sont représentées dans le fronton par les modillons ou par les mutules, il convient de coucher ces mutules ou ces modillons de manière qu'ils soient vus dans la position où l'on verrait les pannes, c'est-à-dire perpendiculaires au tympan. Cette convenance délicate n'est plus observée nulle part ; elle ne l'a pas été à la Madeleine; il est vrai que ce temple a été construit à une époque où régnait un faux hellénisme, et où nos artistes prenaient pour des modèles classiques tous les monuments de l'architecture romaine, dont la plupart ne représentaient que la décadence grecque.

Qu'ils sont loin de la beauté originelle, les frontons de l'architecture moderne depuis la Renaissance! Méconnaissant ou affectant d'oublier l'origine si simple du fronton, qui est le toit, les uns ont inscrit un fronton courbe dans le tympan d'un fronton triangulaire, pour enfermer ensuite sous cette courbe un nouveau triangle, — cela se voit au grand pavillon du Louvre ; — les autres ont dessiné les frontons cintrés, qui sont absurdes en grand, puisqu'ils représentent un toit demi-cylindrique, mais qui sont tolérables en petit quand ils couronnent une porte ou une fenêtre, car ils ont alors l'avantage de décharger le linteau, en écartant le fardeau qui pèse sur le vide, pour le reporter sur le plein. Ceux-ci ont posé fronton sur fronton, figurant deux toits l'un sur l'autre comme l'a fait Debrosse dans son portail de Saint-Gervais, à Paris ; ceux-là, malgré les anathèmes de Palladio et de Scamozzi, ont contourné les corniches de leurs frontons de manière à produire, par les enroulements de la pierre, l'imitation ingénieuse d'un cornet de papier. Le grand Michel-Ange lui-même, jaloux d'être original en toute chose, attacha l'autorité de son nom à ces frontons brisés dont les corniches entr'ouvertes font place à une boule ou bien à une figure sculptée qui semble avoir percé le toit pour montrer sa tête. Quelques-uns enfin, comme les architectes de la grande galerie du Louvre (celle qui regarde la Seine), placèrent une suite de frontons sur le long côté de l'édifice. Au lieu de correspondre aux pentes d'un comble, ces frontons, par la plus étrange anomalie, se détachent sur une longue toiture dont le faîte les surmonte et présentent ainsi un faux toit vu de face, adossé à un vrai toit vu de profil! En dehors même de cette infraction aux lois de l'architecture, combien n'eût-il pas été préférable qu'une longue horizontale dominât cette façade surchargée d'ornements délicats et pleins de grâce, et que le repos d'une grande ligne vînt racheter ce qu'il y avait d'excessif dans le mouvement de ces reliefs innombrables, de ces détails exquis, mais surabondants !

Le *tympan* du fronton grec est un triangle isocèle, dont la base est très large relativement à la hauteur, parce qu'il dessine au sommet un angle très ouvert. C'était là un champ tout préparé pour la sculpture : il était naturel que l'art vînt s'en emparer et que sur le frontispice du temple il annonçât les dieux du sanctuaire. Dans les rudes monuments du dorique primitif, comme à Pæstum, le tympan restait lisse aussi bien que la métope, et cette absence d'ornement redoublait l'austérité, l'âpreté d'un édifice aux proportions courtes et aux entre-colonnements serrés ; mais bientôt le vieux dorique se modifia et consentit à s'enrichir. Déjà sur la fin du VIe siècle, selon toute apparence, le fronton d'Égine se couvrait de sculptures en ronde-bosse, sculptures encore raides dans leurs mouvements, mais d'autant plus solennelles, d'autant plus architectoniques. On y figura, d'un côté, le combat d'Hercule contre Laomédon ; de l'autre, Ajax défendant le corps de Patrocle ; mais afin d'obéir au triangle tracé par l'architecte, les figures se ployaient suivant l'inclinaison de la corniche, et tandis que les héros placés au centre du tympan combattaient debout sous les yeux de Minerve, les autres, fléchissant sous le poids de leurs blessures, se baissaient pour mourir et allaient s'étendre dans l'étroit espace des angles inférieurs. Plus tard, sous la main des Athéniens, dont le génie était d'essence ionienne, l'ordre dorique s'adoucit et s'humanise. Sa rudesse devient de la majesté, sa simplicité sévère incline à une mâle élégance. Alors les tympans du Parthénon se creusent profondément pour recevoir des sculptures ou plutôt des statues grandioses, mais souples, qui rappellent, non plus la rigidité géométrique de l'architecture, mais la chaleur même de la vie dans une beauté divine.

Ce n'est pas tout : aux trois angles du fronton s'élèvent d'autres sculptures, les *acrotères* (A,A,A). Ce sont des piédestaux sans base, sur lesquels on posait quelquefois de grandes antéfixes, souvent des figures d'hommes ou d'animaux. Placés aux extrémités de l'édifice, les acrotères — on nomme ainsi les figures aussi bien que le piédestal — ont un double objet : d'abord ils répondent à un but de solidité en ce qu'ils augmentent le poids de la pierre angulaire qui doit résister à toute la poussée de la corniche rampante ; en second lieu, ils indiquent de loin l'orientation du monument, en accusant mieux sur le ciel ce triangle qui paraissait aux anciens un couronnement si heureux, que Cicéron écrivait (*De Oratore*) : « Si l'on avait à bâtir un temple dans l'Olympe, où il ne saurait y avoir de pluie, il faudrait encore lui donner un fronton. »

A Phigalie, la façade antérieure était signalée par des acrotères. Au temple de Jupiter, à Olympie, l'acrotère du sommet était une Victoire en bronze doré reposant sur un piédestal orné d'un masque de Méduse ; à Egine, le fronton était surmonté d'un fleuron placé entre deux nymphes qui tenaient une fleur d'une main et de l'autre relevaient leur tunique. Aux angles inférieurs, des chimères d'un style archaïque étendaient leurs ailes et avançaient une griffe menaçante. Ici encore, la solidité est devenue un motif imposant de décoration. Le génie grec, par un privilège inouï, a su trouver dans les détails, même les plus vulgaires, un prétexte aux délicatesses du ciseau et aux expressions éloquentes. Toute nécessité a disparu sous une beauté.

XXII

LE CARACTÈRE ET LA BEAUTÉ DES TROIS ORDRES VARIENT SUIVANT LE PLAN DE L'ÉDIFICE OU ON LES EMPLOIE ET SUIVANT LE NOMBRE, LA DISPOSITION ET L'ESPACEMENT DES COLONNES.

Lorsque l'architecte dessine sur le papier le plan de son édifice, il prévoit quel effet produira en élévation le jeu des pleins et des vides ; il calcule tous les coups qu'il frappera sur l'imagination du spectateur par la combinaison des lignes, par la continuité et l'interruption des surfaces, par les droites et les courbes, par les hauteurs, les largeurs et les profondeurs.

Il est des styles d'architecture dans lesquels un plan simple peut être la base d'une élévation compliquée. Au moyen âge, nous le verrons, tel édifice n'est pas en élévation ce qu'il est en plan. Souvent sur des lignes tranquilles s'élèvent des surfaces pleines de ressauts et accidentées de saillies innombrables, des clochetons à jour, des flèches hérissées de crochets, des galeries à balustrade, des tourelles en surplomb sur le nu du mur, des balcons soutenus par des corbeaux... Et de tout cela résulte un mouvement inattendu d'angles saillants et rentrants, de lumières et d'ombres. Au contraire, dans l'architecture grecque, le plan a une influence décisive sur l'élévation. S'il est simple, l'élévation sera simple, et, suivant l'ordre qu'il veut employer, suivant la nuance qu'il y veut mettre, l'artiste sait d'avance quels sentiments éveillera son monument achevé.

Quoique soumise à certaines lois de l'éternelle raison, l'architecture antique est aussi variée que les autres; elle se prête aux libres intentions de l'architecte et à l'expression de toutes ses pensées. A ne considérer que leur principal monument, le temple, nous trouvons chez les Grecs une grande variété, et cette variété, prévue dans le plan, est produite tantôt par l'espacement des colonnes, tantôt par leur nombre et leur disposition sur les lignes du plan. Et d'abord les anciens au dire de Vitruve, comptaient cinq espèces de temples, distingués entre eux par la seule proportion de l'entre-colonnement, et ils leur donnaient des noms composés qui s'expliquent par leur étymologie. Ils appelaient : *pycnostyle*, celui dont les colonnes étaient serrées, n'ayant entre elles qu'une fois et demie leur diamètre inférieur ; *systyle*, celui dans lequel l'entre-colonnement mesurait deux diamètres; *diastyle* celui dont l'entre-colonnement en avait trois. Sur des colonnes aussi écartées, la plate-bande des architraves avait une portée considérable et risquait de se rompre.

Le temple était *aérostyle* lorsque les colonnes étaient si éloignées l'une de l'autre (de quatre ou cinq diamètres, par exemple) qu'on n'y pouvait poser des architraves de pierre ou de marbre, et qu'il y fallait employer tout du long des plates-bandes de bois, des poutres ; et cela suffit, dit Vitruve, « pour donner aux façades du temple une forme lourde, basse, écrasée. Aussi a-t-on coutume d'orner les frontons de l'aérostyle, de statues en terre cuite ou en cuivre doré à la manière toscane, comme on le voit au temple de Cérès, près du grand Cirque, et à celui d'Hercule, bâti par Pompée. »

Enfin l'ordonnance du temple était *eustyle*, c'est-à-dire bien espacée (toujours selon Vitruve), lorsqu'il avait ses entre-colonnements égaux à deux diamètres et un quart, sauf l'entre-colonnement du milieu, qui, sur les faces antérieure et postérieure, devait mesurer trois diamètres, parce qu'il correspondait aux portes. Cette disposition, dit-il, embellit l'aspect du monument, en dégage l'entrée et facilite la promenade autour du temple sous le péristyle, *circa cellam ambulatio habebit auctoritatem.*

Rien de ce qu'enseigne Vitruve sur les entre-colonnements ne se vérifie dans les monuments de l'architecture grecque. « Il est clair, dit Quatremère, que Vitruve n'a point connu ou n'a point voulu nous faire connaître l'ordonnance du véritable dorique, car l'entre-colonnement dans les temples grecs n'a souvent qu'un diamètre de largeur et n'arrive jamais jusqu'à deux. Les plus célèbres monuments de l'architecture hellénique seraient donc *pycnostyles* et présenteraient cet inconvénient « que les matrones qui montent les degrés du temple pour aller faire leurs prières ne peuvent passer en se donnant la main par les entre-colonnements et sont obligées de monter à la file. Ensuite, des colonnes aussi serrées masquent l'ouverture de la porte et empêchent de voir les images des dieux (*signa obscurantur*), et elles laissent trop peu d'espace à la promenade autour du temple. » L'observation de Vitruve serait juste si les colonnes reposaient sur des plinthes carrées, qui rétrécissent le passage par des angles offensants; mais les colonnes doriques du temple grec n'ont ni plinthes, ni bases; elles peuvent donc être plus serrées que les colonnes romaines sans obstruer le passage. Massives, robustes, elles ont toujours le diamètre inférieur assez grand pour que l'entre-colonnement laisse passer deux femmes ensemble, même dans les temples où cet entre-colonnement est le plus âpre, comme à Syracuse, à Ségeste, à Pæstum. De la sorte, le beau, qui est le but suprême de l'art, s'y trouve concilié avec la convenance humaine, et, avant tout, le monument conserve, dans la puissance de ces colonnes serrées, l'image de la durée éternelle, qui est le premier attribut des dieux.

Les Grecs, au surplus, n'étaient pas hommes à sacrifier la beauté à une utilité secondaire. Qu'on puisse facilement *se promener* sous le péristyle, cela leur paraissait et nous paraît d'un médiocre avantage, à supposer qu'un temple soit fait pour servir d'abri aux promeneurs. Mais quand la destination de l'édifice le commandait, avec quelle liberté ils savaient déroger aux lois de la symétrie ou en créer de nouvelles ! Les Propylées d'Athènes, qui étaient l'admiration de tout l'univers, présentaient aux spectateurs cinq entre-colonnements inégaux conduisant aux cinq portes inégales de la ville sainte. Celui du milieu, qui correspond à la grande porte centrale, est presque le

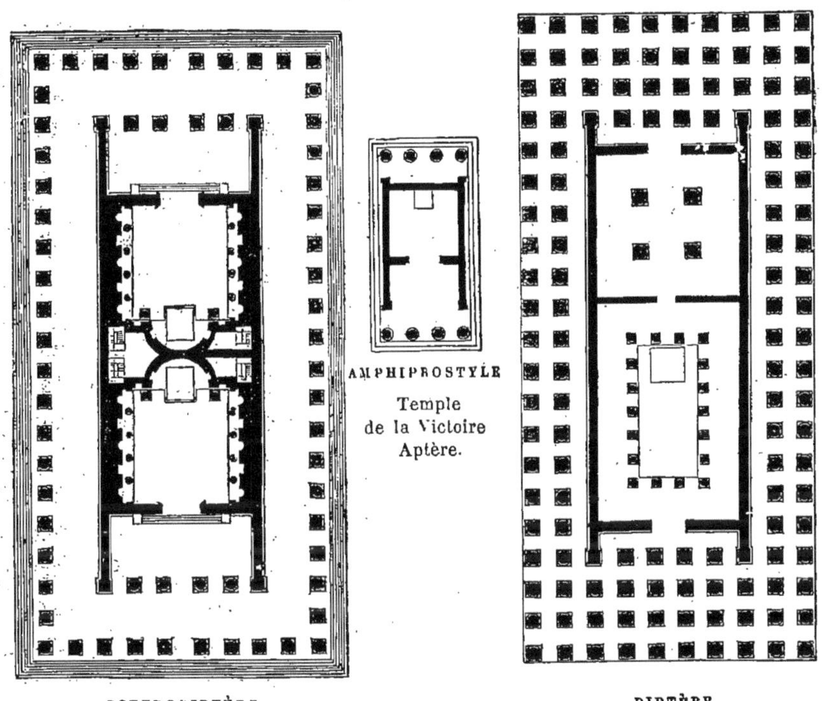

AMPHIPROSTYLE
Temple de la Victoire Aptère.

PSEUDODIPTÈRE.
(Temple de Vénus et Rome, à Rome.)

DIPTÈRE.
(Temple de Jupiter Olympien, à Athènes.)

double des deux qui le suivent à droite et à gauche, et ceux-ci, égaux entre eux, sont plus larges que les deux derniers. Par les ouvertures inégales de ce portique, dont l'ordonnance était une innovation hardie, devaient passer, suivant la distinction des rangs, les magistrats marchant de front dans la pompe des Panathénées, les sacrificateurs et les victimes, et les arrhéphores tenant le péplum resplendissant de Minerve Poliade, et les canéphores, et la jeunesse athénienne, et les métœques portant des vases d'huile, et, dans d'autres fêtes, l'image de Pallas portée à Phalère et ramenée aux flambeaux par le cortège des éphèbes... Ah ! elles sont bien froides dans l'application et bien peu fondées, les règles tracées par l'architecte romain, lorsqu'on les compare à ces monuments grecs où un goût exquis, un art incomparable, transforment la beauté en se pliant à la diversité des choses humaines, et légitiment toutes leurs licences en obéissant toujours aux ordres secrets de la raison.

On a dit souvent, et longtemps on a pensé que l'architecture grecque était fatigante par une beauté uniforme, qu'elle manquait de variété et d'imprévu : c'est là une erreur profonde. Non seulement les Hellènes avaient des édifices de toute espèce répondant aux besoins d'une civilisation raffinée ; des lycées, des gymnases, des théâtres, des stades, des galeries de conversation, comme le Pœcile d'Athènes, la Lesché de Delphes, des marchés, des forums (*agora*), des tribunaux, des monuments choragiques, comme ceux de Lysicrate et de Trasyllus à Athènes, des horloges comme la Tour des Vents, des mausolées, enfin des propylées et des temples ; mais encore ces temples étaient construits sur des plans très variés, et ils changeaient de caractère selon le nombre des colonnes affectées à leur frontispice et selon la disposition de ces colonnes.

On appelait *tétrastyle* le temple qui avait quatre colonnes à sa façade, *hexastyle* celui qui en avait six. Tels étaient les temples d'Hercule à Agrigente, de Minerve à Égine, de Thésée à Athènes ; *octastyle* celui qui en avait huit : de ce genre étaient le fameux temple d'Éphèse et le Parthénon. L'édifice était *décastyle* quand il y avait dix colonnes à sa façade, ce qui était rare. On en voit un exemple à Athènes dans les ruines colossales du temple corinthien de Jupiter, commencé par Cossutius, architecte romain, au second siècle de notre ère.

Mais ce qui constituait surtout la variété des monuments antiques, c'était la distribution des colonnes. L'idée fondamentale du temple grec est d'élever une séparation absolue entre le sacré et le profane. Primitivement, le sanctuaire, qui renferme l'image du dieu, est ceint de hautes et fortes murailles, sans vide, sans fenêtres. Cette chambre intérieure et close, la *cella*, qui est le temple proprement dit et qu'on appelle aussi pour cette raison le *naos* (ναός), ne reçoit le jour que par la porte ; mais le peuple n'est pas introduit dans l'enceinte sacrée. Le prêtre sacrifie sur le seuil du temple, en présence de la foule et sous les yeux de la divinité dont on entrevoit la statue. Il a donc fallu ménager au sacrificateur une sorte de vestibule ouvert, et couvert, où il pût immoler publiquement les victimes. Alors les murs latéraux de la cella ont été avancés et ils se terminent par des antes. Puis, dans l'espace compris entre les deux antes, et sur la même ligne, ont été placées deux colonnes, et c'est ainsi qu'a été disposé le plus simple des temples grecs, celui que Vitruve appelle *in antis*. Sur ce plan étaient construits le petit temple de Thémis, à Rhamnus (1), et le propylée de Minerve Suniade, au cap Sunium.

L'idée vint ensuite de substituer à chacune des antes, soutenant les angles de la façade, une colonne isolée qui laissait, par conséquent, un espace vide entre elle et le mur, de manière à former un vestibule porté sur quatre colonnes et accessible sur les deux côtés. Ce nouveau genre d'édifice fut appelé *prostyle*, c'est-à-dire ayant des colonnes à son frontispice, comme le fameux temple de Cérès à Éleusis. Puis on répéta sur la face postérieure du monument le portique qui décorait la face antérieure, de sorte qu'il y eut deux entrées semblables, deux vestibules, ainsi que l'exprime le mot *amphiprostyle*, par lequel on désigna cette variété du temple grec. On en voit un modèle sur l'Acropole d'Athènes, dans le temple de la Victoire Aptère (2).

Jusqu'à présent les faces latérales ne présentent que des murs. Mais bientôt, suivant le progrès de la population et de la richesse, le temple dut se développer, s'agrandir. La seule analogie suggéra la pensée d'ajouter aux deux flancs du bâtiment sacré les rangées de colonnes qui offraient déjà sur les deux fronts un accès si élégant et si facile, un si noble aspect. On donna ainsi comme des ailes au monument, et les Grecs appelant aile, *pteron* (πτερόν), chacun de ces portiques latéraux, le temple qui se trouvait ainsi entouré de colonnes sur toutes ses faces fut dit *périptère* (3). Cependant, si l'édifice n'avait pas alors plus de quatre colonnes de front, l'intérieur du naos serait trop petit : il fallut donc porter à six, au moins, le nombre des colonnes sur la façade du temple périptère. Quelquefois, pour élargir

(1) Voir la gravure de la page 161.

(2) L'élévation de ce temple amphiprostyle est gravée dans la proposition IV du présent livre.

(3) Pour citer des exemples modernes, la Madeleine, la Bourse, sont des monuments *périptères*. L'église Notre-Dame de Lorette est un édifice *prostyle*.

la cella, on supprimait les ailes et on avançait le mur jusqu'au portique latéral dont l'entre-colonnement fut fermé, de sorte qu'au lieu

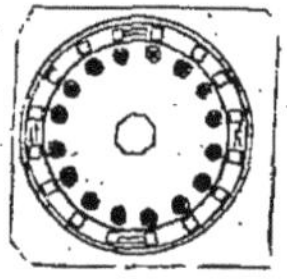

MONOPTÈRE.
(Temple de Sérapis, à Pouzzoles.)

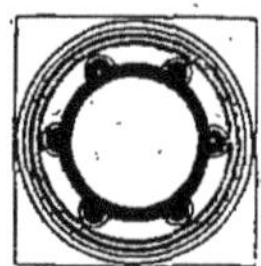

ROND PSEUDOPÉRIPTÈRE.
(Monument de Lysicrate. à Athènes.

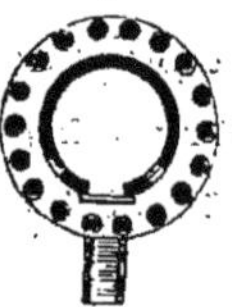

ROND PÉRIPTÈRE.
(Temple de Vesta à Tivoli.)

d'avoir sur ses deux flancs deux files de colonnes isolées, le monument présentait ces colonnes engagées dans les murs latéraux et n'ayant en saillie que la moitié de leurs tambours. On appela *pseudo-*

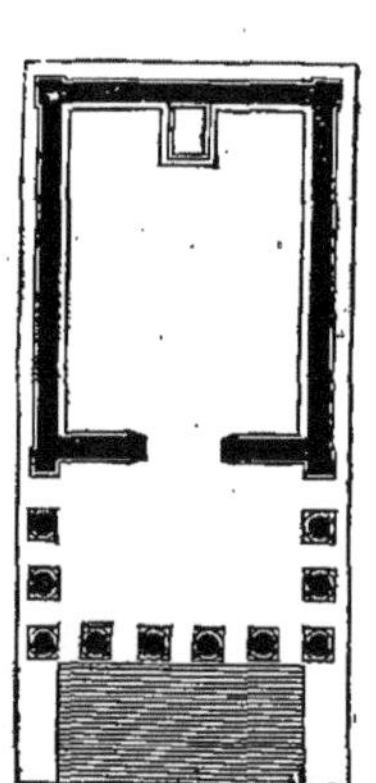

PROSTYLE.
(Temple d'Antonin et Faustine, à Rome.)

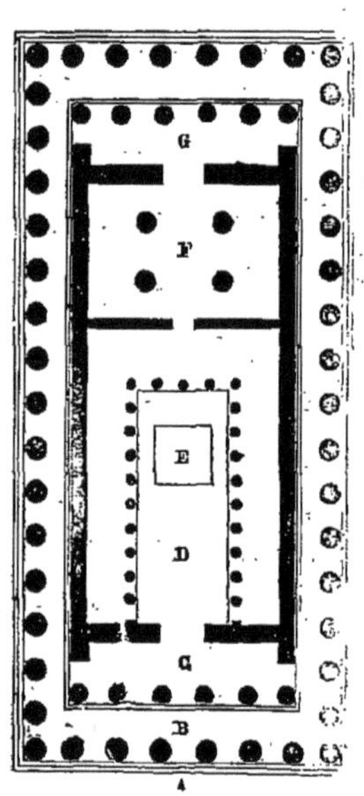

PÉRIPTÈRE.
(Le Parthénon.)

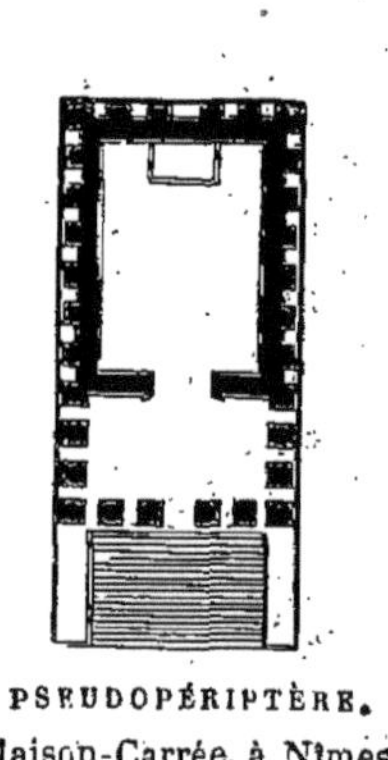

PSEUDOPÉRIPTÈRE.
(Maison-Carrée, à Nîmes.)

périptère (faux périptère) le temple ainsi disposé, parce qu'en effet ces colonnades feintes ne conservaient que l'image réduite, le souvenir figuré du vrai périptère. A cette classe appartiennent le temple de Jupiter Olympien, à Agrigente, la Maison-Carrée de Nîmes.

Le besoin d'agrandir le temple aux dépens de la galerie ne fut pas la seule cause qui engendra cette variété introduite dans l'architecture antique. En un pays où les grandes pierres étaient rares, il eût été impossible de construire un édifice colossal, comme celui d'Agrigente, en employant des colonnes isolées, parce que la largeur des entre-colonnements eût été hors de mesure avec des plates-bandes monolithes. L'architrave fut donc composée de petits blocs qui trouvèrent leur point d'appui et sur la demi-colonne et sur le mur qui bouchait l'entre-colonnement. Voilà comment les Grecs surent produire de grands effets avec de petits moyens, à l'inverse des modernes, qui ont si souvent usé de grandes forces pour arriver à de petits résultats.

Qu'était-ce donc lorsque l'architecte avait à sa disposition des matériaux superbes et les immenses richesses d'un Crésus ! Quand ils élevèrent le temple d'Éphèse, au VIe siècle avant notre ère, Chersiphron, et son fils Métagène, imaginèrent de doubler la colonnade sur les flancs de l'édifice.

L'art fut alors enrichi d'une variété nouvelle, et le temple reçut le nom de *diptère* (à deux ailes). Deux siècles plus tard, au temps d'Alexandre, le plan de Chersiphron fut modifié par Hermogène, qui, chargé de construire le temple de Diane Leucophrine à Magnésie, supprima sur les côtés le rang de colonnes qui s'élevait entre le mur de la cella et la colonnade extérieure, de manière que le portique en fut considérablement agrandi, puisque, étant dégagé de ses supports intérieurs, il eut une largeur égale à deux entre-colonnements, plus l'épaisseur d'une colonne. « Par là, dit Vitruve, Hermogène trouva le moyen de diminuer la dépense et, sans rien ôter à la majesté de l'édifice, d'élargir l'espace couvert autour de la cella, afin que, dans le cas d'une pluie violente et imprévue, la multitude pût s'abriter à l'aise sous la galerie environnante. » Hermogène fut donc l'inventeur d'un nouveau genre, qui s'appela le *pseudodiptère*, c'est-à-dire le faux diptère. Toutefois, un tel agrandissement du péristyle n'est admissible qu'avec une couverture en charpente, car si l'on supprime la file de colonnes la plus rapprochée du temple, la distance à franchir entre le mur et la colonnade extérieure devient démesurée et ne peut plus être couverte par une seule pierre. Si le diptère d'Éphèse avait une toiture en bois, comme le disent Pline et Vitruve, à plus forte raison devait-il en être ainsi du pseudodiptère de Magnésie.

Mais tous les monuments élevés aux dieux n'étaient pas sur un plan rectiligne et quadrangulaire. Certaines allégories religieuses avaient engendré la forme ronde. Le disque du soleil était symbolisé en Thrace par le plan circulaire de son temple ; Vesta, la grande déesse du foyer domestique, était toujours adorée dans un temple rond, emblème du feu rayonnant, image du point central, sacré et immobile, autour duquel se meut la vie. En Grèce, il y avait plusieurs édifices de cette forme, au rapport de Pausanias, entre autres le temple d'Esculape bâti à Épidaure par le célèbre sculpteur Polyclète, la Rotonde élevée à Sparte par Épiménide, le Prytanée d'Athènes.

Quelquefois le temple rond n'avait point de cella, point de mur, et il se composait d'une simple colonnade à jour supportant une coupole (θόλος) ; on le disait alors *monoptère*. Ce mot, qui veut dire à une seule aile, signifiait ici que le temple avait seulement une rangée de colonnes. On en voit un exemple dans les ruines de Pouzzoles, près de Naples, avec cette particularité, qu'il y avait une statue devant chaque colonne. Au milieu de la plate-forme s'élevait un autel placé en avant de la statue qui représentait le dieu. Le plus souvent, le temple rond était périptère, c'est-à-dire qu'il avait une cella formée par un mur et entourée de colonnes, comme celui de Vesta, à Tivoli ; ou bien il était pseudopériptère, ayant ses colonnes engagées dans le mur circulaire, comme le monument choragique de Lysicrate.

Ce n'est pas tout : à ces nombreuses variétés s'ajoutent encore bien des nuances. A Éleusis, par exemple, le temple de Diane Propylée avait une double façade *in antis*, au lieu que le temple de Thémis, à Rhamnus, n'en avait qu'une. A Agrigente, le temple d'Esculape (restitué par M. Hittorff) représente une autre variante, la façade antérieure ayant deux antes et deux colonnes isolées, et la façade postérieure deux antes et deux colonnes engagées (1).

Oui, ce serait une grave erreur que de croire à l'uniformité de l'architecture hellénique. Artistes par excellence, les Grecs conservaient dans tous leurs arts la liberté qui en est l'âme. Mais toujours

(1) Aux pages 181 et 184 sont figurées les principales variétés du temple grec. Ces variétés tiennent aussi à la distribution intérieure. Le plan du Parthénon donne une idée générale de cette distribution. A, est le soubassement ; B, le péristyle ; C, le *pronaos* ou avant-temple ; D, le *naos* ou le temple proprement dit, que les Latins appelaient la *cella* ; dans la nef centrale, au point E, est placée la statue ; F est l'*opisthodome* ; c'est une chambre qui, dans les grands temples, venait après le *naos* et renfermait le trésor ; G, est le *posticum*, c'est-à-dire l'arrière-temple, correspondant symétriquement à l'avant-temple.

ils surent la concilier avec la tradition, ne rompant jamais la chaîne qui, des premiers tâtonnements, les avait conduits à la beauté, et qui de la beauté devait les conduire aux splendeurs de la perfection.

XXIII

D'AUTRES CONDITIONS SONT NÉCESSAIRES A LA BEAUTÉ DES TROIS ORDRES : LE CHOIX DU SITE, L'ASSIETTE ET L'ORIENTATION DU MONUMENT, ET SON HARMONIE AVEC LA NATURE ENVIRONNANTE.

Quand on voyage dans les pays classiques de l'architecture, en Grèce, en Asie Mineure, en Sicile et dans la Grande-Grèce, on est frappé partout de la beauté que se prêtent mutuellement l'art et la nature. Le paysage, le ciel, la mer, tout concourt à former un cadre magnifique aux inventions de l'architecte. Le caractère même du sol, qu'il soit riant ou sévère, fertile ou aride, est un élément que l'artiste a fait entrer dans les plans de son édifice pour en rehausser l'ordonnance, pour en achever le prestige et la grandeur.

Tantôt, comme à Didyme, à Palmyre, à Éleusis, le temple est enfermé dans une vaste enceinte, dans un *péribole*, et le dieu se trouve ainsi doublement séparé des choses profanes et du vulgaire. Tantôt le temple est situé, comme à Sunium, sur un promontoire d'où il apparaît aux navigateurs comme un asile gardé par une divinité protectrice. Le calme de ses lignes horizontales domine alors les accidents d'une montagne escarpée et les soulèvements de la mer. A Corinthe, le vieux temple dorique aux proportions si pesantes, si rudes, s'élevait sur le penchant de la citadelle, près de l'isthme cher à Neptune, et de la fontaine Pirène, qui jaillit de l'Acrocorinthe, et où Pégase allait se désaltérer. A Athènes, c'est sur un groupe de rochers superbes que s'élèvent les Propylées, les temples de la Victoire sans ailes, et de Minerve Poliade, et le Parthénon, qu'on aperçoit du golfe Saronique, majestueux encore dans ses ruines, élégant et fier. A Rhamnus, la situation des deux temples est d'une beauté incomparable. Bâtis à l'extrémité d'un plateau dont le sol est riche, mais coupé de rochers et couvert çà et là de grands chênes, ces petits monuments se détachaient sur une montagne plus élevée ou sur le ciel, suivant le point d'où on les regardait. A leur pied, au bas d'une pente abrupte, s'ouvrait le port de Rhamnus sur le détroit de l'Euripe qui sépare l'Attique de l'Eubée. Tournés vers l'orient, ils présentaient leur colonnade latérale à ceux qui naviguaient sur l'Euripe, et ils étaient séparés du précipice par une plate-forme que soutenaient des murs d'une construction imposante. A gauche du port, en regardant la mer, se dressait sur une éminence l'antique forteresse construite toute en marbre, et dont nous avons vu la porte grandiose et les fortes murailles, du plus beau travail hellénique. Mais les deux temples dominaient et le port et la forteresse, et les collines de l'Eubée qu'on aperçoit sur l'autre rive, creusées de ravins profonds qui laissent pénétrer le regard dans la presqu'île. Impossible de choisir un plus beau site pour y placer le temple de Némésis. Aussi les anciens, supposant qu'elle se plaisait dans ce pays d'une magnificence sauvage, l'appelaient la Vierge de Rhamnus, *Rhamnusia Virgo.*

Quelquefois, comme à Épidaure ou dans la plaine d'Olympie, le temple est environné d'un bois sacré, et l'on y arrive en traversant des ombrages d'oliviers, de platanes ou de cyprès, des clairières égayées par des palestres, des lieux peuplés de statues, ornés d'autels, de trépieds, de stèles honorifiques, de colonnes où sont inscrits les noms des malades guéris par Esculape, ou de chars consacrés aux vainqueurs des jeux Olympiques.

Que s'il nous plaît d'aller maintenant visiter les colonies grecques, nous n'avons qu'à suivre le cours du fleuve qu'arrose la plaine d'Olympie. Touchée de l'amour d'Alphée pour la nymphe Aréthuse, la mer laissera couler le fleuve d'eau douce sans y mêler l'amertume de ses ondes, et nous nous retrouverons sur les côtes de la Sicile, en vue de Syracuse, près de la nymphe changée en fontaine.... Le peuple qui, dans sa naïve poésie, trouva des fictions aussi aimables pour exprimer l'attachement des colonies à leur métropole, malgré la distance et à travers les flots de la mer, un tel peuple, dis-je, devait porter en toute chose la délicatesse des impressions, le sentiment de l'art. Pas un temple de la Sicile qui ne soit situé sur une acropole ou au sommet d'un amphithéâtre, ou sur un soubassement de rochers dominant des collines taillées en remparts. Métaponte, Crotone, aussi bien que Syracuse, Sélinonte, Agrigente, font bien voir que les Grecs ont excellé à choisir le site de leurs monuments. « Lorsqu'on s'arrête à l'entrée de l'Acropole, dit M. Hittorff (*Notice sur les ruines d'Agrigente*), et qu'on voit de ce point les mouvements du sol sur lequel s'élevait la rivale de Carthage, et les montagnes aux belles silhouettes avec les vallées qui les environnent, enfin l'immense étendue de la mer Libyque, on se trouve impuissant à décrire le panorama que l'œil embrasse d'un seul regard. »

Par quelle fatalité le seul auteur antique dont nous possédions un livre sur l'architecture n'a-t-il connu aucun de ces beaux temples qui, depuis la rive occidentale de l'Italie jusqu'au fond de la mer Égée, décoraient les villes grecques, couronnaient les promontoires et souvent embellissaient toute une province? Vitruve, en parlant de l'orientation des temples, a posé un principe qui est démenti par toute l'architecture grecque. « Les demeures sacrées des dieux immortels, dit-il, doivent être orientées de manière que, si rien ne s'y oppose, la statue du dieu qui aura été placée dans la cella regarde l'occident, afin que ceux qui viennent faire des sacrifices aient le visage tourné vers l'orient et vers la statue, et pour que le dieu lui-même, paraissant se lever avec le soleil, jette ses regards sur les suppliants et les sacrificateurs. » Ce passage de Vitruve est démenti par le fait : tous les temples grecs — notamment le Parthénon, les temples de la Victoire Aptère et de Minerve Poliade — vont de l'orient à l'occident, un seul excepté, celui d'Apollon Épicurius à Phigalie, qui est orienté nord et sud. En d'autres termes, l'entrée du temple étant à l'orient, c'est l'orient que regarde la statue du dieu, et non pas l'occident, d'où il suit que les suppliants et les sacrificateurs voient la statue éclairée par le soleil levant, auquel ils tournent le dos en entrant dans le temple.

Mais nous voici arrivés à une des plus hautes et des plus belles questions de l'architecture, la polychromie.

L'architecture doit-elle être coloriée à l'extérieur? Telle est la question. Nos archéologues en ont cherché la solution dans les faits : c'est par les principes qu'il faut essayer de la résoudre.

Il y a trente ou quarante ans, personne ne songeait à la polychromie. Les rares voyageurs qui avaient exploré les monuments antiques de la Grèce, de la Sicile et de l'Italie, avaient admiré ces monuments dans leur majestueuse unité. Quelques-uns, ayant aperçu des traces de couleur parmi les ruines, avaient détourné les yeux et s'étaient promis de garder le silence sur une pratique dont la seule hypothèse leur paraissait une injure au génie grec. Cependant l'archéologie, poussant de toutes parts ses investigations, découvrit, dans les vieux temples doriques du VIe siècle avant notre ère, des preuves nombreuses que la couleur avait été appliquée par les Grecs à l'extérieur de leurs édifices. M. Hittorff, après avoir étudié les temples de la Sicile, fut le premier à révéler ce fait au monde savant, et il le fit avec beaucoup d'éclat en donnant un corps à ses observations, qu'il érigea plus tard en système (*Restitution du temple d'Empédocle*). Presque aussitôt vinrent les découvertes faites à Métaponte par le duc de Luynes, les affirmations d'un architecte fort estimé en Allemagne, M. Semper, et celle d'un antiquaire italien, le duc Serra di Falco. Au commencement, ces révélations se heurtèrent à une incrédulité générale. On aima mieux nier la polychromie chez les Grecs que d'avoir à en justifier ces grands artistes, nos maîtres. Mais certains passages de Dicéarque, de Vitruve, de Pline, remis en lumière, ainsi qu'un mot de Pausanias sur deux tribunaux d'Athènes, le tribunal *rouge* et le tribunal *vert*, furent invoqués à l'appui des faits. Ne voulant pas reculer, même devant l'évidence, quelques antiquaires, tels que Millin, eurent le courage d'attribuer la peinture extérieure des édifices à un reste de barbarie. Depuis, les magnifiques restaurations du Parthénon par M. Paccard, et du temple d'Égine par M. Blouët d'abord, ensuite par M. Charles Garnier, ont à peu près levé tous les doutes, sinon touchant les détails de la polychromie antique, au moins sur l'empire de cette coutume chez les anciens. Il a été avéré que les Grecs avaient très souvent colorié leurs temples, que les triglyphes étaient peints en bleu, comme l'avait indiqué Vitruve (*cera cærulea*); qu'en général, le fond des métopes était d'un rouge de brique ou d'un rouge ardent de cinabre; que des méandres de diverses couleurs, souvent rehaussées de dorures, couraient sous la frise; que les colonnes étaient recouvertes d'une couche d'ocre jaune, et les tympans d'une teinte azurée. Dès lors, comme s'il se fût agi d'une pure question de fait, tout le monde a rendu les armes, et l'on a vu s'éteindre une polémique illustre qui avait passionné l'archéologie moderne et qui semblait devoir renouveler les lois du goût. Le sentiment s'est laissé étouffer par l'érudition; l'esthétique a été vaincue par les textes. Et pourtant, la philosophie de l'art doit s'élever au-dessus de l'histoire, lui être supérieure : c'est le privilège des principes d'être indépendants de la tradition, et de passer avant tout, même avant les Grecs.

Nous l'avons dit, et nous l'avons prouvé au commencement de cet ouvrage (*De la figure humaine*), à mesure que la création s'élève, elle abandonne la couleur pour le dessin et tend à la monochromie. Aux premiers règnes de la nature sont départies les couleurs les plus magnifiques et les plus intenses; les minéraux en renferment tous les trésors et en sont eux-mêmes l'étincelante matière. Les végétaux brillent déjà d'un éclat moins violent, plus harmonieux; viennent ensuite les animaux, qui sont d'autant plus riches de couleurs qu'ils sont moins intelligents, comme si la beauté de leur parure leur était donnée en compensation de l'intelligence qui leur manque. A mesure qu'ils s'approchent de l'homme par leurs facultés, les animaux perdent la variété de leurs tons. Le plus triste plumage est celui des oiseaux qui font entendre des accents de poésie, et les quadrupèdes dignes de vivre en société avec l'homme ont un pelage presque monotone, comme le chien, ou une robe presque uniforme, comme le cheval. Enfin, quand l'homme est apparu, portant en lui le don divin de la pensée, il s'est montré revêtu d'une couleur dont les nuances légères, presque imperceptibles, se fondent dans l'unité. Ainsi l'ont vu les grands peintres et même de grands coloristes, les Titien, les Corrège.

Mais si le corps humain est à peu près monochrome au dehors, il contient à l'intérieur des colorations brillantes qu'annoncent déjà le vermillon de ses lèvres, et les tons variés de sa prunelle quand il ouvre ses paupières. Devenu créateur à son tour, devenu artiste, l'homme trouve dans son corps les lois qui vont présider à ses créations. Se connaissant lui-même, il devra mettre dans son œuvre d'art par excellence, qui est l'architecture, les qualités de son être : la proportion, la symétrie extérieure, la monochromie au dehors, la polychromie au dedans.

Quand il est bien situé, tout monument d'architecture, surtout le monument religieux, le temple, s'environne de la nature et s'y encadre. Mais la nature est un coloriste incomparable ; elle seule a conservé les grands secrets de la couleur. Comment donc colorier un monument sans tenter une lutte inégale, impossible ? Que seraient nos décorations les plus admirables, celles qui nous éblouissent sur la scène de nos théâtres, si on les transportait en pleine campagne pour les comparer à ces splendeurs du couchant que les Grecs appellent la royauté du soleil (βασιλεύσις) ? Auprès des spectacles que nous donne ce décorateur sublime, combien nous paraîtraient misérables les inventions humaines en ce genre, et nos lumières artificielles, et nos lourdes harmonies, et nos terrestres couleurs ! Au contraire, si le temple, bâti sur un promontoire, ou au milieu d'un bois, ou sur une colline ombragée de pins et de lentisques, comme à Égine, ou dans une plaine de roses, comme à Pæstum, si le temple, disons-nous, est d'un seul ton, quel caractère ne va-t-il pas emprunter de cette indivision qui le fera paraître plus grand, de cette simplicité qui le fera paraître plus solennel ! Monochrome, il se détachera mieux sur les magnificences du paysage, en contrastant par son unité invariable avec les changeants spectacles de la végétation et du firmament, et, par cette unité même, il exprimera la pensée de l'homme au sein de la nature inférieure, qui peut bien engendrer la vie, la variété et la couleur, mais qui ne peut ni créer ni comprendre la pensée.

Quand nous serons entrés dans l'intérieur du temple et que nous n'aurons plus sous les yeux les décorations de la nature, alors la polychromie sera opportune et pourra devenir nécessaire pour spécialiser le culte, pour préciser la pensée qui réside dans l'axe de l'édifice. L'architecture nous ayant dit au dehors tout ce qu'elle voulait et devait nous dire, rien ne s'oppose maintenant à ce que sa parole soit répétée au dedans par la peinture, et que cette seconde parole vienne compléter et définir l'éloquence de la première. « De la connaissance certaine, dit M. Hittorff, que les premiers temples des Grecs étaient de bois, et leurs premières idoles, venues d'Égypte, de la même matière recouverte de couleurs conservatrices, je concluais que le besoin de la conservation des sanctuaires devait leur faire appliquer des couleurs analogues, afin que les temples et les idoles pussent offrir, avec une égale durée, un aspect concordant. » C'est là un argument décisif peut-être, mais seulement pour la polychromie *intérieure*.

La seule coloration admissible à l'extérieur d'un monument, c'est la polychromie naturelle, par exemple le mélange discret de certains marbres dans leur application aux grandes parties de l'édifice, lorsqu'il s'agit surtout de les distinguer nettement dans un pays brumeux. L'emploi raisonné des matériaux naturels, tels que les a colorés le coloriste par excellence, n'a plus rien de ce caractère capricieux et variable qui répugne à l'architecture monumentale. « Admirons encore ici l'antique Égypte jusque dans ses écarts, dit Humbert de Superville (*Signes inconditionnels de l'art*). En sillonnant, comme elle a fait, les murs extérieurs et les différents membres de ses édifices de milliers de figures, en les relevant encore des couleurs les plus éclatantes, elle n'a fait, pour ainsi dire, que se créer une nouvelle espèce de matériaux bariolés; il n'y a là ni sculpture ni peinture comme *telles*, et l'unité architectonique est conservée. »

Il ne faut pas s'y tromper, au surplus, le principe de la monochromie n'est applicable dans sa sévérité qu'à l'architecture monumentale. Qu'une construction familière, une maison isolée, une villa, soient peintes à l'extérieur, il n'y a rien là qui offense le sentiment public, car de tels bâtiments ne représentent que l'humeur particulière de ceux qui les habitent, et dès lors le goût individuel peut s'y donner un libre cours. Mais le monument qui s'élève à l'endroit le plus apparent d'une cité et qui symbolise la pensée religieuse ou patriotique d'une nation entière, comment le concevoir autrement que monochrome? S'il est la propriété de tous, il ne doit porter les couleurs de personne; s'il est l'image de la pensée générale, il faut en exclure ce qui est relatif, individuel, éphémère. Oui, l'unité d'aspect est nécessaire à un monument qui manifeste le sentiment universel. Comment, d'ailleurs, l'ensemble aura-t-il sa signification et sa valeur, si chaque membre de l'édifice s'en distingue par un ton propre et le dispute aux autres en importance et en éclat; si le triglyphe montre sa tête bleue et la métope son fond rouge; si les gouttes brillent en jaune; si le regard est sollicité, ici par le ton violent de la bandelette, là par les feuilles alternativement rouges et vertes qui décorent la belle moulure en bec de chouette couronnant le chapiteau des antes et les corniches inclinées; enfin, si les bordures dorées qui encadrent ces feuilles ajoutent encore leur scintillement à ces voyantes et tranchantes couleurs ?

Un écrivain qui a soutenu éloquemment la polychromie par respect pour l'antiquité, l'auteur de l'*Acropole d'Athènes,* M. Beulé, nous apprend qu'une loi rapportée par Lucien défendait de paraître dans la procession sacrée, et même dans les jeux publics, avec des vêtements de couleur. Quel trait de lumière fait jaillir cette révélation inattendue ! Pourquoi donc la polychromie fut-elle interdite dans les vêtements, si ce n'est pour que l'unité du sentiment populaire, qui doit se manifester en un jour de fête, ne fût pas troublée par les fantaisies individuelles et la bigarrure des couleurs ! Mais un monument, un temple, est-il autre chose qu'une fête continuelle, pour ainsi dire, une expression pétrifiée de cette communion de tout un peuple, qui, à certains jours, s'affirme sur la place publique, et dont la grande architecture doit offrir un emblème permanent, immobile, éternel ?

Ah ! sans doute, il nous répugne de penser que des artistes comme Phidias, Ictinus, Carpion, Mnésiclès, ont pu se tromper sur une seule question d'art, eux qui avaient si merveilleusement compris toutes les autres. Mais qui nous assure qu'ils n'ont point cédé à l'influence des idées religieuses ; que l'autorité hiératique n'attachait point aux couleurs une signification symbolique et traditionnelle ? Qui sait, d'ailleurs, comment fut traitée la polychromie dans cette contrée qui a eu le privilège de donner son nom à l'atticisme ? De tous ceux qui ont vu Athènes, il n'en est aucun certainement qui ait regretté l'effacement des couleurs dont les temples furent jadis revêtus. Le temps, ce grand constructeur de ruines, a été plus habile que les Grecs, en faisant disparaître le coloriage qui recouvrait les beaux marbres ivoirins des Propylées, du Parthénon, de Minerve Poliade, du temple de Thésée. Ramenées à un ton uniforme, d'une gravité solennelle, ces ruines ne laissent rien à désirer de la brillante parure qu'elles n'ont plus. Chacun a pu le remarquer, d'ailleurs, en tous lieux : les monuments de l'architecture ne sont jamais plus imposants que dans les nuits claires, lorsque la lune les enveloppe de sa lumière mystérieuse, et, en les simplifiant, les idéalise. Cette poésie est due au triomphe de l'unité, qui est le principe de toute grandeur... Après tout, si les Grecs se sont élevés si haut, c'est qu'ils ont remanié selon leur beau génie l'héritage que leur avaient transmis l'Egypte et les nations orientales. Restons libres envers eux comme ils le furent eux-mêmes à l'égard de leurs devanciers. Le progrès dans les régions de l'art doit s'accomplir par deux éléments qui ne sont pas incompatibles : le respect et la réforme de la tradition.

XXIV

L'ARCHITECTURE MONUMENTALE EN ARC RÉPOND AUX IDÉES DE HARDIESSE, DE LIBERTÉ ET D'ÉQUILIBRE.

C'est un beau spectacle que nous donne l'histoire de l'architecture : à mesure que le temps marche et que l'humanité se développe, l'intelligence gagne du terrain, tandis que la nature physique perd son empire. L'esprit triomphe peu à peu de la matière.

Au commencement des sociétés, les hommes se consument en efforts prodigieux pour évider leurs monuments dans les montagnes, pour creuser des souterrains profonds, pour traîner et soulever des blocs énormes qui seront posés à plat sur des support trapus, serrés, indestructibles. Les peuples enfants, placés en présence de la nature qui effraye leur ignorance et les domine, ne savent que lutter à force de patience, à force de bras, contre les obstacles qu'elle leur oppose, et ils restent soumis à la matière, tout en la faisant servir à leurs desseins. Un jour vient cependant où l'homme, voulant échapper à une telle servitude, se propose le problème de créer une grande architecture avec de petits matériaux, et il imagine de substituer à la solidité naturelle des plates-bandes une solidité en quelque sorte artificielle, résultant de l'appui que se prêteraient deux pesanteurs suspendues ou inclinées.

L'architecture en plate-bande, avons nous dit, exigeait des pierres d'une grande portée et d'une épaisseur correspondante : or, tous les pays n'en produisent pas de pareilles. L'architecte se trouvait ainsi dans la dépendance des matériaux, puisque c'était la grandeur des pierres qui commandait l'écartement des points d'appui. Il fallait donc inventer un moyen pour couvrir de grands vides avec de petites pierres, et pour espacer les supports, non plus selon la grandeur des matériaux, mais selon les convenances de l'architecte et la destination du monument. Ce progrès immense fut réalisé lorsqu'o n eut trouvé l'art de suspendre un arc en pierre au-dessus du vide, l'art de construire une voûte courbe, une voûte proprement dite, car on donne aussi improprement le nom de voûte à ces plafonds composés de pierres taillées en forme de coin et appareillées sur une ligne horizontale, qui se soutiennent par leur coupe et par des armatures en fer. Le vice de ces plafonds, qu'on appelle des *voûtes plates*, n'a pas besoin de se démontrer : il saute aux yeux; à supposer même que la solidité en fût réelle, il y manquerait encore une condition de l'art, la solidité apparente. Il s'agit donc ici de la voûte curviligne, qui seule permet de réunir sans danger deux points d'appui beaucoup plus éloignés que dans le système rectiligne. Nous verrons tout à l'heure combien la courbe des arcs et des voûtes peut varier; mais il importe d'analyser d'abord l'impression que produit l'arc dans l'architecture monumentale, c'est-à-dire en grand, par opposition aux monuments antérieurs, qui sont en plate-bande.

L'horizontalité des lignes dominantes, il faut le rappeler, imprime un caractère solennel à tous les grands spectacles du monde : sur la terre, elle marque l'apaisement des catastrophes qui ont jadis bouleversé le globe en soulevant ses entrailles ; sur les rivages de l'Océan ou sur un navire, elle annonce la fin des tourmentes et le silence de la mer; dans les végétations puissantes, l'horizontalité des branches indique la force tranquille et rigide qui résiste aux tempêtes ; dans le visage de l'homme, elle signifie le sommeil des passions, la sérénité de la pensée, le repos de l'âme; dans l'architecture enfin, lorsque la ligne horizontale se continue sans interruption et se prolonge, elle exprime aux yeux la stabilité de la pierre, et à l'esprit la fatalité du niveau ; elle procure le sentiment du calme et la notion d'une durée éternelle.

Maintenant, si nous substituons la ligne courbe à la ligne droite, toute une révolution va s'accomplir. A l'idée de paix succède l'idée de mouvement. L'architrave reposait sur les colonnes : l'arcade s'élance d'un pilier à l'autre. La première avait une immobilité rassurante, inébranlable : la seconde n'a que l'immobilité inquiétante de l'équilibre. L'entablement était assis pour toujours sur une ligne qui ne varie point : au contraire, l'arc commence, monte, s'arrête et retombe suivant des lignes d'une diversité presque innombrable. Il devient l'image du firmament, où le soleil décrit chaque jour les courbes apparentes de son ascension et de son déclin. La ligne droite, comme l'a pensé Pythagore, pouvait symboliser l'infini, parce qu'elle est toujours semblable à elle-même et que l'esprit peut la concevoir sans fin. La ligne courbe, au contraire, ne saurait représenter que le fini, parce qu'elle tend à revenir à son commencement et ne le fuit que pour le retrouver. Sur les plates-formes de Babylone et de Persépolis, dans le triangle des Pyramides aussi bien que dans l'horizontale du temple égyptien ou du temple grec, à Memphis, à Pæstum, à Sélinonte, à Athènes, la ligne droite pouvait produire en architecture des effets sublimes. Ces effets, nous le verrons, il sera donné aux architectes du moyen âge d'en reproduire autrement la sublimité en brisant les lignes de l'arc pour les rapprocher de la verticale. Mais toutes les courbes autres que l'ogive, qu'elles dessinent une rotonde, comme le Panthéon d'Agrippa, ou la coupole de Sainte-Sophie, ou le dôme de Saint-Pierre, sont destinées à n'engendrer qu'une beauté imposante, harmonieuse, admirable, sans atteindre jusqu'au sublime; et cela parce que la ligne courbe, en se repliant sur elle-même, rapetisse le mouvement qu'elle enveloppe, tandis que la ligne droite le continue et l'agrandit en le développant.

Quoi qu'il en soit, il est essentiel de remarquer, dans l'intérêt de l'art, que les monuments dont la partie supportée est suspendue en arc ou en voûte répondent aux idées de hardiesse et de mouvement, de liberté et d'équilibre, comme les monuments en plate-bande respirent la sagesse, le calme, la fatalité, la permanence.

XXV

AU DOUBLE POINT DE VUE DE L'ART ET DE L'HISTOIRE, LES NOMBREUSES VARIÉTÉS DE L'ARC, QUI ELLES-MÊMES ENGENDRENT LES VARIÉTÉS DE LA VOÛTE, SE RÉDUISENT A TROIS PRINCIPALES, QUI SONT : LE PLEIN CINTRE, L'ARC OUTRE-PASSÉ ET L'OGIVE.

La courbe que décrit l'arc, lorsqu'elle est formée par un demi-cercle, s'appelle *plein cintre*. L'élévation de l'arc est alors égale à la moitié de sa plus haute largeur, qui est le diamètre, c'est-à-dire au rayon. Quand la hauteur du cintre est plus grande que le demi-diamètre, l'arc est *outre-passé*, ou, comme l'on dit vulgairement, en fer à cheval; si les deux côtés du demi-cercle se prolongent plus bas que le centre en deux lignes parallèles, l'arc est *surhaussé*. Quand la hauteur du cintre est moindre que le rayon, l'arc est surbaissé, ou suivant l'expression commune, en anse de panier. Il représente dans ce cas la moitié d'un ovale, et sa courbe, ayant trois centres, est formée par trois rayons. Lorsque l'arc surbaissé, n'ayant qu'un centre, est décrit par un seul rayon, on le dit *bombé*. Enfin, si l'arc est dessiné par deux portions de cercle qui se croisent et forment un angle plus ou moins aigu au sommet, il prend, en vertu de l'usage, le nom d'*ogive*, dont la signification primitive était nervure.

Telles sont les principales variétés de l'arc, qui elles-mêmes engendrent les principales variétés de la voûte, comme le cercle, en tournant sur son axe, engendre la sphère. Le géomètre, l'ingénieur, l'architecte, connaissent et emploient bien d'autres courbes, mais qui ne rentrent point dans la limite de nos études. Le plein cintre, l'arc outre-passé et l'ogive sont les seules variétés qui appartiennent à la science du beau, les seules que nous ayons à examiner dans leur rapport avec le sentiment de l'art. Seules ces trois formes ont joué un rôle illustre dans l'histoire, en dehors de l'antiquité grecque; seules elles ont enfanté des architectures distinctes et fameuses : celles des Romains, des Byzantins, des Arabes et des chrétiens du moyen âge.

Elles ont représenté les croyances des sociétés humaines ; elles ont ému les âmes.

Exposer les principes rudimentaires de l'architecture curviligne, en décomposer les éléments et en pénétrer l'esprit, voilà maintenant ce qu'il nous reste à faire. D'autres ont écrit l'histoire des diverses architectures, et quelques-uns l'ont fait avec une lucidité merveilleuse, notamment en ce qui concerne la période ogivale. Notre tâche est de donner au lecteur, s'il est possible, la clef de ces grands arts auxquels les peuples ont confié l'expression de leurs sentiments et où ils ont empreint l'image de leur vie. C'est aux savants et à ceux qu'entraîne la vocation de la science, qu'il appartient d'entrer dans tous les détails techniques, de se complaire aux nombreuses divisions que découvre l'archéologie, et d'épuiser l'analyse. Notre ambition est tout autre. Nous aspirons à réduire la notion de l'art aux termes les plus simples, à en découvrir les lois, et surtout en dégager la signification morale, la pure essence.

Le plein cintre. — A quelle époque remonte l'invention de l'arc en architecture, et à quelle nation faut-il en attribuer l'honneur : ce sont là des questions historiques et qui relèvent principalement de l'archéologie. Que l'arc et la voûte aient été connus de la haute antiquité, cela ne fait plus doute aujourd'hui. Le plein cintre aussi bien que l'ogive se retrouvent dans certains monuments égyptiens qui datent de huit siècles environ avant Jésus-Christ ; par exemple, à Méroé, en Ethiopie, dans le portique d'une pyramide, qui est couvert d'une voûte cintrée, et au mont Barkal, dans un autre portique dont la voûte est en ogive. Auprès des pyramides de Giseh, un tombeau doublement voûté, d'une date presque aussi ancienne, présente cette singularité, qu'une première voûte est formée de deux pierres biaises, reliées au sommet par une pierre horizontale, et qu'une seconde voûte les surmonte composée de quatre arcs concentriques. Il existe même à Thèbes une voûte surbaissée de forme ovale, et régulièrement appareillée, dans le tombeau d'Aménophis Ier, qui vécut environ dix-sept cents ans avant notre ère. Si on remonte encore plus haut, on rencontre une voûte aiguë dans la pyramide de Chéops, qui est de trente-quatre siècles antérieure à l'ère chrétienne, et une voûte plein cintre à Thèbes, dans la vallée d'El-Assassif, près du temple d'Ammon. Toutefois ces dernières constructions ne sont pas des voûtes véritables, car elles sont élevées sur des assises de pierres horizontales posées *en encorbellement*, c'est-à-dire en saillie les unes sur les autres. Il a suffi d'abattre la partie saillante de chaque pierre

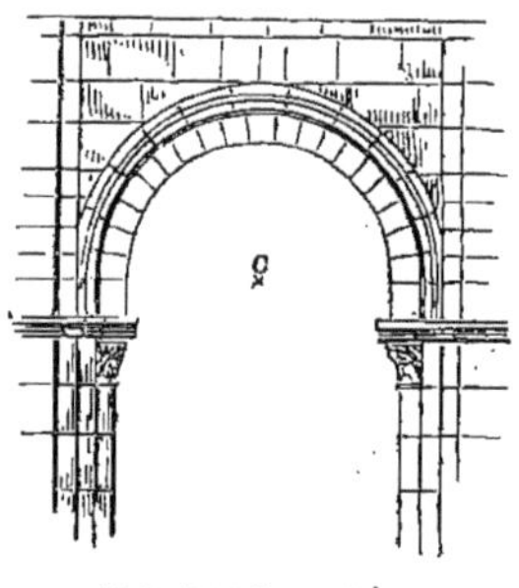

ARC SURHAUSSÉ.

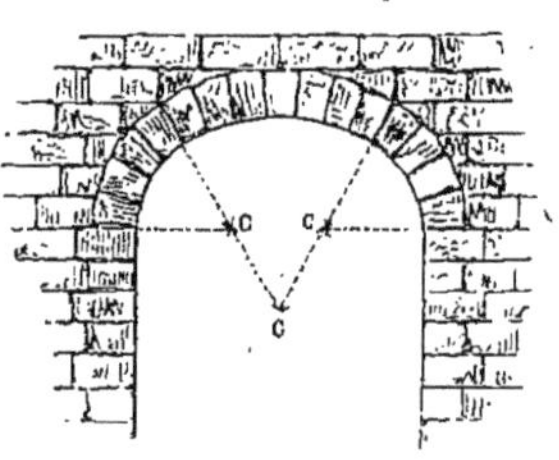

ARC SURBAISSÉ.
(Trois centres.)

suivant la ligne qui touche à tous les angles rentrants, pour produire un arc, mais seulement à l'état d'embryon. Ce qui, en effet, constitue l'arc en architecture, c'est l'appareil en claveaux qui va être expliqué.

L'arc est une construction composée de plusieurs pierres réunies

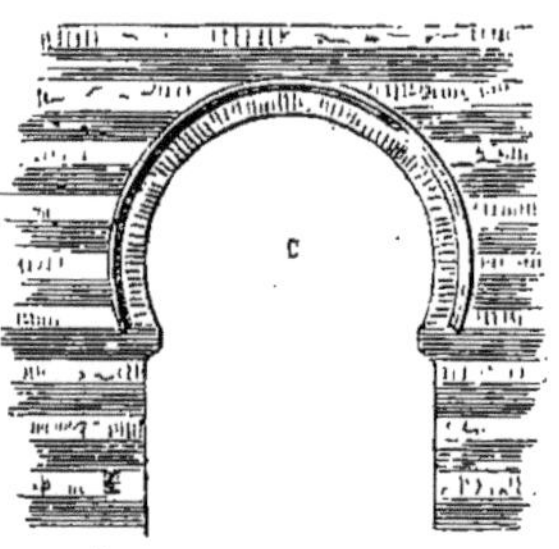

ARC OUTRE-PASSÉ.

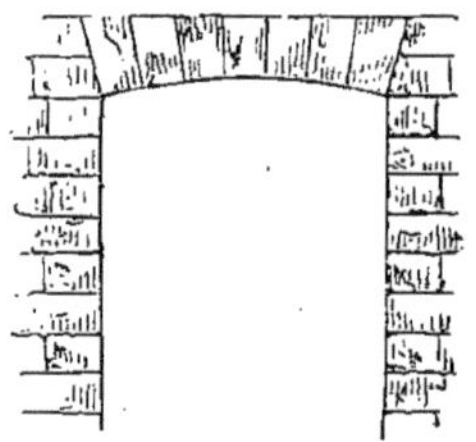

ARC BOMBÉ.
(Arc surbaissé à un centre.)

sur une courbe, de manière à se soutenir au-dessus du vide, par l'effort même qu'elles font pour se renverser. Lorsqu'on a creusé ou maçonné un puits, on a fait une voûte, mais une voûte horizontale où chaque pierre repose sur son lit, dans toute son étendue. Le problème dont la solution devait mettre au jour une nouvelle architecture consistait à placer en l'air les pierres qui sont placées horizontalement dans le puits. Pour cela, il a fallu d'abord établir deux points d'appui solides, deux piliers robustes. Ces piliers, si on les arrondit sont des colonnes; s'ils ont une forme rectangulaire, on les appelle *piédroits* (ou pieds-droits). De même que la colonne est élargie à sa naissance ou munie d'une base, et qu'elle est couronnée d'un chapiteau évasé, de même le pied-droit, dans sa partie inférieure, se grossit d'un *socle* qui s'en détache par une légère saillie, tandis qu'il se termine en haut par une pierre plus large et conséquemment saillante, qui lui sert de chapiteau. Sur cette pierre va poser l'arc : c'est pour cela qu'on la nomme *imposte*, de l'italien *impostare*, qui signifie poser. La partie du pied-droit qui est entre le socle et l'imposte conserve le nom de *fût*, déjà donné à la tige des colonnes.

Les pierres qui composent l'arc s'appellent *claveaux* ou bien *voussoirs*. Elles sont taillées en forme de coin, et on les place les unes sur les autres de telle sorte que les joints soient perpendiculaires à la courbe de l'arc, en d'autres termes, que chaque joint soit le prolongement d'un rayon. La pierre qui, à droite et à gauche, repose immédiatement sur l'imposte, à la naissance de l'arc, reçoit le nom significatif de *sommier*. Il est nécessaire que les claveaux soient en nombre impair, pour qu'il ne se rencontre pas de joint au sommet de l'arc, et que cette place soit occupée par une pierre centrale qu'on nomme la *clef*. La fonction de ce membre essentiel est d'assurer à la voûte la solidité réelle, qui intéresse le constructeur, et la solidité apparente, qui intéresse l'artiste. Il est évident, pour l'esprit comme pour les yeux, que l'arc, tant qu'il n'est pas achevé, ne peut pas se soutenir. Aussi avant de le bâtir, l'architecte a-t-il ménagé un cintre en charpente qui doit provisoirement supporter les claveaux.

Quand l'arc est terminé, le cintre de bois est enlevé, et l'arc se maintient tout seul au-dessus du vide. Mais alors commence dans la construction une action invisible : c'est la pression qu'exerce une moitié de l'arc sur l'autre moitié. Cette pression est ce qu'on appelle la *poussée*. Il est clair qu'elle se reporte sur les pieds-droits et qu'elle tend à les repousser au dehors, ce qui entraînerait la rupture de l'arc. L'expérience a constaté et la science démontre (Rondelet, *Art de bâtir*) « que le cas de la plus grande poussée est celui où les voussoirs sont en nombre pair, c'est-à-dire où il se trouve un joint au sommet de l'arc, au lieu de la clef. » Afin d'accuser l'importance de ce maître claveau, l'architecte le met ordinairement en saillie et le décore volontiers d'une sculpture. Si l'arc doit servir de passage à un triomphe ou en éterniser la mémoire, on y sculpte, par exemple, l'image d'une province captive, ou celle d'une victoire, ou la figure

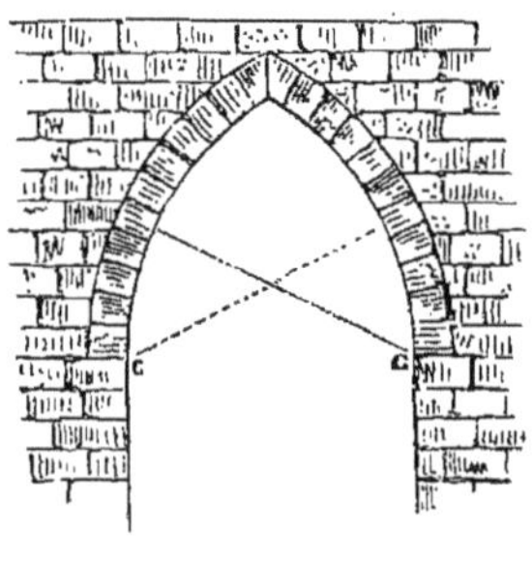

ARC EN OGIVE.

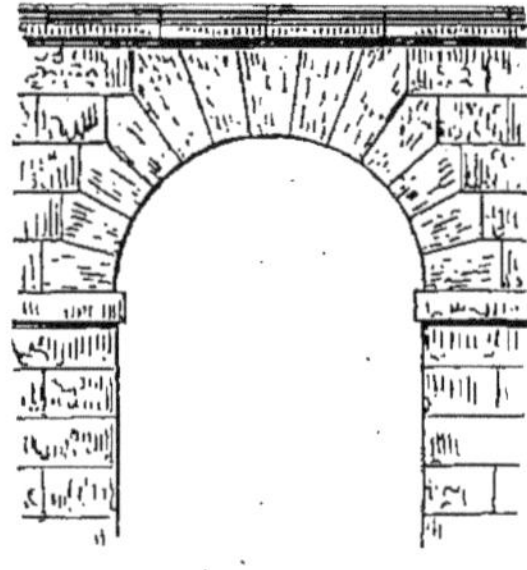

ARC EN TAS DE CHARGE.

du triomphateur. Très souvent la clef se profile en console avec deux enroulements dont le plus fort est placé au-dessus du plus faible, et c'est peut-être ce genre de profil qui a fait donner à la clef le nom d'*agrafe*, soit à cause de sa ressemblance avec cet objet, soit parce

DOUBLE VOÛTE PRÈS DES PYRAMIDES DE GISEH.

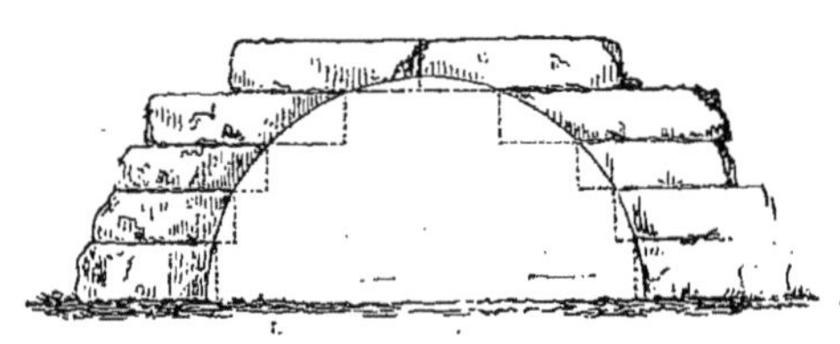

ARC PLEIN CINTRE EN ENCORBELLEMENT (Vallée d'El-Assassif, Égypte.)

qu'elle relie entre eux tous les voussoirs et semble en effet les agrafer par son enroulement.

Mais les sculptures de la clef ne sont pas la seule décoration de l'arc. A moins d'une extrême simplicité, il est bordé d'un bandeau orné de moulures qu'on appelle l'*archivolte* et qui lui sert d'encadrement, d'une imposte à l'autre. Cet encadrement n'est pas d'ailleurs une simple décoration ; il a pour objet d'accuser la puissance de l'arc en indiquant à l'œil l'épaisseur de tous les claveaux. Ainsi enfermés entre les deux courbes parallèles de l'archivolte, les claveaux présentent trois faces : celle de devant qui est la *tête* ; celle de dessous, qui est légèrement creuse pour concourir à former le cintre de l'arc, et qu'on nomme *douelle*; et celle de dessus qui est légèrement bombée et qui fait un peu saillie avec la moulure. Les trois autres faces sont les lits de la pierre ; elles sont entièrement cachées aux regards, étant engagées dans la construction. L'ensemble des côtés creux qui forment le parement intérieur de l'arc ou de la voûte se nomme l'*intrados* ; l'ensemble des faces bombées se nomme l'*extrados*. Dans l'arche d'un pont, par exemple. l'intrados est la surface concave qui regarde la rivière, et l'extrados est la surface convexe qui est tournée vers le ciel. Lorsque les claveaux sont dessinés de la sorte et encadrés par les moulures de l'archivolte, on dit d'une manière générale que l'arc est *extradossé*, et lorsque l'épaisseur de l'arc est égale dans tout son pourtour, on dit qu'il est *extradossé* d'égale épaisseur.

Si des arcades se suivent, il reste entre les deux archivoltes, au-dessus de l'imposte, un espace qu'on appelle le *tympan*, et ce nom s'applique aussi aux encoignures triangulaires d'une arcade unique. Là se donne carrière le génie de la décoration : dans l'architecture monumentale et riche, tantôt le sculpteur fouille sur le tympan des feuillages, des trophées, des palmes avec des couronnes ; tantôt ce sont des figures humaines qui se couchent sur les reins de l'arc, et vont s'appuyer à l'agrafe ; tantôt ce sont des allégories qui infléchissent leur mouvement pour obéir au cintre de l'archivolte, ou bien, lorsque l'arc est érigé dans une intention héroïque, des renommées volantes qui croisent leurs trompettes par-dessus la clef, comme on le voit à l'arc de l'Etoile, à Paris.

Souvent il arrive que les claveaux ne sont pas extradossés d'égale épaisseur, et que l'encadrement de l'archivolte est remplacé par des refends et des bossages de grandeur inégale, qui prêtent à la construction un caractère rude et fort, surtout quand le bossage est rustique. Souvent aussi, par une disposition ingénieuse, les claveaux, se terminant en lignes verticales et horizontales, se raccordent à angles droits avec les pierres du tympan, ou bien, faisant retour sur la ligne horizontale, ils vont se relier à l'appareil du mur et remplissent à la fois la fonction d'assise et l'office de voussoir. Quand ils sont construits dans l'une ou l'autre de ces deux manières, les arcs sont

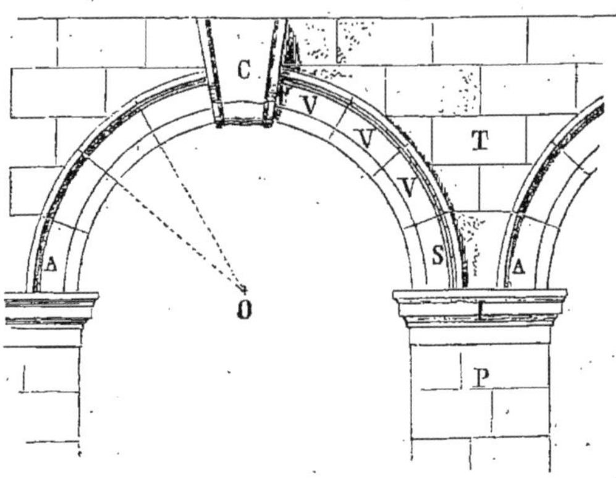

ARC PLEIN CINTRE.

P, pied-droit. I, imposte. S, sommier. V, V, V, voussoirs ou claveaux. C, clef. T, tympan A. A, archivolte

dits *en tas de charge*. Il est sensible que l'on commet une lourde faute si l'on applique à de pareils arcs les moulures d'une archivolte, comme le pratiquent parfois certains constructeurs modernes et, comme les Romains l'ont pratiqué, à Rome, au pont Ælius (aujourd'hui le pont Saint-Ange), car on met alors en relief le contraire de ce que l'appareil met en évidence, de façon que les pierres elles-mêmes protestent contre une décoration aussi mensongère.

VOÛTE CYLINDRIQUE OU EN BERCEAU.

PPP, pieds-droits et pilastres. I, imposte. S, sommier. V, V, voussoirs ou claveaux. C, clef. D, douelle A,A,A, arcs-doubleaux. E, extrados.

A l'aide de ces premières notions, le lecteur peut entrevoir maintenant de quelle importance a été l'invention de l'arc ou plutôt son introduction dans l'architecture. Quel que soit l'inventeur, quelle que soit l'antiquité de la découverte, il est incontestable que l'honneur en revient aux Étrusques. Ce sont eux, en effet, qui les premiers en ont cherché la loi, et qui en ont fait un système nouveau et des applications fameuses.

Une vérité appartient moins à celui qui la trouve qu'à celui qui la prouve, à celui qui la met en œuvre et qui en enrichit le domaine de l'humanité. Originaires, selon toute apparence, de l'Asie Mineure, et fils de ces Pélasges qui remplirent la Grèce de constructions cyclopéennes, les Etrusques avaient érigé des arcs dans les vieilles cités du Latium, sur la terre de Saturne, *Saturnia tellus*, longtemps avant la fondation de Rome. Mais à une époque aussi reculée, la science n'avait pu calculer encore la poussée des voûtes et soumettre au contrôle des mathématiques les hardiesses de l'art. L'expérience, l'imitation et une mécanique naturelle, comme dit Bossuet (*Statique des voûtes*), furent les seuls guides de l'architecte dans ces temps primitifs. Aussi paraît-il que les Etrusques n'employèrent d'abord la voûte qu'avec une espèce de terreur. Lorsqu'ils eurent construit la grande porte cintrée de l'antique Volterra, ils sculptèrent les images de leurs divinités locales sur l'agrafe et sur les sommiers de l'arcade, comme si, effrayés de la montagne de pierres qu'ils avaient suspendue sur leurs têtes, ils eussent placé leur audacieuse architecture sous la protection des dieux.

Le mot *voûte* vient du latin *volutare*, qui signifie tourner. En effet, la voûte est censée produite par la révolution de l'arc ; elle n'en est que le développement.

Si l'on suppose que l'arc se continue suivant une ligne droite sur deux murs parallèles, on aura une voûte cylindrique, ou, comme l'on dit plus communément, une *voûte en berceau*. Si, au lieu de se mouvoir entre deux lignes droites, l'arc se prolonge entre deux courbes concentriques, on aura la *voûte annulaire*, ainsi nommée parce qu'elle dessine la figure d'un anneau (1). Si nous imaginons maintenant l'arc plein-cintre tournant sur lui-même, c'est-à-dire autour de son axe, il produira par cette révolution une *voûte sphérique*, celle qui est circulaire en plan et circulaire en élévation Dans le cas où l'arc, au lieu d'être en plein-cintre, serait surhaussé ou surbaissé, sa rotation sur lui-même produirait une voûte *sphéroïde* ou approchant de la sphère. Par exemple, si l'arc est ovale dans le sens de la hauteur, en d'autres termes, si sa hauteur dépasse la moitié

(1) Voir à la page 240 la figure de la voûte annulaire.

de sa largeur, la voûte engendrée sera un sphéroïde semblable à la plus grosse moitié d'un œuf. Que si l'arc est ovale dans le sens de sa largeur ou en anse de panier, et qu'il tourne sur un plan circulaire, sa révolution formera une *calotte*, qui est un sphéroïde dont la hauteur est moindre que celle de l'hémisphère. La coupole de Sainte-Sophie à Constantinople est une *calotte*.

En ce qui regarde le constructeur, il existe une grande variété de voûtes. Celle qui s'incline parallèlement à la descente d'un lieu bas est une voûte *rampante;* celle qui, décrivant une spirale, soutient les marches d'un escalier rond, s'appelle *vis Saint-Gilles* (parce que le prieuré de Saint-Gilles, dans le Languedoc, en offrait un exemple célèbre), et elle conserve ce nom lorsqu'elle porte un escalier qui rampe autour d'un noyau dans une cage carrée, comme font les petits escaliers du Luxembourg, à Paris. La voûte qui, n'étant pas élevée sur deux murs parallèles, est plus étroite par un bout que par l'autre, est dite *en canonnière*. Le Bernin en a donné un modèle dans l'escalier qui va de Saint-Pierre au Vatican. La voûte qui est circulaire par son plan, mais dont le profil est tronqué au sommet, est appelée en *bonnet de prêtre*... Mais ces variantes appartiennent plutôt à la science du constructeur, et c'est dans les ouvrages spéciaux, relatifs à la coupe des pierres, qu'il faut en chercher la description et en étudier les lois. Les voûtes qui ont été ou qui peuvent être employées dans l'architecture monumentale, et qui touchent au sentiment de l'art, se réduisent à trois espèces principales, qui sont les voûtes en berceau, les voûtes annulaires et les voûtes sphériques ou sphéroïdes.

Pour ajouter en réalité et en apparence à la solidité de la voûte en berceau, on la double par intervalles d'un contre-fort qui en suit la courbure et qui s'appelle *arc-doubleau*. C'est un bandeau saillant qui est à la voûte ce que le pilastre est au mur : on peut donc considérer l'arc-doubleau comme un pilastre courbe.

A la voûte en berceau se rattachent deux grandes variétés, la voûte d'arête et la voûte en arc de cloître.

Si l'on suppose que deux berceaux de même hauteur se pénètrent en se croisant à angles droits, on aura une *voûte d'arête*, ainsi nommée parce qu'elle présente à l'intrados, c'est-à-dire en dedans, quatre arêtes saillantes. Si les berceaux se croisent de manière à former à l'intrados quatre angles rentrants, on aura la *voûte en arc de cloître*. Il suffit de jeter les yeux sur les deux figures qui représentent ces deux genres de voûtes pour en apercevoir la différence. D'abord chaque triangle de la voûte en arc de cloître correspond à la partie

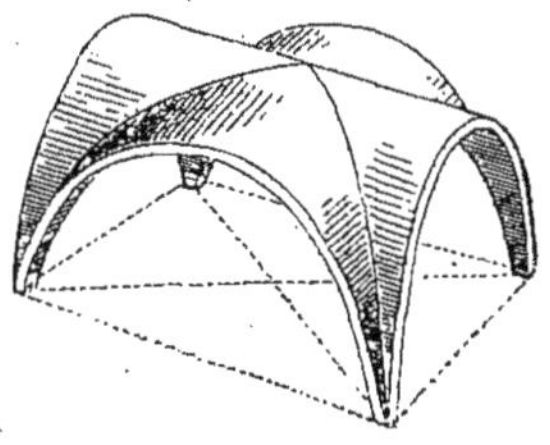

VOÛTE D'ARÊTE.

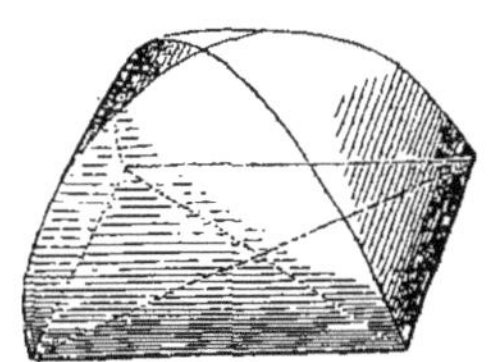

VOÛTE EN ARC DE CLOITRE.

retranchée de la voûte d'arête (en les supposant égales de cintre et de diamètre); ensuite, dans la voûte d'arête, chacune des quatre parties ne s'appuie que sur deux angles, tandis que dans la voûte en arc de cloître chacun des quatre triangles sphériques, ayant pour base un de ses côtés, porte tout le long du mur, où il prend naissance, d'où il suit que la voûte en arc de cloître est plus solide que la voûte d'arête.

De même que le polygone d'un nombre infini de côtés devient un cercle, de même la voûte en arc de cloître, élevée sur un polygone régulier d'un nombre infini de côtés, prend la forme d'une demi-sphère et devient une voûte sphérique. On en peut induire, ce que d'ailleurs la science a démontré, que la voûte sphérique est la plus solide des voûtes en plein-cintre.

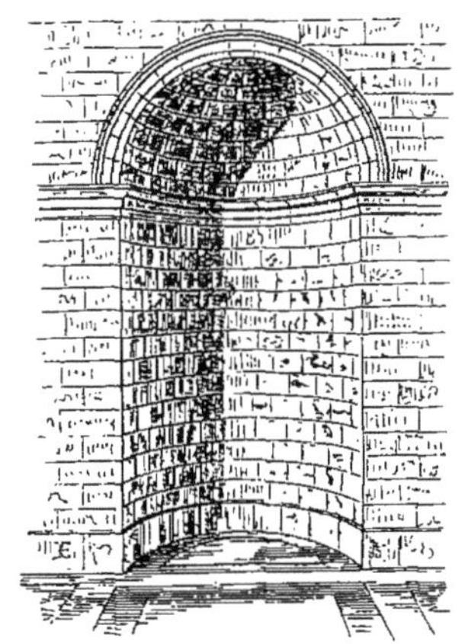

NICHE OU CUL-DE-FOUR.

A ces variétés de la voûte, il faut ajouter celle qu'engendre la variété du plan, c'est-à-dire la configuration des surfaces qu'il s'agit de couvrir, car le *plan* d'une voûte n'est autre chose que le sol qu'elle couvre. Si, des divers points qui marquent la naissance de la voûte, on laisse tomber des lignes verticales, des *aplombs*, la rencontre de ces aplombs avec la surface horizontale du pavé y dessinera le plan:

Si le plan est un demi-cercle, on pourra le couvrir d'un quart de sphère appelé *niche* ou *cul-de-four*. Si le plan est triangulaire ou se termine par un triangle, on pourra le couvrir par un demi-cône appelé *trompe* ; mais ces plans ne sont jamais ceux d'un édifice monumental : ils ne se rencontrent que dans des portions de monument.

Le plan de forme ronde, qui avait, dans l'antiquité, une signification symbolique (nous l'avons dit plus haut), a été employé souvent par les Grecs, plus souvent encore par les Romains, lesquels y voyaient sans doute, indépendamment de la tradition religieuse, des conditions de solidité et de durée. Rien de plus solide, en effet, qu'un mur circulaire, et c'est au point qu'un pareil mur pourrait subsister avec une très petite épaisseur. « Cette propriété, dit Rondelet (*Art de bâtir*), se démontre par une expérience fort simple : si l'on prend une grande feuille de papier, on ne pourra jamais la faire tenir debout étendue en ligne droite ; mais si l'on en forme un cylindre creux, elle se soutiendra avec une certaine stabilité, quoique l'épaisseur de sa base ne soit pas la millième partie de la hauteur de la feuille. »

Mais du moment qu'une enceinte circulaire doit être couverte, comme elle ne peut l'être qu'en voûte, pour peu que l'enceinte soit grande, les murs doivent avoir une épaisseur proportionnée à la charge qui va peser sur eux. En moyenne l'épaisseur du mur dans une salle ronde voûtée est égale au septième du diamètre intérieur. C'est ce qu'on observe dans la Rotonde du Panthéon, à Rome, et dans plusieurs autres qui peuvent servir de modèles (*Parallèle des salles rondes de l'Italie*, par Isabelle), et cette proportion ne regarde pas seulement le constructeur, elle intéresse l'artiste, puisqu'elle importe à la solidité apparente, condition essentielle de la beauté. Au Panthéon d'Agrippa et dans beaucoup d'autres rotondes, l'épaisseur des points d'appui est énergiquement accusée par huit évidements, dont l'un est affecté à la porte d'entrée et les sept autres à des niches. La voûte porte ainsi sur huit piliers principaux, réunis par de grands arcs, et les vides mêmes qui les séparent contribuent à la solidité du mur circulaire en reportant le fardeau sur des points choisis, dont la résistance est prévue, calculée, inébranlable.

Cherchons maintenant de quelle manière les grandes variétés de la voûte monumentale agiront sur l'esprit du spectateur. Nous avons fait pressentir dans les propositions précédentes que l'architecture curviligne atteignait bien difficilement au sublime ; qu'elle ne pouvait produire les impressions de la grandeur et de la majesté qu'à la condition d'être immense, parce que la ligne courbe, en se repliant sur elle-même, rapetisse tout ce qu'elle enserre, adoucit l'effet du clair-obscur en le graduant, et substitue au contraste, qui excite notre âme, la gradation qui l'apaise.

La sphère est le solide qui contient la plus grande quantité de molécules sous la plus petite surface possible. Il en résulte que la voûte sphérique paraîtra toujours petite en comparaison de l'étendue qu'elle embrasse et qu'elle couvre. Il n'en est pas de même de la voûte en berceau, parce qu'elle est portée sur deux murs parallèles et qu'ainsi elle réunit les puissances de la ligne droite aux sensations que produit la ligne courbe. Quand elle est monumentale et prolongée, la voûte en berceau peut étonner les yeux et frapper un grand coup sur l'imagination ; elle peut même éveiller le sentiment du sublime. Ces tunnels souterrains ou sous-marins que nous voyons de nos jours percer les montagnes, traverser les bras de mer ou les fleuves, et renouveler, sous clef de voûte, les hypogées funèbres de l'antique Egypte, ces tunnels ont quelque chose de mystérieux et de terrible, soit qu'une lumière artificielle en combatte l'obscurité, soit que le regard n'y aperçoive le jour qu'aux deux extrémités du berceau, dont l'une, toujours rétrécie par l'éloignement, apparaît comme un point lumineux dans les ténèbres. Là se vérifie ce que nous avons dit touchant la rectitude et la continuité des lignes, et sur les solennelles impressions qui en peuvent résulter. Elles étaient connues, ces impressions, des communautés religieuses du moyen âge. On les retrouve dans les monastères, où l'architecture chrétienne bâtissait un asile aux âmes délicates et contemplatives, aux âmes blessées. Bien souvent les grandes constructions monastiques présentent des voûtes en berceau, soit dans les réfectoires profonds et sonores, soit dans les allées intérieures qui séparent les cellules des cénobites, soit dans les cloîtres qui longent l'église de l'abbaye. Tout récemment, en Espagne, nous avons vu, dans un monastère abandonné, un de ces corridors voûtés, longs et sombres, que l'on ne peut parcourir sans éprouver, dès les premiers pas, un sentiment indéfinissable qui dispose à la mélancolie et au dégoût de la vie. En corrigeant le froid parallélisme des murs, la perspective les resserre graduellement jusqu'à leur extrémité, et lorsque la voûte n'est éclairée que par là, le spectateur se sent comme menacé par le rétrécissement du berceau qui fuit devant ses yeux. L'âme opprimée songe à s'évader par l'unique issue qui s'offre aux regards, et qui, au loin, s'emplit d'air et d'azur. Ce passage subit d'une ombre large à une étroite lumière

VOÛTE ANNULAIRE.

se modifie dans le sens de la beauté lorqu'on a percé dans les reins de la voûte quelques ouvertures qui en tempèrent la sinistre obscurité et y font alterner avec douceur le clair et le sombre. Mais du moment que ces ouvertures sont murées et que la voûte en berceau se continue sans interruption entre deux lignes parallèles, rendues convergentes par les illusions de l'optique, l'effet redevient imposant et terrible : l'âme est saisie par l'inattendu ; elle peut être heurtée par le sublime.

Tout autre est l'impression que produit la voûte annulaire. Bâtie sur un plan curviligne, elle s'élève entre un mur concave et un mur convexe, et présente ainsi dans tous les sens des surfaces courbes. Il en résulte que le spectateur n'en voit jamais qu'une portion, le quart environ, si le plan de la voûte est un double cercle, et dès lors, la plus grande partie de l'espace à parcourir échappant à ses regards, il est comme précédé et suivi dans sa marche par le mystère. Si la voûte est médiocrement éclairée, ce mystère peut devenir redoutable; si une lumière plus abondante y pénètre par des lunettes ou par des arcades, cette lumière n'étant brusquement interrompue sur aucun point par aucun angle, le jeu du clair-obscur répond à un sentiment de tranquillité et de douceur. L'œil passe, par une insensible gradation, de la lumière à l'ombre, sans apercevoir où l'une finit, où l'autre commence, de sorte que le genre d'expression qui appartient déjà aux lignes courbes se trouve concorder naturellement avec le mariage continuel du jour et de la nuit.

Mais le plus souvent la voûte annulaire, au lieu d'être soutenue par des murs, s'appuie sur des supports isolés, pieds-droits, ou colonnes, comme celle qui sert pour ainsi dire de bas-côté à la magnifique rotonde de la Halle aux Blés, à Paris. Cette voûte, ou plutôt ces voûtes, car elle est double, représentent un berceau annulaire pénétré par une suite de voûtes perpendiculaires à sa direction. L'intersection du berceau par ces voûtes donne, pour chacun des entre-colonnements, des voûtes d'arête plus étroites à une extrémité qu'à l'autre. On les nomme en architecture voûtes d'arête *en tour ronde*. Celles de la Halle aux Blés, éclairées par la lumière qui tombe de la coupole, reçoivent un jour abondant, mais calme, un jour de reflet qui atténue l'aspérité des arêtes, émousse les contours et met de l'harmonie entre l'effet des nefs circulaires et le caractère imposant, tranquille, j'allais dire silencieux, de cette grande coupole, presque aussi vaste que le Panthéon de Rome.

Étudiée dans ses rapports avec le sentiment, la voûte sphérique exercera sur l'esprit une action analogue à celle que nous venons d'indiquer. Parlons d'abord de la voûte sphérique simple, celle qui porte *de fond*, comme disent les architectes, c'est-à-dire sur un mur circulaire plus ou moins subdivisé. L'effet d'une voûte sphérique tient avant tout au rapport établi entre sa hauteur et son diamètre. Dans le Panthéon de Rome, ces deux dimensions sont exactement semblables, c'est-à-dire que la hauteur de la salle, depuis le pavé jusqu'au sommet de la voûte, est égale au diamètre intérieur. Quant à la hauteur particulière du dôme, à partir du point où il se détache du mur, elle est égale au demi-diamètre, de manière que la voûte décrit un cintre parfait. C'est là surtout que nous avons pu apprécier l'effet des lignes courbes dans l'architecture monumentale. La douceur des contours qu'engendrent la courbure du dôme et celle du tambour qui le soutient, la sécurité qu'inspire la vigueur massive des supports, le volume d'air enfin qui circule et se dégage sous le globe de pierre, tout procure à l'âme un sentiment de majesté calme qui, peu à peu, se change en admiration quand l'esprit est parvenu à mesurer l'étendue de l'espace fermé par le mur, couvert par le dôme. Ici encore le regard n'est excité par aucun angle, par aucune transition brusque de la lumière à l'ombre. Au lieu des contrastes qui, dans les monuments rectilignes, heurtent l'esprit, nous n'avons que des modulations qui le ménagent, des gradations qui l'apaisent, comme ferait une mélodie religieuse et lente. Mais nulle part on ne sent mieux qu'au Panthéon de Rome la vérité du principe que nous avons démontré au commencement de ce livre, touchant la prédominance des pleins sur les vides. Le monument est éclairé par une seule ouverture ronde, pratiquée au sommet de la voûte et qui ne laisse voir que le ciel. Le jour plongeant qui pénètre par cet œil unique, dont le diamètre n'a pas moins de neuf mètres, projette sur le pavé un cercle tremblant de lumière, où, se dessinant en ovales déformés et perdus sur la concavité de la voûte, y tourne selon les mouvements du soleil. « Le génie romain apparaît là tout entier, dit l'auteur des *Entretiens sur l'Architecture* : l'élévation de l'œil au-dessus du sol intérieur est telle, que son ouverture immense n'influe pas d'une manière sensible sur la température intérieure. Les plus violents ouragans envoient à peine un souffle d'air sur la tête de celui qui se place sous son orbite, et lorsqu'il survient une averse, on voit la pluie tomber verticalement sur le pavé de la rotonde et tracer un cercle humide. Le cylindre de gouttelettes tombant de cette élévation à travers le vide du monument fait sentir l'immensité de ce vide. C'est dans de pareilles conceptions que le Romain est vraiment grand... »

Si la décoration intérieure du Panthéon n'était pas inutilement et sans raison divisée en deux étages, si elle n'était pas morcelée par des caissons quadrangulaires dont les renfoncements profonds rompent continuellement la belle courbe du cintre, l'édifice, conservant dans l'indivision de ses membres toute la grandeur de ses proportions, produirait à la plus haute puissance l'effet inhérent aux voûtes sphériques. Tel qu'il est, cependant, si l'on y entre à certaines heures où le détail s'efface, où la décoration se tranquillise, on y éprouve encore ce sentiment d'orgueil et de sérénité que donne le spectacle d'une grande difficulté vaincue par le génie de l'homme ; mais l'émotion que l'on y ressent est paisible, indéfinie, graduée, et ne devient que peu à peu solennelle. En suivant les contours de l'immense courbe, la pensée s'élève doucement et comme en spirale jusqu'à l'œil de cette voûte de pierre par où on aperçoit la voûte des cieux.

L'arc et la voûte furent les traits dominants de l'architecture romaine. Chez les Grecs, la colonne était le principal élément de construction, le support par excellence, et le mur avait la fonction de fermer plutôt que de soutenir. A Rome, il en fut autrement : le mur devint essentiel ; il dut résister non seulement à une pression verticale, mais à la pression oblique des voûtes et des arcs. Le lourd pied-droit, qui est une sorte de mur isolé et façonné, remplaça la colonne grecque si élégante en sa vigueur, si majestueuse dans sa grâce robuste, si mâle et si ferme dans son apparente élasticité. Un peuple artiste aurait trouvé dans ces conditions nouvelles de nouveaux motifs de beauté; il y aurait cherché un autre art : les Romains, peu fertiles en inventions, peu capables des analyses délicates, pressés d'ailleurs de s'assurer l'empire du monde et ensuite de le régler et d'en jouir, se contentèrent d'adapter les formes de l'art grec à leurs conceptions ; ils se servirent des trois ordres comme d'un simple revêtement.

A une époque où Rome naissante n'était encore qu'une ville obscure, des constructions colossales y existaient déjà, telles que le grand cloaque, bâti par Tarquin l'Ancien, et le grand cirque. On eût dit que, prédestinée à être le centre de l'univers, Rome se préparait à devenir une capitale immense, le séjour du peuple souverain. Tout ce qui, dans l'art étrusque, n'était pas une imitation des ordres grecs, et tout ce qui, dans l'art romain, provenait de l'Étrurie, portait un caractère d'énergie, d'austérité et d'archaïsme. Les rois d'origine étrusque avaient importé à Rome une architecture rude, imposante par sa force et qui n'avait pour toute beauté que son aspect de solidité inaltérable, sa rudesse même.

Tant que le peuple romain mit en œuvre l'arc et la voûte, il eut une architecture remarquable et qui devint sienne, bien qu'elle ne fût qu'une application développée de l'art étrusque. Lorsque, voulant prévenir les débordements du lac d'Albano, ils creusaient un de ces canaux d'écoulement qu'on appelle des *émissaires*, et le voûtaient sur une longueur de quinze cents mètres; lorsqu'ils élevaient en pierres rustiquement taillées l'édifice qui servait d'entrée à la grotte du canal; lorsqu'ils bâtissaient dans le même style ces grands aqueducs qui enjambaient les ravins, franchissaient les vallées et, traversant de toutes parts la campagne romaine sur des suites de hautes arcades, souvent superposées, portaient d'une montagne à l'autre des torrents d'eau pure..., les Romains témoignaient d'un génie propre, d'un génie fier, puissant et pratique. Ressortant sur le ciel ou sur le fond brun des montagnes, l'aqueduc romain, avec ses lignes droites et ses courbes répétées, possédait une double expression : celle du mouvement dans la succession des arcades courantes, celle du calme dans la longue horizontale qui les domine. Aujourd'hui, quand on en voit de loin les ruines, ces aqueducs prodigieux ressemblent à des colosses rangés en bataille. Toutes les fois qu'elle est simple, l'architecture romaine est grande parce qu'elle s'accuse avec franchise, avec ampleur, parce qu'elle montre clairement le jeu de ses muscles et le mécanisme de sa puissante structure. Or, l'apparence d'une solidité à toute épreuve peut être à elle seule une beauté imposante, dès qu'elle procure la notion d'une éternelle durée. En essayant leurs voûtes sur des culées massives, en épaississant les trumeaux de leurs arcades, en élevant leurs coupoles sur des piliers énormes et en quelque sorte monolithes, puisque les matériaux en étaient liaisonnés par un mortier incomparable, les Romains pouvaient obtenir à la fois, et dans le même édifice, l'effet qui résulte chez les Grecs de l'âpreté des entre-colonnements, et l'impression que produisent l'amplitude des courbes et l'étendue des vides inférieurs.

Mais lorsqu'ils voulurent faire œuvre d'art, les Romains, ne sachant ni inventer, ni s'assimiler les inventions d'autrui, accumulèrent les fautes. Non seulement ils employèrent les ordres sans les comprendre et ne réussirent qu'à les corrompre, mais encore ils imaginèrent une fusion malencontreuse de l'architecture hellénique avec l'architecture étrusque, c'est-à-dire de la plate-bande avec l'arc.

Les ordres? Nous avons expliqué déjà comment ils furent dénaturés par les Romains, surtout les deux ordres grecs par excellence, le dorique et l'ionique. Étrange contradiction! Les Romains, qui attachaient tant de prix aux apparences de la force et qui en imprimèrent les accents à leurs arcs et à leurs voûtes, firent disparaître ces accents dans l'ordre dorique! Ce fut en l'affaiblissant qu'ils le rendirent méconnaissable! Aux belles époques de l'art grec, aux siècles de Pisistrate et de Périclès, la colonne dorique avait toujours eu en élévation moins de six fois son diamètre; les Romains l'atténuèrent jusqu'à lui donner sept diamètres de hauteur, et ils lui ôtèrent ainsi le caractère de la force. Elle était sans base et paraissait surgir des fondations, à l'image d'un chêne enraciné dans la forêt; ils y ajoutèrent un tore et une plinthe carrée, comme si, après avoir été allongée, elle se trouvait encore trop courte pour aller du sol à l'architrave.

COMBINAISON DE L'ARC ROMAIN AVEC LA PLATE-BANDE ET LES ORDRES GRECS.
(Théâtre de Marcellus, à Rome.)

Les Grecs lui avaient laissé la forme d'un cône, même en lui donnant un renflement insensible: les Romains placèrent ce renflement vers le milieu de la colonne, de sorte qu'amincie par le bas et par le haut, elle eut la figure d'un fuseau tronqué aux deux bouts. Le chapiteau était serré à la gorge par des rainures qui entraient dans le vif de la colonne : les Romains substituèrent à ces entailles énergiques un astragale mou, un anneau large et lâche. L'échine présentait un profil superbe, exprimant la tension d'un muscle qui se raidit pour porter un fardeau; cette forme admirable fut remplacée à Rome par une moulure boudinée, insignifiante, et que l'on trace au compas, le *quart de rond!* Le tailloir était uni et fort : les Romains en affaiblirent l'aspect en le divisant. L'architrave était robuste et plus haute que la frise : les Romains prirent l'inverse de ces proportions... et pour tout dire en un mot, ils ne touchèrent pas à un seul membre de l'architecture dorique sans en méconnaître la fonction, sans en altérer la physionomie.

Dans l'ordre ionique, où la grâce devait remplacer la force, les Romains, nous l'avons vu, ont apporté des altérations non moins choquantes. A la base ronde, souvent tressée, qui chaussait comme un cothurne élégant les colonnes grecques, ils ajoutèrent un socle carré, disgracieux, inutile, et plus qu'inutile, gênant. La variété qu'offrait le chapiteau, par ses deux volutes et ses deux coussinets, disparut au temps des empereurs, pour faire place à quatre volutes semblables qui effacèrent la signification du chapiteau, l'idée charmante et toute symbolique d'un coussin interposé délicatement sous l'architrave pour en prévenir le froissement, pour en amortir le poids... Et combien d'autres déviations déjà indiquées dans le cours de ce livre!

Mais la plus remarquable, la plus malheureuse innovation introduite par les Romains dans l'architecture, ce fut ce mélange de deux principes qui n'étaient pas de nature à se combiner, l'arc et la plate-bande.

Toute construction se compose de supports et de parties supportées. Un peuple qui a sous la main d'énormes blocs de granit, de pierre ou de marbre, peut adopter le système de la plate-bande et faire porter de grandes architraves d'une seule pièce sur des colonnes suffisamment espacées pour la circulation. Un peuple chez qui la pierre n'est ni assez abondante, ni d'un transport assez facile pour fournir matière à des travaux immenses et rapides adopte le système de l'arc et de la voûte, qui permet de construire en peu de temps de vastes édifices avec de petits matériaux. Ce sont là deux systèmes parfaitement distincts, dont chacun peut et doit se suffire à lui-même.

Les Romains, qui étaient des constructeurs excellents et d'habiles ingénieurs, mais de médiocres artistes, imaginèrent, disons-nous, de marier les deux principes. Pour les temples, il est vrai, ils employèrent, au moins à l'extérieur, les colonnes isolées, la plate-bande et les

ARCHITRAVES EN RESSAUT.
(Arènes de Nîmes.)

ordres grecs, sans doute parce que le respect des traditions religieuses les empêchait d'appliquer une architecture nouvelle à la demeure des anciens dieux ; mais il n'en fut pas de même pour les autres monuments, tels que théâtres, amphithéâtres, arcs de triomphe. Sur l'arcade soutenue par ses pieds-droits, ils posèrent une plate-bande composée de plusieurs morceaux, et comme la plate-bande semblait appeler la colonne, ils engagèrent une colonne dans chaque pied-droit. Ils employèrent ainsi deux supports de nature différente pour soutenir le même fardeau. Rien n'était plus contraire au sentiment de l'art que ce mélange adultère, car, en adossant des colonnes aux pieds-droits, on assigne un rôle de pure décoration à ce qui, par essence, est un support. On associe deux choses *principales* pour faire de l'une l'*accessoire* de l'autre. Que penser, en effet, de cet accouplement des arcades avec les colonnes, sinon que l'une des deux forces est venue suppléer à l'insuffisance de l'autre? Serait-ce que, la plate-bande s'étant brisée, on aurait construit une arcade après coup pour la soutenir? Serait-ce au contraire que, l'arcade étant trop faible pour porter l'entablement, on l'aurait consolidée par une colonne en guise de contre-fort? Voilà ce que le spectateur peut se demander. Évidemment, la conception manque d'unité; elle manque aussi de logique. La plate bande et l'arc sont deux méthodes de construction engendrées par deux principes tout différents : or, un principe ne saurait être le complément d'un autre principe, pas plus qu'une pièce d'or ne peut être l'appoint d'une autre pièce d'or. Les ordres grecs sont trop illustres pour n'être que l'accompagnement d'une architecture qui leur est étrangère.

Ce vice de l'art romain, vivement signalé de nos jours par les artistes éminents qui ont remis en honneur le moyen âge, avait été aperçu au XVIIIe siècle par Frézier (*Dissertation sur les ordres*): « Si les colonnes, dit-il, sont suffisantes pour porter les entablements et une voûte, pourquoi les appuyer contre des pieds-droits d'arcades? Si elles ne sont pas suffisantes, il faut en multiplier le nombre dans la longueur et dans l'épaisseur de l'édifice en les serrant et en les accouplant dans les endroits où il en est besoin. Si enfin ces augmentations de colonnes causent quelques embarras par leur multiplicité, il faut prendre le parti des arcades simples sans y ajouter des colonnes qui deviennent inutiles aussi bien que les architraves et les entablements. Ce mélange ne produit que de vicieux aréostyles, une occasion de dépense superflue et une preuve du peu de jugement de l'architecte. »

Ce qu'on pourrait dire pour défendre, au moins par atténuation, le mode romain, c'est qu'il offre une alternance parfois agréable de droites et de courbes, et que les surfaces convexes des colonnes y forment un contraste avec les surfaces plates du pied-droit. Les restes du théâtre de Marcellus à Rome ne sont pas, au premier abord, dépourvus d'harmonie. Il est vrai que le prestige qui s'attache aux ruines antiques les fait souvent trouver belles. C'est d'ailleurs une puissance de l'habitude que de nous cacher les déviations du goût, et de nous amener insensiblement à tolérer les disgrâces de la forme, quelquefois même à les admirer.

Un autre défaut des arcades romaines, quand elles s'ouvrent dans un entre-colonnement, c'est que la corniche des impostes qui reçoivent la retombée de l'arc se trouve coupée par la colonne engagée, tandis que la colonne est coupée à son tour par la saillie de l'imposte, ce qui présente l'image ridicule d'un corps mou qui a pénétré dans un corps tranchant, et cela pour venir l'appuyer. Au théâtre de Marcellus, la saillie des impostes (aujourd'hui mutilées) excède le demi-diamètre des colonnes : c'est le défaut dans toute sa difformité. Vignole, en donnant pour règle de ne point dépasser le demi-diamètre, a diminué la grossièreté de ce défaut sans le faire disparaître... Que dis-je! il l'a consacré par sa règle même. Tout entiers à un sentiment d'aveugle respect pour les ruines de Rome, les architectes de la Renaissance, qui ne connaissaient point l'art grec, se plurent à imiter le théâtre de Marcellus. Scamozzi et Sansovino à Venise, Palladio à Vicence, Pierre Lescot à Paris, et bien d'autres encore ajoutèrent l'autorité de leurs noms illustres à ce mode vicieux qui eût offensé l'atticisme d'un Ictinus, d'un Périclès.

Mais ce n'est pas tout, hélas ! ces Romains, dont l'art est devenu le nôtre, il y a trois siècles, nous ont inoculé bien d'autres erreurs. Ce sont eux qui, perdant la tradition des belles antes grecques, ont infesté notre architecture de ces pilastres si déplaisants, si froids, si maigres, qui aplatis contre le mur, ne laissent pas d'y fleurir en acanthes, ou de s'y couronner de volutes représentant par impossible un coussinet engagé dans la muraille !

Ce sont eux qui nous ont habitués à placer des colonnes sur des piédestaux semblables, dit Thomas Hope, à de véritables échasses sur lesquelles on aurait hissé à la hauteur voulue un hors-d'œuvre emprunté de quelque édifice d'une moindre échelle.

Ce sont eux qui ont corrompu la forme des frontons, qui les ont arrondis, brisés, enchevêtrés l'un dans l'autre.

Ce sont eux qui ont conservé l'usage de ces corniches que nous voyons régner dans l'intérieur de tous nos édifices, comme si l'image d'un toit saillant n'était pas déplacée et choquante là où ne sauraient tomber les eaux du ciel.

Ce sont eux qui ont eu l'idée, dans les arcs de triomphe par exemple, et aux Arènes de Nîmes, de faire soutenir par d'inutiles colonnes les saillies d'une architrave *en ressaut*, qui brise la ligne horizontale des entablements par une avance, de manière à former des angles rentrants et sortants; méthode généralement vicieuse, dont les architectes de la Renaissance ont tant de fois abusé, et qui, sous prétexte de rompre la monotonie, produit un morcellement et une confusion contraires à tout sentiment de grandeur. Les Romains eux-mêmes le comprirent, et souvent, pour motiver la présence de ces architraves en ressaut, ils les surmontèrent de statues, de sorte que la colonne, si elle continua d'avoir mauvaise grâce, parut avoir du moins quelque raison d'être.

Ce sont eux, enfin, qui nous ont donné l'exemple de superposer les ordres.

Imprimer à un seul édifice trois caractères différents, c'est une idée que l'art désavoue. Que penser d'un monument dont l'ordonnance est dorique au rez-de-chaussée, c'est-à-dire mâle et grave, ionique au premier étage, c'est-à-dire délicate et gracieuse, corinthienne au second, c'est-à-dire magnifique et riche? N'est-ce pas comme un discours qui commencerait par les fiers accents d'un Bossuet pour continuer sur le ton léger d'un Bernis ou dans le style fleuri d'un Fléchier? A la vue d'une telle bigarrure, un Grec d'Athènes demanderait si l'on a bâti trois édifices l'un sur l'autre. Mais les Romains n'y regardaient pas de si près; ils n'apercevaient ni l'inconvenance morale de la superposition des ordres, ni ce qu'il y a de fâcheux à diviser la hauteur d'un monument par trois ordres entassés, dont chacun est surmonté de sa corniche, comme si la corniche, qui représente, encore une fois, la saillie du comble, pouvait figurer décemment au premier et au second étage, aussi bien qu'à l'endroit où elle couronne tout l'édifice!

Combien plus habiles furent les Grecs lorsqu'ils durent subir la nécessité de superposer des colonnes dans l'intérieur de leurs temples, comme ils le firent à Pæstum, à Égine, et, selon toute apparence, au Parthénon et au temple mystique de Cérés, à Éleusis! (*Antiquités inédites de l'Attique.*) Dans la petite cella des temples antiques, des supports assez hauts pour porter la couverture eussent été d'une grosseur démesurée et gênante, parce que leur diamètre étant proportionné à la hauteur eût occupé trop de place. Les Grecs firent deux étages de colonnes, mais de colonnes *semblables*: à l'ordre dorique ils superposèrent l'ordre dorique. Ce ne sont pas eux qui auraient imaginé d'élever les uns sur les autres des ordres *différents*; la sûreté de leur goût leur eût épargné cette faute. Lorsqu'on place l'ordre ionique, dont la colonne a une base, sur la colonne dorique, dont le fût se rétrécit à mesure qu'il monte, la base de la colonne supérieure dépasse le nu de la colonne inférieure, et il en résulte pour l'œil une impression désagréable. En effet, si les colonnes superposées ont une base commune, qui est le sol, et paraissent monter de fond ; en d'autres termes, si le second support n'est que la continuation du premier (comme on le voit dans les savantes et belles restitutions de Pæstum, d'Egine et du Parthénon, par MM. Labrouste, Charles Garnier et Paccard), les deux ordres n'en font qu'un : ils ne présentent, en quelque manière, qu'une seule colonne interrompue par l'architrave ; mais si le second ordre

SUPERPOSITION DES COLONNES DANS L'ARCHITECTURE GRECQUE
(Restitution du temple d'Égine, par M. Charles Garnier.)

ARCADES SUR COLONNES.

possède une base distincte, l'édifice semble recommencer au second étage, et l'on se trouve avoir accusé maladroitement une division qu'il fallait dissimuler, au contraire, dans l'intérêt de la grandeur. C'est ainsi que les Romains ont commis faute sur faute en superposant des ordres divers — auxquels il a fallu donner le même entre-colonnement, ce qui était leur donner à tous pour expression une moyenne sans caractère, — à l'inverse des Grecs, qui, par la répétition du même ordre, avaient respecté à la fois l'unité morale pour l'esprit, l'unité optique pour les yeux.

On le voit, les ordres n'étaient à Rome qu'un luxe d'emprunt, un habillement sans rapport avec la chose habillée. Cela est si vrai, que les membres de la construction grecque qui rappelaient la charpente sont reproduits par les Romains là où il n'y a que des voûtes.

Dans un monument circulaire et voûté, comme le théâtre de Marcellus, que signifient les entablements grecs? Que représentent les triglyphes, les gouttes, les denticules, là où il ne put jamais y avoir ni poutres, ni chevilles, ni solives? Pourquoi conserver les images commémoratives d'une construction en bois qui n'a jamais existé dans le système des arcs? Une chose pourtant recommande les artistes romains, c'est la nouveauté et le caractère ingénieux de leurs plans. Ils remplissent avec bonheur, avec aisance, les programmes les plus compliqués. Théâtres, amphithéâtres, thermes, camps, prétoire, hippodromes, basiliques, ils savent disposer tous les bâtiments d'utilité publique avec une habileté rare. S'agit-il, par exemple, de construire des bains pour une population nombreuse : tous les besoins sont prévus, étudiés et satisfaits : larges abords, facilités de la circulation, transitions hygiéniques ménagées entre l'air intérieur et la température du dehors, gymnases, jardins, promenoirs, salles de conversation, rien n'est oublié de ce que demandent le corps et l'esprit d'un homme civilisé. Et l'architecte ne perd pas un pouce de son terrain; il utilise tous les vides : pour la convenance, en y distribuant les petits services; pour la solidité, en les couvrant par de petits arcs qui, adossés aux grandes voûtes, leur servent de contre-forts.

L'architecture romaine est essentiellement praique et pour ainsi dire *administrative*; elle traduit en pierre les décrets du sénat, les édits du prince, les ordres du consul, et sous ce rapport elle est un modèle... Mais, il importe de s'en souvenir, l'utile n'est pas le beau, et la convenance n'est qu'une partie de l'art. Ce n'est donc pas à l'école des Romains que nous devons apprendre l'architecture, si nous ne voulons pas nous borner à être des constructeurs, des ingénieurs. Les maîtres, les vrais maîtres de ce grand art, ce sont les Grecs. Ceux-là nous enseigneront, non seulement une architecture admirable, mais les principes en vertu desquels on pourra la changer, la transformer, en inventer une autre. Par eux la convenance et la beauté ont été soudées si merveilleusement qu'elles sont devenues inséparables. De l'étude approfondie de leurs monuments se dégage cette vérité lumineuse, que l'architecture, dans sa plus haute acception, n'est pas tant une construction que l'on décore, qu'une décoration qui se construit.

Style byzantin. — A l'époque où le christianisme sortit des catacombes pour célébrer ses mystères au grand jour, une évolution dut s'opérer dans l'architecture, car c'est le privilège de ce bel art de correspondre par une face nouvelle à tous les changements de croyances.

La conjoncture la plus favorable à l'invention d'un nouveau style fut la translation de l'empire romain à Byzance. Le triomphe du christianisme, monté sur le trône avec Constantin, se trouva de la sorte coïncider avec l'événement qui transportait le siège de la souveraineté universelle dans une ville orientale et hellénique et qui allait faire de l'empire romain un empire grec. Bien que dégénérés, les descendants des Ictinus, des Callicrate, des Mnésiclès, purent alors ressaisir le sceptre de l'architecture et montrer comment ils savaient développer un principe inconnu à leur aïeux, en déduire des conséquences neuves, en tirer un autre art, ou du moins un art réformé, rajeuni.

Poser une plate-bande sur un arc, faire de la colonne un contrefort surmonté d'un entablement, se servir des ordres comme d'une décoration d'emprunt, les superposer l'un à l'autre en répétant à chaque étage des corniches, et entasser ainsi trois ou quatre édifices différents dans un seul et même édifice... c'étaient là des hérésies qui devaient choquer le goût excellent des Grecs. Aussi, dès qu'ils eurent à manier le système de l'arc, ils brisèrent le carré dans lequel les Romains l'avaient inscrit, et la colonne rendue à son véritable rôle, redevint un support. Au lieu de monter jusqu'à la hauteur d'un entablement déplacé, qui d'ailleurs était supporté par l'arc et par le pied-droit, la colonne prit la place du pied-droit, et son chapiteau fut une imposte qui reçut la retombée de l'arc.

Déjà cette innovation s'était produite, sous le règne de Dioclétien, dans le palais que cet empereur avait bâti à Spalatro, en Dalmatie ; mais il y a toute apparence que ce furent des Grecs qui eurent l'idée de cette réforme, car les Romains, qui employaient toujours des artistes grecs à Rome, durent, à plus forte raison, les employer dans un pays aussi voisin de la Grèce que l'était la Dalmatie. Les Grecs de Byzance se souvinrent que leurs ancêtres avaient aussi engagé des colonnes dans le temple d'Érechthée à Athènes, dans la basilique des Géants à Agrigente; mais les architectes de la grande époque avaient en pareil cas considéré et traité le mur comme une clôture, et non pas comme un support. La colonne, chez eux, avait donc toujours rempli sa fonction principale, qui était de porter l'entablement. Les Byzantins comprirent à merveille combien il était inconvenant d'assigner à la colonne un rôle additionnel et accessoire : c'était changer un maître illustre en un serviteur obscur.

Cependant l'arcade sur colonne présentait un défaut : lorsque deux arcades sont portées par un pilier cylindrique, leur base commune est un carré qui repose sur un support rond; il en résulte que les quatre angles du carré, faisant saillie sur le nu de la colonne, paraissent sans appui au-dessous du tailloir, et forment, comme l'on dit en architecture, un *porte-à-faux*. Si le spectateur est placé dans la diagonale, ce porte-à-faux devient choquant, parce qu'il est alors de toute la différence qui existe entre le rayon du cercle inscrit dans le carré et la diagonale de ce carré. Pour corriger ce défaut, les Byzantins changèrent la forme du chapiteau, et ils lui en donnèrent une qui semblait reporter vers le centre la charge des sommiers. La corbeille du chapiteau corinthien fut ébranchée, et, au lieu de s'évaser comme le calice d'une fleur, elle affecta la forme cubique d'une pyramide tronquée, renversée sur la pointe et reliée par une légère courbure à l'astragale de la colonne. Au lieu de se creuser, les arêtes de cette pyramide se gonflèrent, de sorte qu'elle prit de l'épaisseur et de la force justement là où elle se trouvait évidée, *affamée* par la sculpture des acanthes. Des feuillages délicats y furent ciselés, mais d'un relief discret qui n'ôtait rien au volume du chapiteau, et, de plus, le tailloir ne fit pas la moindre saillie sur les sommiers de l'arcade, comme on le voit dans les chapiteaux de Saint-Sophie, à Constantinople. De cette manière, le porte-à-faux devint insensible; l'élégance corinthienne fit place à une beauté moins gracieuse, mais dont la pesanteur était un calcul d'harmonie entre le support et la chose supportée. Quelquefois, par exemple à Saint-Vital de Ravenne, les Byzantins posèrent sur le chapiteau un second tailloir diminué par en bas, et semblable à une auge de maçon, comme pour ménager une double transition entre la rondeur de la colonne et le carré que dessinait la naissance des deux arcs — sans parler de la forme apparemment symbolique de ce second tailloir.

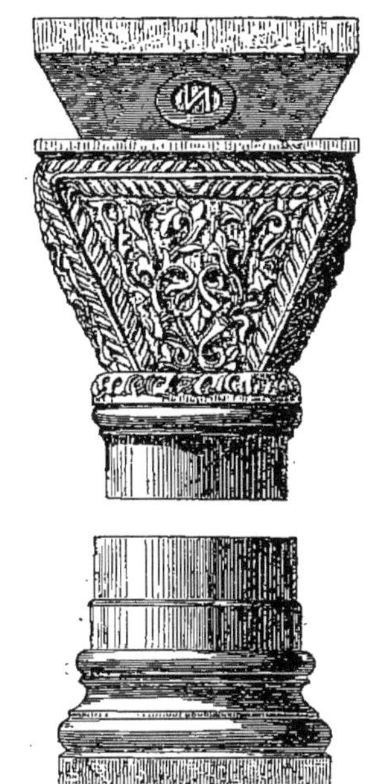

BASE ET CHAPITEAU BYZANTINS.
(Saint-Vital de Ravenne.)

Et maintenant, pour éviter que les archivoltes qui encadraient les deux arcs ne vinssent à se pénétrer et à se confondre au-dessus du tailloir, on leur donna beaucoup moins de largeur que n'en avaient les archivoltes romaines retombant sur un pilier quadrangulaire. La décoration se construisait ainsi d'elle-même, ou, si l'on veut, la construction engendrait et prononçait elle-même sa décoration.

GAMMADA OU CROIX GRECQUE.

Mais le trait dominant de l'architecture byzantine, c'est-à-dire du système des voûtes manié par les Grecs, fut la *coupole sur pendentifs*, dont la structure va être expliquée au lecteur.

Les religions qui commencent se plaisent aux symboles. Aussi voyons-nous le christianisme imprimer tout d'abord des formes symboliques à l'architecture qui allait exprimer ses mystères et ses croyances. Les premiers temples chrétiens en Orient sont polygones ou circulaires et couverts d'un dôme. Cette forme, employée à Jérusalem dans l'église de l'Ascension, bâtie par sainte Hélène, était regardée comme l'emblème du triomphe de Jésus-Christ s'élevant dans la voûte du ciel. Bientôt, pour réunir la foule nombreuse des fidèles on fit de l'espace couvert par le dôme le centre d'une croix dont les quatre branches sont égales et qu'on appelle une croix grecque. Cette croix est formée par la combinaison de quatre *gamma* (Γ, γάμμα), et comme la troisième lettre de l'alphabet grec exprime le nombre trois, on donnait à la figure ainsi composée le nom de *gammada* (γάμμαδα) qui signifiait la trinité. Le dôme et la croix grecque étaient donc les deux caractères symboliques de l'architecture chrétienne en Orient.

Mais comment réunir ces deux images, celle du triomphe et celle de la trinité? Comment élever un dôme au centre d'une croix, c'est-à-dire sur un carré, en laissant libres les quatre branches de la croix? C'était là un problème dont la seule pensée dut paraître hardie jusqu'à la témérité, d'autant plus hardie qu'on voulait donner un immense développement à cette coupole centrale. Les Romains, dans leurs magnifiques rotondes, telles que le Panthéon d'Agrippa, avaient élevé des coupoles portant *de fond*, ce qui veut dire s'élevant d'aplomb sur leurs fondements et appuyées directement sur le sol. Ces coupoles étaient tantôt soutenues par un gros mur cylindrique, tantôt assises sur huit ou dix piliers dessinant un polygone régulier qu'il était facile de ramener au cercle; quelquefois elles portaient sur une colonnade circulaire, comme la coupole de l'église du Saint-Sépulcre à Jérusalem. La difficulté consistait à ouvrir largement le mur cylindrique qui fermait l'édifice ou à supprimer la colonnade qui encombrait l'intérieur, pour faire porter la coupole sur quatre piliers placés aux angles du carré. Les Byzantins trouvèrent la solution du problème. Les quatre piliers furent réunis par quatre grands arcs qui laissèrent libres les quatre branches de la croix, et chacun des piliers présenta la figure d'un panache triangulaire, c'est-à-dire qu'il se termina par une portion de voûte sphérique, ayant pour but de boucher, en haut, les quatre angles, et de ramener ainsi à la forme circulaire ce qui, en bas, dessinait un carré. Ces panaches ont reçu le nom énergique de *pendentifs*. Ils semblent, en effet, pendre sur le vide lorsqu'on les voit se projeter dans l'espace suivant une ligne concave, et, partis des quatre coins du carré, former un grand cercle horizontal, qui est la base de la coupole. La plus illustre des coupoles à pendentifs est celle de Sainte-Sophie, bâtie à Constantinople par Justinien et achevée en 537. Là pour plus de hardiesse, la coupole fut surbaissée (elle a 15 mètres de hauteur sur un diamètre de 36). Formée par une courbe qui, au lieu d'être en

EXEMPLE DE COUPOLE SUR PENDENTIFS.

plein-cintre, ressemble à une demi-ellipse, la calotte de Sainte-Sophie peut être vue dès l'entrée de l'église, avantage que n'ont point les coupoles surhaussées ou élevées sur des tambours, comme Saint-Pierre de Rome. Enfin, par une disposition inconnue de l'antiquité romaine, la coupole de Sainte-Sophie fut éclairée par un grand nombre de fenêtres ouvertes à sa base, c'est-à-dire sur son grand cercle horizontal, et produisant un effet tout contraire à celui qu'on éprouve sous la voûte du Panthéon de Rome, percée, au sommet, d'un œil unique. « En multipliant à l'infini ces fenêtres dans la base de la grande coupole et des demi-coupoles qui l'accompagnent, les Grecs de Byzance, dit M. Albert Lenoir (*Architecture monastique*), obtinrent un effet nouveau. Ces ouvertures de forme allongée, séparées par des trumeaux étroits, produisent une ligne lumineuse vaguement interrompue dans l'espace par de minces parties, de sorte que la calotte sphérique semble s'isoler du reste de l'édifice. » Nous avons pu vérifier nous-même, à Sainte-Sophie de Constantinople, l'effet magique de cette coupole, qui, par un tel jeu de lumière paraît vraiment suspendue dans les airs. Placé dans une tribune haute, nous mesurions du regard l'immensité des espaces couverts et l'immense volume d'air respirable laissé aux multitudes, et les quatre fleuves de lumière qui remplissent les quatre bras de la croix, et le cercle lumineux qui couronne comme une auréole le lieu très saint de ce monument dédié à la Sagesse divine par l'intelligence humaine. A l'imposante gravité du dôme qui couvre le Panthéon romain, l'esprit grec a substitué ici une audace brillante et ce goût du merveilleux qui a toujours caractérisé le génie de l'Orient.

« Pour bien comprendre le système des coupoles sur pendentifs, dit Garbett (*Rudimentary Treatise*), il faut partir de ces deux principes géométriques : toute section de la sphère par un plan est un cercle, — toute intersection de deux sphères est une courbe qui peut être contenue dans un plan, et conséquemment un cercle.

« Supposons une coupole hémisphérique dont la base circonscrit un plan carré. Si les côtés du plan s'élèvent verticalement jusqu'à la rencontre de la surface hémisphérique, la ligne de rencontre sera, dans tous les cas, un demi-cercle, un arc plein-cintre. Or chacun de ces arcs peut rester ouvert, c'est-à-dire que les portions de la coupole ainsi tranchée peuvent être supprimées sans qu'on ait besoin de leur substituer un mur qui boucherait les branches de la croix ; mais cela n'est possible qu'à une condition : c'est qu'une autre voûte viendra s'appliquer contre cet arc plein-cintre pour remplacer l'appui des parties qu'on aura retranchées... En effet, une coupole sur pendentifs exerce deux genres de pressions : une pression de haut en bas qui se distribue sur les quatre angles du carré, et une poussée extérieure (*outward*) qui s'exerce sur les côtés. Quoiqu'elle porte *sur* les quatre pendentifs seulement elle s'appuie *contre* des points innombrables, savoir, contre tout le demi-cercle de chacun des grands arcs. » Voilà pourquoi les architectes de Sainte-Sophie ont appuyé leur coupole par quatre voûtes, dont deux sont en demi-coupoles. Il en résulte que la pluralité des coupoles est une conséquence naturelle de l'architecture byzantine, puisque la coupole sur pendentifs ne peut exister sans s'appuyer contre les quatre voûtes, qui surmontent

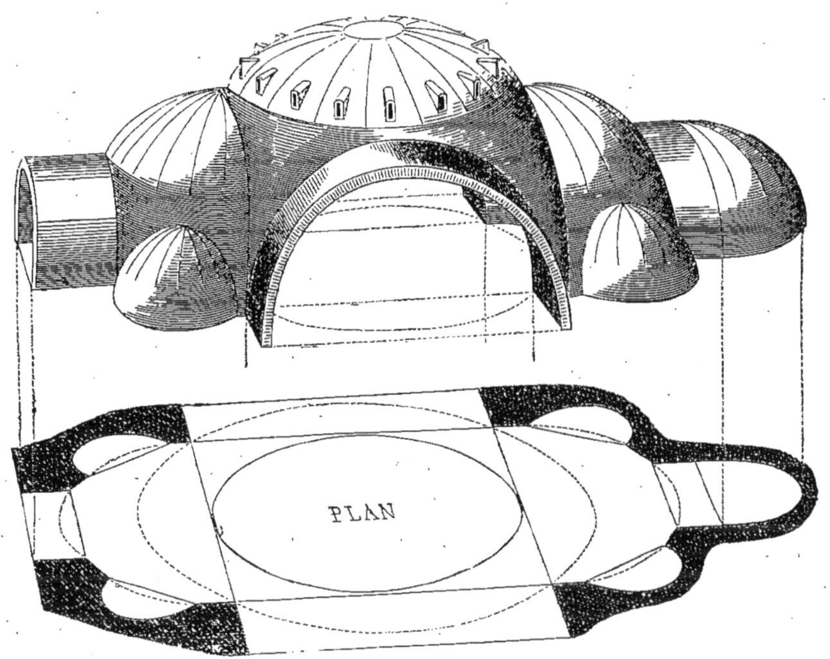

EXPLICATION DU SYSTÈME DES COUPOLES, SELON GARBETT.
(Coupole de Sainte-Sophie, à Constantinople.)

les quatre bras de la croix, et que ces quatre voûtes, si on les fait en coupoles ou demi-coupoles, sont plus faciles à exécuter que des voûtes d'arête, et moins dangereuses que des voûtes en berceau.

On le voit, toutes les surfaces rectilignes et rectangulaires du temple athénien deviennent, chez les Grecs de Byzance, des surfaces circulaires et curvilignes, concaves au dedans, convexes au dehors. Et cette convexité extérieure des coupoles est un trait dominant dans l'architecture byzantine. Pour éviter les charpentes, les Byzantins posèrent directement les tuiles ou les plombs des couvertures sur l'extrados des voûtes, qui se trouva ainsi accusé à l'intérieur par des lignes courbes; et lorsque les voûtes aboutissaient à la façade, les frontons, au lieu de dessiner un triangle, décrivaient un cintre. Cependant un pareil système, on le comprend, ne saurait convenir à tous les climats. Sous le ciel d'Orient, les voûtes extradossées produisant des toitures convexes peuvent braver les intempéries ; mais, lorsqu'on bâtit des voûtes dans les régions de l'Occident et du Nord, l'écoulement des eaux pluviales demande à l'extérieur des couvertures à pentes droites qui amènent, sur les façades, des frontons triangulaires. Déjà les monuments byzantins de l'Attique présentent cette concession forcée à la température. Nous l'avons remarqué particulièrement à Athènes, sur les façades de la Kapnicaréa et de la charmante église du Catholicon, et à Daphni, sur la route d'Éleusis, dans l'admirable église du monastère que nous avons visité, et qui est bâtie à l'endroit même où la fable antique métamorphosa Daphné.

Ainsi, sans tenir compte des exceptions, les caractères dominants de l'architecture byzantine sont :

L'arcade sur colonnes, le chapiteau cubique aux arêtes renflées, le plan en croix grecque, la coupole sur pendentifs, la pluralité des coupoles dans le même édifice, l'extradossement des voûtes.

A ces grands caractères il faut ajouter une innovation pleine de grâce, les *arcades géminées*. En divisant par une colonnette une fenêtre dont les deux baies se terminent en cintre, on donne aux petits arcs une retombée commune sur la colonnette, et on les encadre l'un et l'autre dans une commune archivolte, dont le tympan est ordinairement percé d'un œil-de-bœuf, ou orné d'un troisième arc. Parfois la fenêtre se divise en trois arcs, ou *lobes*, portés sur deux colonnettes; ou bien l'arc du milieu, seul complet, domine deux ouvertures plus basses, en quart de cercle, qui sont séparées de la baie centrale par des montants de pierre. Les églises de Constantinople et celles d'Athènes offrent les plus charmants exemples de fenêtres géminées, trilobées ou découpées en trèfle.

Quant à l'ornementation byzantine, elle s'inspire des arts de l'Orient, tels que la damasquinure, l'orfèvrerie, la tisseranderie de soie et d'or, la fabrication des tapis. On y voit des perles, des galons, des broderies, des feuillages fantastiques, de merveilleux entrelacs, et l'on y trouve un goût prononcé pour les mosaïques, les dorures, les incrustations de métaux.

Style roman. — Pendant que les chrétiens grecs renouvellent à Byzance l'architecture, les chrétiens de Rome, animés d'un autre

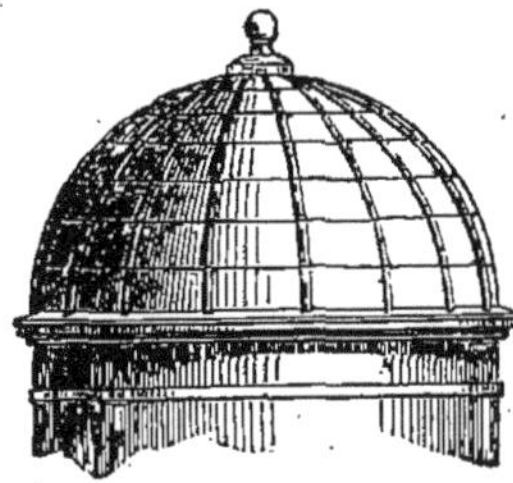

COUPOLE EXTRADOSSÉE.

COUPOLE NON EXTRADOSSÉE.

esprit, d'un esprit plus prudent et plus pratique, s'installent dans les édifices païens. Au lieu de rompre avec le polythéisme par l'invention d'un nouveau style, ils viennent sans bruit s'asseoir à sa place, cherchant à greffer sur l'ancien monde un monde nouveau. Adorer le Christ dans les temples de Jupiter, consacrer à la Vierge

ARCADE GÉMINÉE.

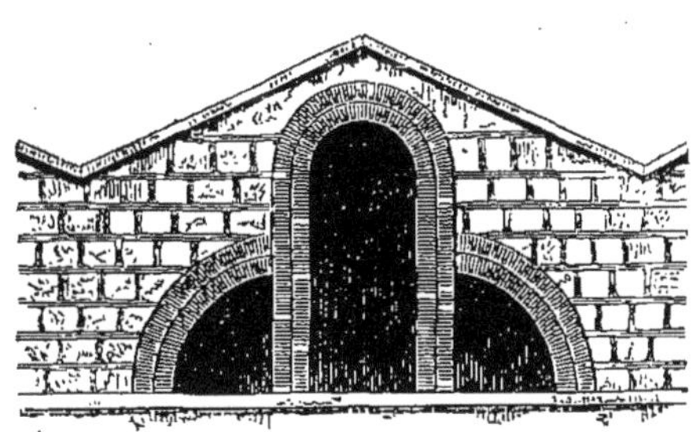

FENÊTRE TRILOBÉE.

les sanctuaires dédiés à Junon, à Minerve, c'eût été au commencement brusquer les transitions et blesser le sentiment des fidèles. L'église préfère donc s'emparer des basiliques, parce que, étant plus spacieuses que les temples, elles ne sont pas souillées par l'adoration des faux dieux.

« Les basiliques, dit M. de Caumont (*Cours d'Antiquités monumen-*

tales), servaient à la fois de tribunaux et de bourses de commerce ; on s'y réunissait pour parler d'affaires. Quelques-unes pouvaient aussi contenir des étalages de marchandises, comme nos halles ou nos bazars. A l'extérieur, elles se distinguaient par une grande simplicité ; les murs, percés de fenêtres semi-circulaires, n'étaient décorés ni de colonnes ni de sculptures. A l'intérieur, deux rangs parallèles de colonnes ou de pilastres divisaient l'édifice en trois parties inégales dans le sens de la longueur. La galerie centrale était la plus large et la plus élevée ; elle était occupée en partie par les marchands, les avocats, les plaideurs, en partie par le peuple... A l'extrémité des trois galeries, il y avait un espace peu profond qui,

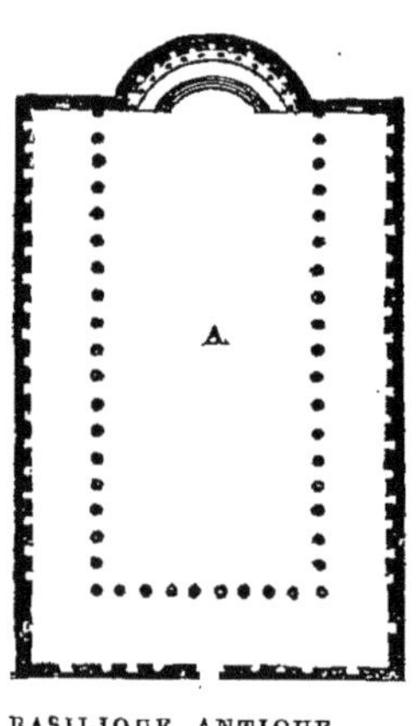

BASILIQUE ANTIQUE.

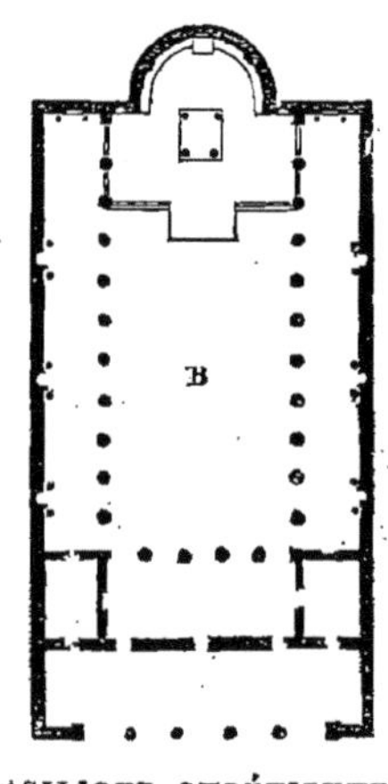

BASILIQUE CHRÉTIENNE.

comme dans nos tribunaux actuels, était réservé exclusivement aux avocats, aux greffiers et aux autres officiers de justice, et qui se terminait par un enfoncement semi-circulaire placé vis-à-vis de la galerie centrale. C'était au milieu de cet hémicycle que s'asseyait le président ou premier juge ayant à ses côtés les juges assesseurs. »

Tels sont les édifices que le christianisme occidental transforme en églises et va prendre désormais pour modèles de ses monuments religieux. L'évêque, assisté de ses prêtres, se place au fond de l'hémicycle qui avait été le tribunal, et qui maintenant s'appelle *tribune* ; et comme cet hémicycle est voûté, d'autres lui donnent le nom d'*apside* (ou abside), qui, en grec, signifie voûte, et qui a prévalu. L'espace réservé aux officiers de justice est occupé par les chantres, et s'appellera le *chœur*. L'autel est dressé en avant de l'abside ; à droite et à gauche du chœur sont ménagées deux petites chaires, des *ambons*, dans lesquelles on lira l'épître et l'évangile. Les fidèles sont rangés dans les galeries latérales, les hommes à droite, les femmes à gauche, et ces deux côtés de la nef centrale, moins élevés que cette nef, en sont les *bas-côtés*. Quant à la haute nef, elle est destinée aux ordres mineurs et aux catéchumènes qui viennent écouter les leçons pastorales, mais qui n'ont pas encore le droit d'assister à la célébration des mystères. Pour ne pas les exposer aux injures de l'air, à la porte de l'église, on y bâtira un avant-portique, un porche, *atrium*, qui correspond au pronaos des temples antiques, et au vestibule qui dans les églises byzantines s'appelle *narthex*. Bientôt le goût du symbolisme inspire l'idée touchante de donner à l'église la forme d'une croix allongée, qui doit rappeler non plus la trinité, comme la croix grecque, mais l'image du Dieu expirant et l'instrument du supplice. L'architecture ajoute alors aux trois nefs une nef transversale qui les sépare du sanctuaire, et cette nef forme les deux bras de la croix, les *transepts*. Cependant des jeunes filles ont voulu se retirer du monde et se vouer à la prière. On assigne à ces vierges pudiques une place à part qui est pour elles comme un cloître au sein de l'église. On les fait monter dans une galerie étroite qui règne au-dessus des bas-côtés, galerie obscure d'abord, plus tard éclairée, qui ouvre sur la nef centrale par deux ou trois petites arcades à chaque travée, et qui s'appellera le *triforium*... Voilà comment le christianisme occidental transforma les basiliques en églises, et, tout en conservant le plan primitif, le développa en croix latine.

Le plan en croix latine est donc une première distinction à établir entre l'architecture byzantine et le style occidental. Mais tandis que les Byzantins élèvent leurs coupoles sur pendentifs, les architectes de l'Occident couvrent encore en charpente les nefs de leurs églises. Pourquoi ? parce que, dans les premiers temps du moyen âge, l'art de voûter s'est perdu en Occident avec les autres arts ; et, pour en comprendre la décadence, la désuétude, il faut se rappeler quel voile de ténèbres s'étend du ve au xe siècle sur l'Italie épuisée et couverte de ruines, sur la Germanie et les Gaules, encore barbares. Trois fois, dans cet intervalle, l'art de Byzance fait invasion sur le sol romain et y apporte ses conceptions brillantes, son architecture rajeunie. Au VIe siècle, il arrive à la suite de Bélisaire, et c'est le génie grec qui bâtit Saint-Vital de Ravenne ; au VIIIe siècle, il se répand sur l'Italie comme un fleuve qui roule des paillettes d'or ; mais cette alluvion ne féconde que la sculpture et l'ornementation architectonique. Au Xe siècle, l'architecture byzantine, après avoir élevé Saint-Marc de Venise, pénètre en France, bâtit Saint-Front de Périgueux, et bientôt toutes ces églises à coupoles du Périgord, de l'Angoumois et de la Saintonge, qui ont été si bien décrites et mises en lumière par M. de Verneilh (*De l'architecture byzantine en France*). Mais rien ne germe, ou du moins rien ne fleurit en Occident jusqu'à l'an mil, année fatale que les peuples épouvantés attendent comme la fin du monde. C'est donc seulement au XIe siècle que l'architecture occidentale s'éveille d'un si long assoupissement, s'aperçoit de son ignorance, cherche, tâtonne, et s'instruisant par ses fautes, prend une physionomie et se crée un style, le style qu'on appelle en Italie lombard, en Angleterre saxon, en France *roman* (1).

Cherchons maintenant quels sont les traits distinctifs de ce nouveau style, c'est-à-dire de l'architecture occidentale des XIe et XIIe siècles.

Les premières églises romanes, étant couvertes en charpente comme les basiliques romaines, avaient été en partie détruites par l'incendie ou par le dépérissement des toitures. On songea donc à les voûter, tout en les surmontant d'un toit à deux pentes, nécessaire à l'écoulement des eaux. C'était un véritable problème pour les archi-

(1) M. Vitet a vivement critiqué, dans le *Journal des Savants*, ce qu'il y a d'impropre dans ces dénominations diverses, particulièrement dans le mot *roman*, qui implique une assimilation de l'architecture romane à la langue romane, alors que les principes de formation ne sont pas entièrement les mêmes. Si l'une et l'autre ont une origine romaine, la première a été transformée par un élément exotique, oriental, la seconde par un élément indigène, l'élément celtique. Aux arguments développés par M. Vitet. — ils ont été combattus par M. Léonce Reynaud, — on peut ajouter que le mot *romane*, appliqué à la langue latine dégénérée, implique une idée de corruption qui n'est pas également juste à l'égard de l'architecture, puisque les artistes romans ont heureusement innové dans le système de l'arc, soit en le faisant porter directement sur les colonnes et en supprimant ainsi un membre inutile et un inconvenant emploi des ordres grecs, soit en asseyant leurs arcades sur des pieds-droits flanqués de colonnes engagées, mais de colonnes ayant une fonction de support, et s'élançant jusqu'à la naissance des voûtes pour en recevoir les nervures.... — Est-ce à dire qu'il faille remplacer le mot *roman* ? Il nous semble que non. Ce mot est aujourd'hui accepté par tant d'archéologues, consacré par tant de livres, qu'on ne pourrait le changer sans porter le trouble dans l'esprit des lecteurs. Il y a donc moins d'inconvénient à le conserver (sous bénéfice d'inventaire) qu'il n'y en aurait à proposer un autre mot.

tectes qui ne conservaient qu'une lueur des traditions antiques. Au commencement, ils élèvent les voûtes en berceau et les soutiennent en donnant une forte épaisseur aux murs longitudinaux et en remplaçant les colonnes par des piliers ; mais les piliers et les murs sont insuffisants pour résister aux poussées : l'édifice menace ruine ou s'écroule. On substitue alors aux voûtes en berceau des voûtes d'arête qui distribuent leurs poussées sur certains points seulement ; on établit sur ces points des piles massives, et comme ces précautions peuvent

CONTRE-FORTS ROMANS.

être insuffisantes, on projette à l'extérieur des contre-forts adossés à chaque pile, mais peu saillants encore et diminuant de saillie par un talus régulier à mesure qu'ils s'élèvent. L'apparence du contre-fort, voilà donc une seconde distinction à faire entre le style roman et l'architecture byzantine. Dans l'art byzantin, le mur n'est qu'une cloison ; toute la structure consiste en un système de coupoles et de voûtes, qui se contre-butent mutuellement, et dans le surcroît de force donné aux piliers ; le contre-fort est donc intérieur et latent. Dans l'art roman, au contraire, il est extérieur et visible.

Cependant la colonne a repris son rôle de support, en Occident comme en Orient. C'est très rarement qu'on l'adosse aux murailles à titre de contre-fort. Qu'elle soit isolée ou engagée dans un pied-droit, elle est un point d'appui qui part du sol et monte sans interruption jusqu'à la naissance des voûtes ou des arcs. Mais, dès que l'édifice est voûté, les supports ayant à porter un plus lourd fardeau seraient et paraîtraient faibles, s'ils étaient toujours de simples colonnes isolées ; on juge prudent de les remplacer par des pieds-droits massifs, qui souvent alterneront avec les supports cylindriques. Sur les quatre faces de ces pieds-droits, on engage quatre colonnes : deux sur les côtés, pour recevoir les arcades parallèles à la nef ; une par derrière, pour recevoir l'*arc-doubleau* de la petite voûte qui couvre les bas-côtés (c'est-à-dire la principale nervure, celle qui va d'un pilier à l'autre perpendiculairement à l'axe de la nef) ; une enfin sur la surface de devant, pour porter l'arc-doubleau de la grande voûte qui couvre la nef centrale. Ainsi engagée dans le pied-droit et dans la muraille, cette colonne établit une solidarité sensible entre les parties hautes et les parties basses. Lui donner un diamètre proportionné à son élévation serait impossible, car il faudrait élargir démesurément le pied-droit aux dépens des arcades de la nef, et augmenter ainsi énormément et inutilement le plein aux dépens du vide. La colonne de face sera donc élancée, allongée, et au besoin son ascension verticale conduira l'œil d'un seul trait aux voûtes de la nef. Ici encore, l'art antique est transformé. Au lieu d'altérer les proportions des Grecs, à l'exemple des Romains, les artistes de l'époque romane s'affranchissent complètement de ces proportions, ce qui vaut mieux que de les altérer. Alors l'intérieur du monument change de physionomie comme l'extérieur. Au dehors, les contre-forts commencent à s'accuser ; au dedans, les verticales se développent déjà et se prononcent.

Toutefois, cet élancement n'est sensible que dans la colonne engagée. Lorsqu'elle est isolée au rez-de-chaussée de la nef, la colonne romane est toujours épaisse et courte comme celle du dorique primitif de Corinthe ou de Pæstum ; mais il est clair qu'en renonçant aux ordres grecs, l'architecte roman a pu varier à l'infini les proportions de sa colonne, la faire trapue ou svelte, délicate ou énorme, suivant les besoins de sa construction. Remplit-elle l'office d'un pilier, il la veut simple et il s'abstient d'en enjoliver le fût, qui demeure lisse ; est-elle, au contraire, employée en petit ou dans une intention décorative, il se permet alors de canneler le fût, de le rubaner, d'y creuser des striures, ou des feuillages en spirale, d'y fouiller des gaufrures,

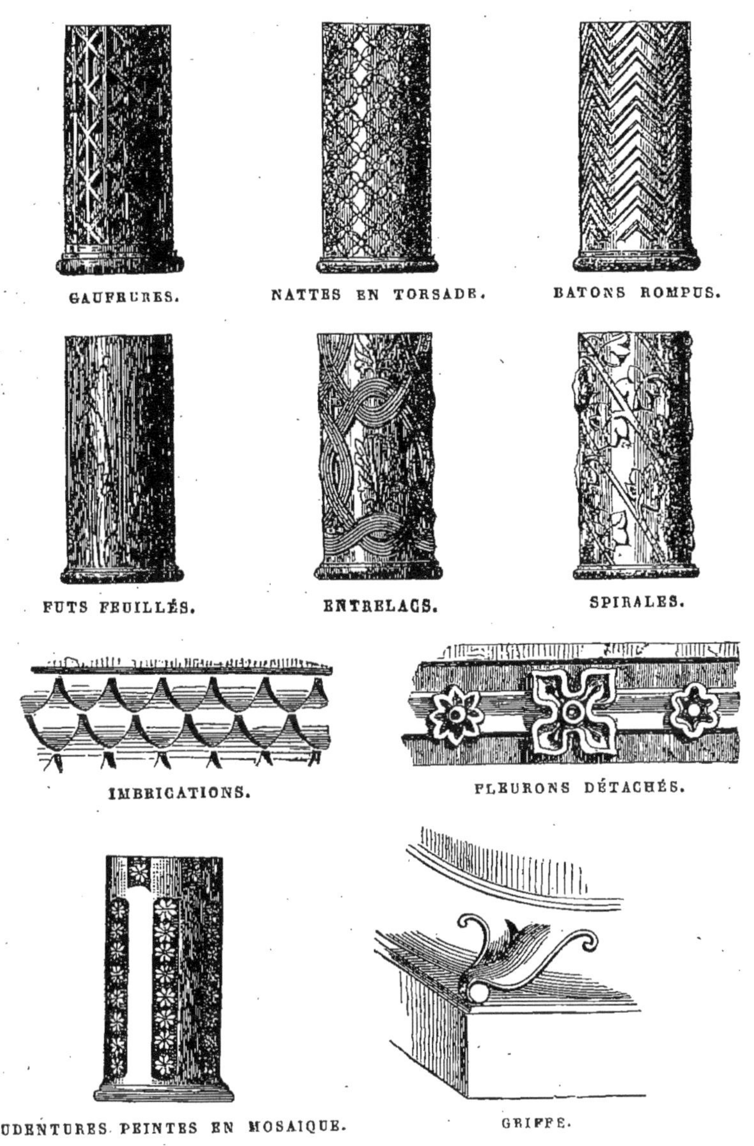

GAUFRURES. NATTES EN TORSADE. BATONS ROMPUS.

FUTS FEUILLÉS. ENTRELACS. SPIRALES.

IMBRICATIONS. FLEURONS DÉTACHÉS.

RUDENTURES PEINTES EN MOSAIQUE. GRIFFE.

des nattes, des chevrons, des damiers, des losanges, des zigzags ou bâtons rompus, des fleurons détachés, des rudentures vraies ou feintes, ou de ces écailles superposées qu'on appelle *imbrications*.

Quant à la forme du fût, elle est cylindrique, de sorte qu'ayant le même diamètre de haut en bas, il ne présente, il est vrai, ni l'élégance de la diminution, ni le galbe du renflement, mais il peut s'allonger au gré de l'artiste.

En visitant les églises de village bâties dans le style roman, on y rencontre quelquefois des colonnes engagées qui n'ont point de base et dont le fût, s'arrêtant à hauteur d'homme au-dessus du pavé, repose sur une console ou sur une simple retraite du tambour inférieur. Quand la petite nef est pleine de monde, on comprend que cette brusque interruption de la colonne n'est pas une pure fantaisie, car on voit des fidèles se presser contre le pilier, sous la colonne sans base, qui s'est rompue tout exprès pour faire place à un membre vivant de l'Eglise... Mais, en dehors de ces exceptions, le fût de la colonne romane a toujours une base qui porte un détail caractéristique ; c'est une *griffe* ou une feuille recourbée aux quatre angles de la plinthe. Pourquoi cette griffe ? pour adoucir les arêtes coupantes que formerait la plinthe à une hauteur où ces arêtes pourraient blesser les prêtres ou les fidèles qui passent, car la plinthe, sous les colonnes à fortes proportions, s'élève précisément à la hauteur des hanches de l'homme, ou de son coude. Aussi n'a-t-on pris cette précaution délicate, masquée sous un ornement, que pour les grosses colonnes du rez-de-chaussée ; celles qui sont placées dans les étages supérieurs, hors de la circulation, conservent leurs plinthes sans griffes. Que si les angles de la plinthe sont abattus de façon à changer les carrés en octogone, la griffe n'étant plus motivée doit disparaître et disparaît en effet au XIIIe siècle, quand le style roman est vaincu par le style ogival et que les plinthes deviennent polygones.

Résolu ou involontaire, l'oubli des ordres grecs devait amener la transformation du chapiteau, qui en est l'indication la plus expressive. Aux traditions dorique, ionique et corinthienne succèdent une liberté absolue, une variété sans fin. Le chapiteau roman se gonfle en une demi-sphère coupée à quatre faces, comme une coupole retournée, il s'évase en entonnoir, se dessine en cœur, se taille en pyramide tronquée et renversée, aux arêtes arrondies, comme celui des Byzantins, s'épanouit en campanule ou affecte les courbes d'une barque, et devient *scaphoïde*. Quelquefois il est brodé de perles dans le goût oriental, et très souvent il est historié de figures symboliques ou chimériques, comme celles que l'on voit sculptées sur les chapiteaux de Saint-Germain des Prés, à Paris.

On peut passer des heures entières à considérer, dans une église romane, ces chapiteaux historiés dont pas un ne ressemble à l'autre. Les

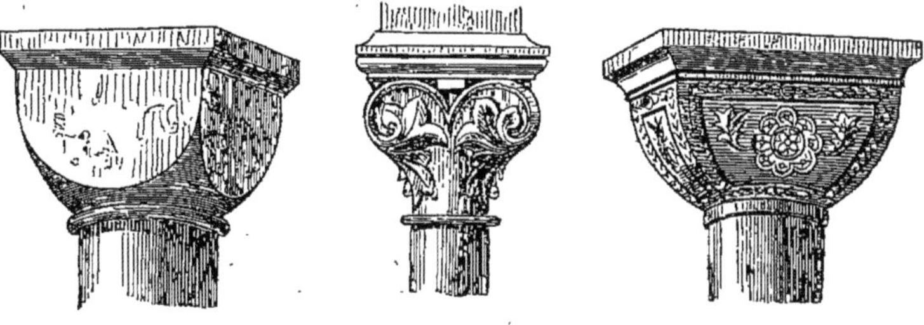

QUELQUES VARIÉTÉS DU CHAPITEAU ROMAN.
Coupole retournée. En cœur. Scaphoïde.

figures en sont courtes et grossièrement dessinées, mais attaquées d'un ciseau fier. Les symboles en sont obscurs et attachant par leur obscurité même. On est transporté en plein moyen âge : on est envahi par les idées et les sentiments qui obsédaient l'âme de nos pères. Dans ces chapiteaux énigmatiques, le démon est présent sous toutes les formes : il prend

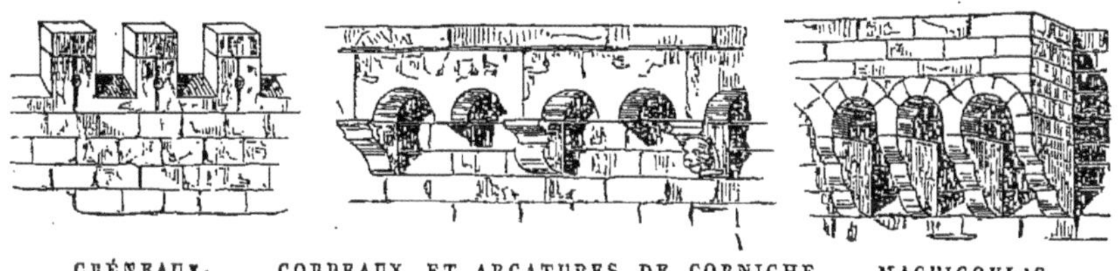

CRÉNEAUX. CORBEAUX ET ARCATURES DE CORNICHE. MACHICOULIS.

les ailes d'un griffon, le buste d'une sirène, ou la figure ou les cornes du vieux Pan aux pieds de bouc. On sent que, du fond des bois, la nature inconnue et les animaux font encore peur à l'homme. Les légendes des saints sont presque toutes fondées sur l'extermination de quelque monstre qui épouvantait la contrée et que l'imagination populaire se représente avec des membres impossibles. Les premiers évêques remplissent le rôle qu'avaient joué dans les temps antiques Hercule ou Œdipe. Sur le chapiteau continu qui couronne parfois tout un groupe de colonnes, on voit des saints poursuivre à cheval une bête qui s'enfuit parmi des feuillages imaginaires.

L'accouplement des colonnes est aussi un mode de construction propre à l'architecture romane. Tantôt elles sont accouplées de front, tantôt doublées, l'une derrière l'autre; elles ont alors un tailloir oblong qui mesure l'épaisseur de l'arcade. Souvent il arrive qu'on les emploie ainsi dans l'hémicyle du chœur et qu'on interrompt cet arrangement, soit par une alternance de colonnes jumelles et de colonnes simples, soit par deux colonnes symétriquement isolées. On en voit un exemple dans la charmante petite église de Deuil, près Montmorency, qui fut un instant le refuge d'Abélard. — L'artiste a mêlé ici un élément de variété à la symétrie, en même temps que par l'unité il faisait mieux valoir la répétition.

L'alternance, disons-nous, c'est là un des caractères du style roman. Les colonnes isolées y alternent fréquemment, dans les nefs, avec des piliers flanqués de demi-colonnes, et ce n'est pas un pur caprice qui a fait imaginer cette disposition, car elle a pour effet de débrouiller la perspective, de marquer avec netteté les plans successifs d'une longue nef. Si les gros piliers n'étaient pas séparés par un support plus mince, leur rapprochement les confondrait à la vue pour le spectateur qui entre dans l'église : ils sembleraient se toucher, et l'œil ne pourrait mesurer l'éloignement des derniers supports ; au contraire, l'alternance établit entre les piliers un espacement qui permet de les distinguer, d'en apprécier le nombre, de les embrasser tous d'un regard et de mieux sentir ainsi la dimension qui dispose au recueillement les âmes religieuses : la profondeur. C'est pour obtenir un effet de même nature que le grand Ictinus avait osé diminuer la largeur des abaques sur la face méridionale du Parthénon, parce que cette face, dominant le précipice, ne pouvait être vue que très obliquement par le spectateur, placé sur le rocher de l'Acropole, et que, dans ce raccourci aigu, tous les abaques se seraient confondus en un seul.

L'alternance est une manière de répétition qui est soumise à une règle, savoir, que les parties alternantes doivent différer par le volume ou par l'étendue aussi bien que par la forme. Ce principe est observé non seulement dans les églises purement romanes, comme celles de Saint-Ursmer et de Soignies, décrites par M. Schayes (*Histoire de l'architecture en Belgique*), mais dans certains monuments de transition, comme la cathédrale de Noyon, dont M. Vitet a écrit une si belle et si lumineuse monographie.

Ce qu'il y avait d'illogique dans l'emploi des ordres grecs par les Romains ne pouvait échapper aux architectes de l'école française, dont la sagacité est admirable toutes les fois qu'ils raisonnent leur obéissance aux traditions, et qu'à une routine aveugle ils substituent leur intelli-

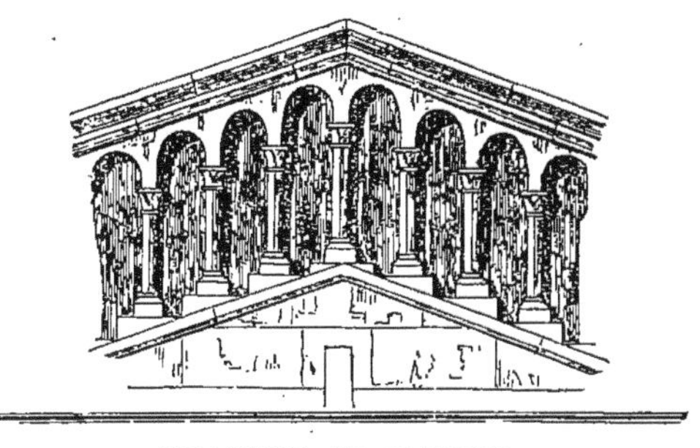

ARCATURES DE FRONTON.

gente initiative. L'entablement grec avec ses trois membres, architrave, frise et corniche, étant l'image décorative d'une construction en platebande, n'a plus rien à faire dans le système de l'arc. Les Romains l'avaient maintenu : les architectes romans le supprimèrent, mais en

ALTERNANCE DE MATÉRIAUX DANS LES CLAVEAUX DE L'ARC.

conservant la corniche, qui est indispensable au couronnement de tout édifice, puisqu'elle a pour fonction d'écarter la chute des eaux pluviales. Cette corniche, les Romains la répétaient aux divers étages de leurs monuments, lorsqu'ils superposaient les ordres ; les artistes romans ne commirent pas une pareille faute : ils placèrent la corniche au seul endroit où elle est voulue, au sommet des murs, à la base du comble, et, pour indiquer au dehors la division intérieure en étages, ils se contentèrent d'un cordon horizontal, soutenu en apparence par une suite de petits arceaux dont les impostes, suspendues à la muraille, forment une frange festonnée qui se prête aux variétés de l'élégance. Peu saillantes aux étages inférieurs, ces arcatures prennent plus d'importance et de relief à la véritable corniche. Alors reparaît l'image des mutules et modillons antiques, rappelés par des supports en saillie, des *corbeaux*, qui, tantôt sont sculptés en tête d'animaux ou en masques humains, tantôt se terminent en pointes ou en consoles. Quelquefois les arcatures sont soutenues par des colonnettes adossées, et si la corniche est rampante, les colonnettes en suivent l'obliquité en restant toutes d'égale hauteur, disposition qui décore avec grâce les deux pentes du fronton, particulièrement dans le style lombard, qui correspond en Italie à notre époque romane. Bientôt, cependant, les corniches horizontales et les ornements qui les bordent s'épanouiront en balustrades pour faire place, non plus seulement à la conduite des eaux, mais au passage de l'homme. Souvent l'architecture monastique leur donnera la forme militaire d'un mâchicoulis à créneaux derrière lequel des moines armés défendront leur science paisible et la retraite de leur âme contre les truands et les barbares.

Comme celles de l'architecture byzantine, les fenêtres du style roman se terminent en cintre, et fréquemment elles s'ouvrent en arcades géminées, surmontées d'un œil-de-bœuf et encadrées d'une archivolte plus grande. Mais l'arcade romane présente encore une variété caractéristique : ce sont les trois lobes qui en découpent l'intrados et qui la font trilobée. Lorsque l'arc est une porte ou un portail d'église, les architectes des XIe et XIIe siècles se servent, pour le décorer, tantôt de l'alternance de saillie dans les claveaux, tantôt de l'alternance de couleur résultant de matériaux bicolores, tels que brique et pierre, lave grise et calcaire blanc, tantôt de baguettes diversements profilées, tantôt enfin de losanges, d'étoiles, de têtes de clou, de bâtons rompus ou zigzags, de méandres ou grecques, d'entrelacs, de torsades, de disques plats, appelés *besants* ou de ces fragments de tores séparés par des vides, qui sont des *billettes*, tous ornements qui ne dérivent pas de l'antique, à l'exception de la grecque. Lorsque les boudins de l'archivolte sont nombreux — on les nomme aussi baguettes — l'artiste roman les fait retomber à droite et à gauche, sur autant de petites colonnes placées en retraite l'une de l'autre, et qui forment ainsi un renfoncement sous l'archivolte creusée elle-même en voussure.

Un trait remarquable de la porte romane, c'est qu'ordinairement le vide en est fermé horizontalement par un linteau qui est surmonté d'une archivolte et qui porte, entre le cintre et l'ouverture, un tympan destiné à recevoir des figures sculptées. Ainsi, à l'inverse des Romains qui posaient la plate-bande sur l'arc, le roman pose l'arc sur la plate-bande, ce qui est plus intelligent, car la propriété de l'arc est de repor-

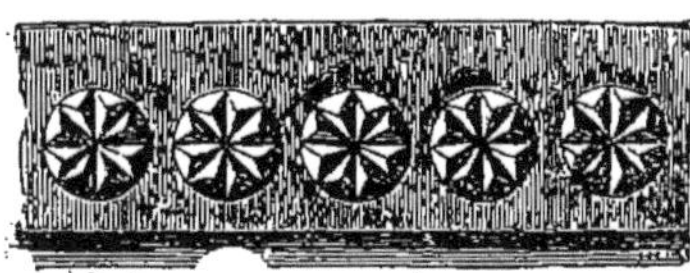

ÉTOILES.

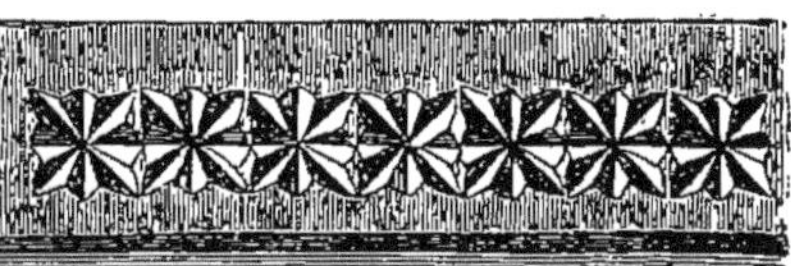

TÊTE DE CLOU.

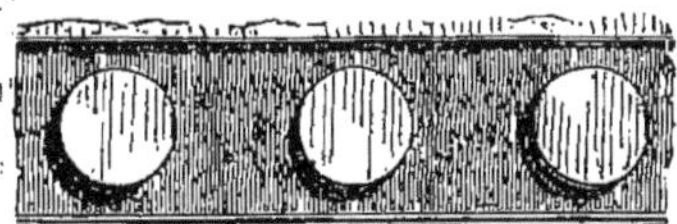

BESANTS.

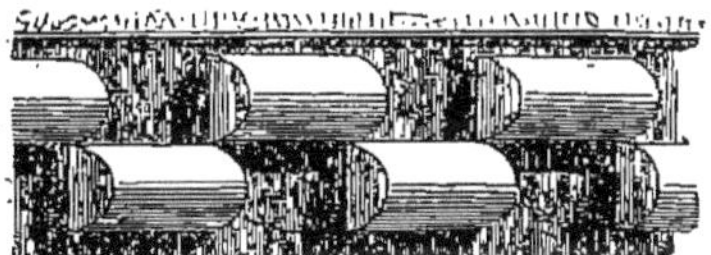

BILLETTES.

ter le poids des constructions supérieures sur les parties résistantes, qui sont les pieds-droits, et lorsqu'un arc, au lieu de surmonter un vide, est construit sur un plein, il lui sert de décharge. Rien n'est donc plus naturel que de placer au-dessus du linteau un arc qui le soulage et en prévient la rupture, parce que le linteau, pour peu qu'il ait de longueur au-dessus du vide, est sujet à rompre sous le poids des murs. Il faut avouer, cependant, que cette horizontale, accusée à un endroit aussi apparent que la porte, s'accorde mal avec la physionomie dominante de l'architecture curviligne.

Quoi qu'en disent les hommes pratiques, les grandes nouveautés sont filles du sentiment, même dans celui de tous les arts qui est le plus assujetti à l'empire de la matière, de la matière inerte et pesante. Une belle innovation, introduite à l'époque romane, fut de prolonger les bas-côtés au delà des transepts et d'isoler le sanctuaire pour que la foule pût circuler autour, au moyen d'une galérie qui en suivait la forme en hémicycle et qui desservait des chapelles rangées autour du chœur en absides rayonnantes. Quand la basilique avait cinq nefs, la galerie annulaire ceignant le chœur était double et donnait lieu à un effet de perspective d'autant plus admirable. Au jour des cérémonies pompeuses, les processions se développaient en passant d'un bas-côté à l'autre, sans traverser la grande nef, et du fond des nefs latérales on pouvait apercevoir les rangées de piliers ou de colonnes, et les théories de jeunes filles fuir dans la perspective et obéir ensuite à la courbe qui les ramenait vers un point mystérieux, centre moral et sacré de l'édifice.

Ce n'est pas tout : à l'endroit où les Byzantins élevaient la coupole de leur église, l'architecture romane (celle du Nord surtout) imagina d'élever une tour qui indiquerait au loin et le temple et la place de l'autel, dressé originairement sur la *croisée*, c'est-à-dire l'intersection des bras de la croix. Cette tour, qui renfermait les cloches, répondait, du reste à une pensée de défense. Mise en regard du donjon féodal, elle était le donjon ecclésiastique d'où l'on observait la campagne, d'où l'on guettait l'ennemi, et qui, au moment du danger, devenait un beffroi sonore. Portées sur de petits pendentifs, ces tours centrales présentent à l'intérieur une coupole, à l'extérieur une flèche pyramidale ou conique dont la hauteur, la beauté, seront un sujet d'émulation entre les abbayes, et pour les communes un sujet d'orgueil.

En résumé, sans parler des ressemblances qui existent entre l'art roman et l'art byzantin :

Le plan en croix latine (pour les églises);

La mise en évidence du contre-fort ;

La prédominance des pleins sur les vides;

L'absence de tout rapport fixe entre la hauteur des colonnes et leur diamètre, produisant dans le même édifice des colonnes très courtes et d'autres très allongées ;

L'accouplement des colonnes ;

Les piliers flanqués de colonnes engagées ;

Les colonnes munies de griffes à la base;

L'emploi fréquent de l'alternance ;

Les chapiteaux variés et historiés ;

Les arcatures décorant la nudité des murs ou soutenant les bandeaux et les corniches ;

Un clocher rappelant la coupole orientale ;

Des moulures rondes, enflées, protubérantes, robustes et une orne-

DU CENTESIMO:

LETTRES ONCIALES.

mentation moitié byzantine, moitié empruntée du blason, des arts et métiers, et d'une flore imaginaire ;

Enfin des inscriptions en lettres romaines ou en lettres onciales : Tels sont les grands traits de l'architecture romane, qui déjà contient en germe le style ogival. Mais ce qui sera prodigieux bientôt

L'ARC OUTRE-PASSÉ, STYLE ARABE.

de hardiesse est encore timide et pesant : ces verticales qui monteront jusqu'au sublime n'ont maintenant qu'une hauteur sage et mesurée ; ces points d'appui qui deviendront minces occupent encore un large espace et tiennent plus à la terre qu'ils ne s'élancent vers le ciel. Toutefois le style roman est aussi religieux que le style ogival, mais d'une autre manière. Pratiqué par des moines, on sent qu'il a été conçu dans la paix, la méditation et le silence du cloître. Il représente non pas la religion populaire, un peu nuageuse, que les femmes ont enveloppée dans la poésie de leurs superstitions naïves, mais la religion monastique et sacerdotale, la religion réglée, dogmatique et traditionnelle. Ses piliers massifs lui impriment un caractère de prudence et de longue durée. La rareté et l'étroitesse de ses ouvertures lui donnent du sombre. Sa courbe favorite, ou plutôt sa courbe unique, le plein-cintre, lui prête une signification invariable comme le dogme, car, de même qu'il n'y a qu'une seule ligne droite, il n'y a qu'un seul arc plein-cintre. Plus rapproché des origines chrétiennes, l'art roman conserve le souvenir des pénibles commencements, des anciennes douleurs. On retrouve dans la représentation farouche et obscure de ses animaux symboliques l'empreinte des vagues frayeurs du moyen âge, et dans ses cryptes la réminiscence des catacombes où les premiers confesseurs cachaient leur culte et ensevelissaient les os des martyrs. C'est là surtout, dans ces cryptes basses, profondes, que l'art roman a son expression la plus frappante ; mais, à la clarté du jour comme à la lueur des lampes souterraines, il est calme, grave et robuste. Loin d'exalter l'âme, il pèse sur l'esprit de tout le poids de ses voûtes, et il assoupit la pensée. Il tranquillise, il impose, il invite au silence, et par son archaïsme, par l'énergie de ses supports épais et courts, il est, pour ainsi dire, l'ordre dorique du christianisme.

L'ARC OUTRE-PASSÉ. *Style arabe.* — Lorsque le génie de l'art s'éteint dans une partie du monde, il s'éveille dans une autre ; il est en cela comme le soleil, dont tous les couchants sont des aurores. C'est durant la plus triste époque de notre moyen âge, du VIIe au Xe siècle, que l'art musulman se constitue et qu'il élève à Jérusalem la mosquée d'Omar, sur l'emplacement du temple de Salomon, au Caire, les mosquées d'Amrou et de Touloun, en Espagne, la fameuse mosquée de Cordoue et le merveilleux palais de Zara, qui était porté sur quatre mille trois cent colonnes.

Mahomet vient au monde presque au moment où Justinien meurt, quand l'art byzantin est dans tout son éclat. Il ne faut donc pas s'étonner que la première architecture des Arabes, convertis à l'islamisme et sortis de la vie nomade, accuse une provenance byzantine.

Néanmoins cette architecture ne tarde pas à prendre une physionomie, à se distinguer par un style propre. Il n'était pas possible, en effet, qu'une religion nouvelle ne fît pas naître une nouvelle architecture. Le sentiment religieux qu'éveillèrent d'abord les préceptes du Coran était sévère et grave. A l'exemple du prophète, qui avait glorifié la pauvreté, la société arabe fut, dans le principe, austère, patriarcale et simple. L'islamisme signifiait alors au plus haut degré ce qu'il signifie en effet : *l'action de s'abandonner à Dieu.* Mais bientôt la simplicité primitive s'altère, l'empire s'agrandit, et, en s'agrandissant, il se laisse pénétrer par les civilisations environnantes et par le luxe

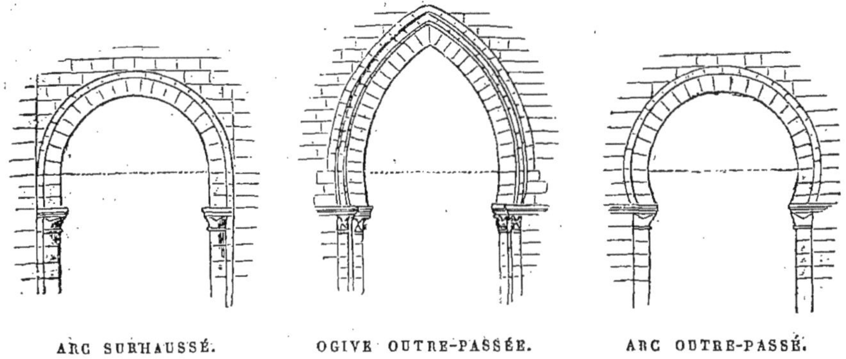

ARC SURHAUSSÉ. OGIVE OUTRE-PASSÉE. ARC OUTRE-PASSÉ.

des peuples conquis. De riches mosquées s'élèvent au Caire, et ce n'est plus le plein-cintre qui en dessine les arcs, c'est l'ogive. Ces arcs ont leur retombée sur des colonnes cantonnées dans les angles rentrants des piliers et dans ceux des montants de fenêtre : premières innovations qui tranchent déjà sur les formes des architectures antérieures et qui se manifestent dans les mosquées d'Amrou et de Touloun, décrites par M. Pascal Coste (*Monument du Kaire*). Cependant le dernier des Ommiades, Ald-el-Rhaman, réfugié en Espagne, y fonde une dynastie et va faire de Cordoue une seconde Byzance en y construisant une mosquée qui doit rivaliser de splendeur avec Sainte-Sophie. L'arc outre-passé devient alors un des signes distinctifs de l'art musulman. Cet arc que les Anglais ont appelé en fer à cheval, *horse shoe arc*, est, disons-nous, un des caractères du style arabe. Il se peut qu'il ait été isolément employé par les Byzantins et les Persans avant la domination musulmane, mais il est certain qu'on ne le voit se produire comme courbe dominante et franchement tracée que dans les monuments arabes. C'est tout à fait par exception qu'on le rencontre plus tard dans les constructions chrétiennes de l'Occident, notamment dans la célèbre cathédrale de Tournay, si imposante et si belle.

Le croissant et l'arc outre-passé sont-ils, aux yeux des mahométans, les symboles de l'hégire, c'est-à-dire de la fuite de Mahomet à Médine, qui arriva pendant la nouvelle lune, en l'an 622 de notre ère? Cela n'est pas invraisemblable, et on peut le croire si on prend en considération le goût prononcé des Orientaux pour le symbolisme. Mais l'arc outre-passé, sans parler de son élégance, possède une propriété précieuse qui n'a pas été assez connue ou suffisamment estimée. Lorsqu'on a besoin de surélever un arc, par exemple, pour employer des supports monolithes un peu courts, comme l'étaient les fûts de marbre antiques, souvent tronqués dont les Arabes disposaient, il vaut mieux outre-passer l'arc que le surhausser. Dans l'un et l'autre cas, le cintre sera plus haut que la moitié de son diamètre; mais si l'arc est outre-passé, le spectateur sera frappé du surhaussement, parce qu'il verra la surface des intrados dans toute son étendue. Si l'arc est surhaussé, au contraire, comme il se termine alors par deux lignes droites et parallèles, la saillie de l'imposte cache au regard le surhaussement qu'on a obtenu en prolongeant ces deux lignes, de façon que l'artiste perd d'un côté par la perspective ce qu'il a gagné de l'autre par la construction. En ce qui touche la solidité de l'arc en fer à cheval, Quatremère de Quincy fait une observation qui ne nous paraît pas juste (*Moresque architecture*) : « Cette forme, dit-il, serait vicieuse en pierre, parce que la charge perpendiculaire qui porterait sur de tels arcs manquerait, dans les parties inférieures d'un tel cintre, de la résistance nécessaire. » Quatremère aurait sans doute raison s'il parlait de la solidité apparente, mais il parle de la solidité réelle. Or il suffit de jeter les yeux sur les figures ci-dessus pour s'apercevoir que l'arc outre-passé n'est autre chose qu'un arc surhaussé dont le pied reste élargi, et que la partie inférieure, qu'on a laissé pleine, demeure étrangère à la solidité de l'arc, si tant est qu'elle n'y ajoute rien.

Adopté par les Arabes en Espagne, en Afrique, en Sicile, le système d'outre-passer l'arc plein-cintre et même l'arc ogive amène l'allongement du support par l'interposition d'un dé entre l'imposte et le chapiteau des colonnes. A Cordoue, une alternance de couleurs et de matériaux décore l'archivolte des arcades, qui, au lieu de se rattacher à des voûtes, supportent un plafond en charpente, rehaussé de peinture. Dix-neuf grandes nefs coupées à angles droits par trente-cinq nefs plus petites composent cette mosquée célèbre, véritable forêt de colonnes où l'œil s'égare, se retrouve et se perd encore, et qui, sous sa toiture horizontale, est remplie d'une sombre majesté. Aux approches du sanctuaire, l'artiste arabe découpe en festons ses archivoltes et s'ingénie à les superposer en les découpant encore, de manière à laisser passer l'air et le jour par des croissants multipliés.

Viennent ensuite les fantaisies d'un art plus raffiné qui se met au service du plaisir, obéit aux caprices de l'imagination et en exprime les rêves. Si la coupole byzantine sur plan carré et sur pendentifs reparaît dans les mosquées ou dans les palais arabes, elle n'a plus les dimensions hardies qui étonnent, qui imposent; mais elle s'élève soutenue par des pendentifs d'un genre tout à fait singulier et inconnu. Ce sont des niches en miniature, de menues sections de coupoles, de petits triangles sphériques et des fragments de berceau, agencés, groupés dans un ordre merveilleux, et qui montent en encorbellement l'un sur l'autre, jusqu'à ce qu'ils finissent par regagner le plan circulaire sur lequel doit reposer la coupole. Chacun des triangles sphériques représente en petit la fonction que remplissent en grand tous les triangles et toutes les autres figures. Cette superposition de prismes verticaux qui se projettent en saillie, et qui, pour plus de légèreté, se creusent en alvéoles, ou s'évident en niches, brisent la lumière comme ferait une cristallisation, et produisent à l'œil l'effet des stalactites naturelles. La voûte arabe, prenant alors l'aspect d'une grotte, procure à l'esprit l'idée de fraîcheur.

Souvent il arrive, comme à l'Alhambra, que les arcs et les voûtes arabes ne sont qu'un mensonge du constructeur. Lors même que sur les colonnes de marbre sont élevés des piliers de brique, reliés entre eux par des pièces de bois horizontales, un arc fictif, qui n'a rien à porter, se dessine dans l'ouverture carrée formée par ces poutres et ces colonnes, et les tympans de l'arc, garnis de tuiles en diagonale, reçoivent les ornements de stuc qui y sont attachés avec des clous, des crochets, des roseaux noyés dans le plâtre, — frêle construction qui a pourtant duré plusieurs siècles. — De sorte que la voûte et l'arcade, fait observer Girault de Prangey (*Essai sur l'Architecture des Arabes*), ne sont guère employées dans l'art moresque en Espagne que comme disposition ornementale, le bois jouant partout un grand rôle et les parties solides se composant de supports isolés, de poutres et de murs.

La religion du musulman, ses idées, ses songes, sa vie, devenue cachée et sédentaire après avoir été errante, ses mœurs lascives, tout cela est exprimé à merveille par l'architecture arabe.

Au dehors, elle n'offre que de grandes lignes et des pleins formidables, elle est austère et nue. Si parfois le mur extérieur se décore d'arcades en fer à cheval ou en ogive, comme on en voit au palais de la Cuba et de la Zisa, près de Palerme, ces arcades sont aveugles; elles représentent une ouverture qui aurait été bouchée après coup pour s'opposer à la curiosité du passant, pour murer la vie intime.

Au dedans, le luxe est prodigieux et la sensualité satisfaite. Ce sont des découpures d'une délicatesse inouïe, des broderies sans fin qui frangent l'intrados des arcades, et comme celles-ci reposent sur des colonnes qui paraîtraient grêles pour le poids qu'elles supportent, on allège le fardeau en sculptant, dans les tympans de l'arc, des ornements à jour par où se glissera la fraîcheur des courants d'air. Partout sont répandus à profusion des ornements rehaussés de couleur et d'or. Toutes les surfaces sont ouvrées comme des tapis de Perse : « Il semble, dit Owen Jones (*Plans, coupes et élévations de l'Alhambra*), que les Arabes ont transplanté dans leurs habitations fixes, sous une autre forme, les étoffes et les châles de l'Inde qui ornaient leurs premières demeures; qu'ils ont changé les mâts de leurs tentes en colonnes de marbre et les tissus de soie en plâtre doré. » Le chapiteau classique des Grecs et le chapiteau cubique des Byzantins sont tantôt transformés par un réseau d'entrelacs, tantôt arrondis aux arêtes, tantôt chargés de pendentifs en miniature, comme si les suintements de la grotte s'étaient infiltrés jusque sur le vase des supports. L'atmosphère est assainie par des fontaines d'eau vive qui coulent dans des rigoles de marbre, ou jaillissent dans des vasques de porphyre. A l'Alhambra, c'est une rangée de lions qui portent les bassins de la fontaine, et ces lions, sculptés ou plutôt construits d'un ciseau rude qui les accuse par un modelé rudimentaire, rappellent l'idée de l'animal plus encore que ses formes.

VOÛTE ARABE, DITE A STALACTITES.

Mais c'est là une exception tout à fait rare dans l'art musulman. En interdisant la représentation de la figure humaine et des animaux, la religion de Mahomet a condamné l'architecture arabe à une ornementation purement optique, sans signification et sans vie. De là naissent ces innombrables mélanges de faces et d'angles, de droites et de courbes, qui, renouvelés des Persans, ne servent qu'à conduire l'œil dans un labyrinthe sans issue et sans fin, mais non sans attrait. L'aride géométrie est appelée à concourir au décor des chapiteaux, des montants, des murs et des frises. On aperçoit, ici, des triangles qui sont noués par le sommet et dont la base coupée se tourne en volutes et va s'enchevêtrer en d'autres triangles; là, des losanges qui ne se terminent point, ou des carrés qui s'enlacent et qui s'ouvrent au passage d'une diagonale interrompue; ou bien des trapèzes qui se combinent et se rachètent de manière à former par leurs côtés inégaux des figures régulières croisées par des lignes dont la marche, capricieuse en apparence, est cependant prévue et réglée par le décorateur. Qui le croirait? de tous ces froids éléments résulte une ornementation

CHAPITEAU ARABE.

pleine de saveur! Viennent ensuite des cordes ingénieusement tressées, qui forment des nœuds inextricables dont les gracieux problèmes intriguent et amusent pour un instant le regard. Et ce canevas mathématique de l'ornementation arabe est justement ce qui la distingue de toutes les autres. Les rinceaux, les fleurons, les entrelacs, les polygones géométriques, bien qu'emmêlés par des complications infinies, sont soumis à une loi d'arrangement qui permet au contemplateur de retrouver le fil de ce dédale. Ces figures fantastiques s'embrouillent avec symétrie; une secrète méthode préside à la distribution de ces chimères.

Cependant le spectateur doit bientôt se lasser de tant de signes abstraits, d'où les images de la vie ont disparu. Chose singulière! les objets qui n'occupent pas l'esprit sont ceux dont il se fatigue le plus vite. Aussi les Arabes ont-ils suppléé par l'écriture aux êtres animés qu'ils n'osaient introduire dans leur décoration. Ne pouvant figurer le corps de l'homme, ils ont figuré sa pensée. La religion de Mahomet, qui promet la volupté, pouvait être rappelée sans impudeur, même dans un palais ouvert aux délices de la vie sensuelle. C'est ainsi que les graves versets du Coran traversent l'ornementation et l'enrichissent par une variété nouvelle de formes et de contours. L'écriture arabe des premiers siècles, celle qu'on nomme *coufique*, se compose de caractères mâles, aux bases anguleuses, aux brusques évolutions, et dont la ferme élégance a quelque chose de monumental. Du sein de ses molles rêveries, le khalife, entouré de ses esclaves et de ses femmes, voit passer sur la muraille des sentences qui tournent son esprit vers Dieu et le plongent dans une rêverie plus profonde et plus haute. Quelquefois, pour rehausser l'importance et l'éclat des lettres coufiques, l'artiste arabe les écrit en faïence émeraude sur un fond blanc et les coupe de légers fleurons en noir et azur. Mise en œuvre par le génie oriental, la faïence émaillée forme dans l'art moresque des mosaïques d'une coloration violente, mais harmonieuse; elle oppose le poli de ses surfaces à l'aspect grenu et mat des parois de plâtre, dépolies par des myriades de lotus, de triangles et de gaufrures, et tandis que la lumière se réfléchit sur l'émail, elle va s'amortir et s'absorber sur les dentelles des arcades et sur les draperies de stuc qui semblent revêtir toutes les surfaces et tous les murs.

En résumé, le choix de l'arc outre-passé et de l'ogive, employée souvent à titre décoratif;

Les pendentifs dits en stalactites;

Le chapiteau cubique, délicatement orné d'entrelacs peu en relief ou chargé de pendentifs en miniature;

CORDES TRESSÉES.

L'intrados des arcs découpé en fines broderies et les tympans percés à jour;

Le système de l'arc et de la voûte souvent simulé par une construction en bois qui porte des voûtes fictives et des arcades appliquées;

Au dehors, l'extrême rareté des ouvertures et l'austérité des murailles;

ÉCRITURE ARABE DES PREMIERS SIÈCLES, DITE COUFIQUE.

Au dedans, une ornementation prodiguée à toutes les surfaces, composée de fleurons, d'entrelacs et de figures géométriques, et rehaussée de couleurs et de dorures;

L'absence de tout signe rappelant la vie animale;

Enfin, l'écriture se mêlant à la décoration et remplaçant les images de la vie par l'expression de la pensée;

Tels sont les traits marquants du style arabe, en tant qu'il se distingue de l'art byzantin.

L'OGIVE. *Style gothique.* — Tant que l'architecture de l'Occident avait été pratiquée par des moines, elle n'avait pas exprimé entièrement et au plus vrai les sentiments qu'inspire l'Evangile. Elle avait conservé dans ses formes des traditions païennes, et dans sa physionomie morale des marques de prudence et d'attachement à la terre. Tous ses arcs s'étaient pesamment dessinés en plein-cintre comme ceux des Romains, et l'église chrétienne, durant des siècles, avait complètement ressemblé à la basilique du tribunal où le préteur l'avait jadis condamnée. Le christianisme en était encore à trouver dans l'architecture une expression éclatante et profonde, une expression absolument originale de son génie. La religion de Phidias et de Périclès avait fait descendre la beauté des dieux sur la terre; au contraire, la religion du Christ faisait monter l'âme des hommes dans les cieux. Ce grand contraste, qui aurait dû, ce semble, être accusé par l'architecture dès le commencement, n'y fut traduit qu'au XIIe siècle, lorsque, le compas et l'équerre passant aux mains des laïques, le peuple put mettre dans son temple l'empreinte de ses sentiments naïfs, superstitieux, exaltés, et ce caractère d'aspiration, *aspiring character* (disent les Anglais), qui est vraiment celui du christianisme pur. Alors naquit une architecture qui, au lieu de s'étendre, allait s'élever; qui, au lieu de s'asseoir et de reposer sur de tranquilles horizontales, devait se développer en hauteur sur des verticales hardies. Ce style nouveau demandait l'emploi dominant d'une forme nouvelle, et voulait un nouveau moyen de construction. La forme, ce fut l'ogive; le moyen de construction, ce fut l'arc-boutant.

Mais d'abord quelles sont les origines de l'ogive qui ont donné lieu à tant de controverses? Si cette question n'était pas du domaine de l'histoire, et que nous eussions à l'examiner ici, il nous serait facile de montrer que l'ogive en elle-même (ou l'arc brisé, l'arc aigu) n'a point d'origine, que personne ne l'a inventée, pas plus qu'on n'a inventé le cercle et le triangle. En fait, l'arc brisé se trouve isolément, il est vrai, dans les plus anciens monuments de la terre : en Egypte, dans le Rhamesséion de Thèbes, qui date d'environ trente-quatre siècles; en Grèce, dans le trésor d'Atrée, à Mycènes, qui remonte aux âges héroïques ; en Asie, dans la porte d'Assos (Tessier, *Descriptions de l'Asie Mineure*) ; en Etrurie, en Sardaigne, en Corse, dans certains tombeaux du temps des Pélasges ; en Amérique, enfin, dans quelques constructions mexicaines d'une haute antiquité (Hittorff, *Architecture moderne de la Sicile*). Toutefois, ces monuments présentent l'arc aigu, non pas construit en *claveaux*, selon le système que nous avons déjà expliqué, mais obtenu au moyen de grandes

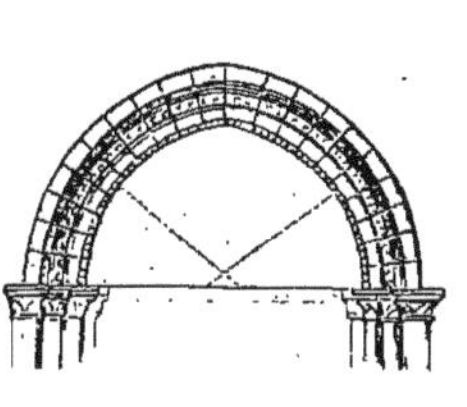
PLEIN-CINTRE BRISÉ.

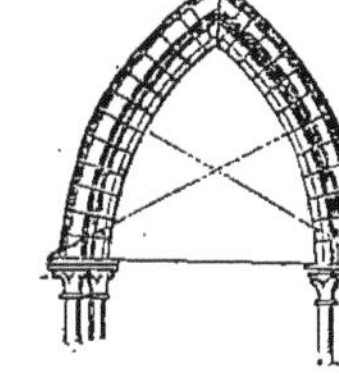
OGIVE EN LANCETTE.

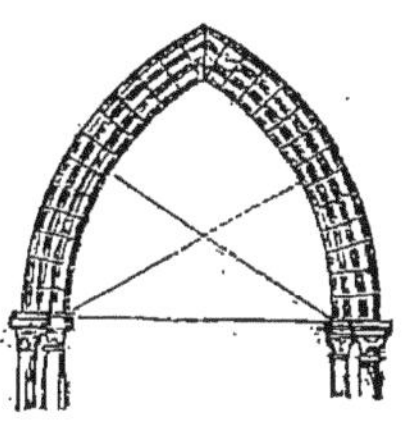
OGIVE ÉQUILATÉRALE.

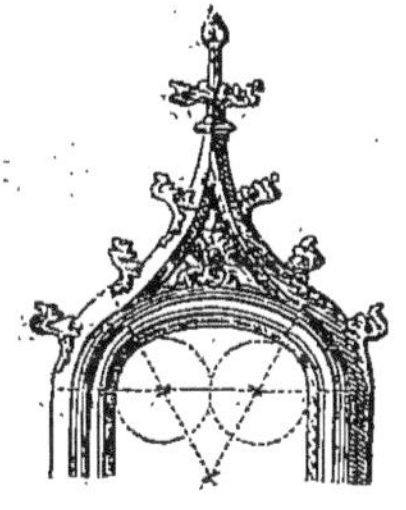
OGIVE EN ACCOLADE.

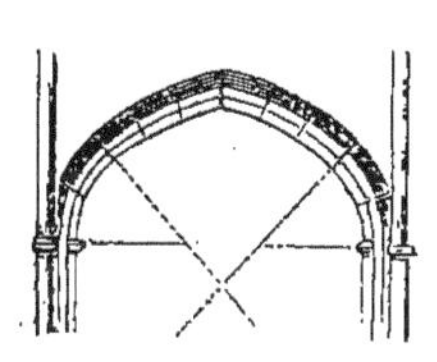
OGIVE SURBAISSÉE.

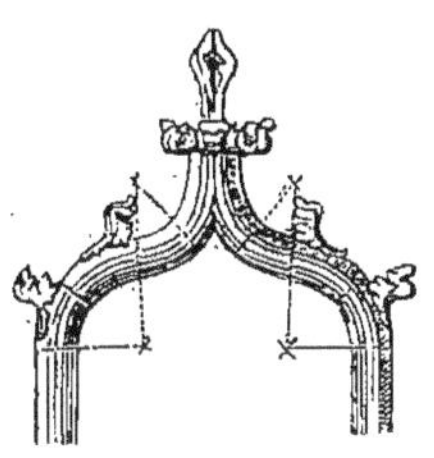
ANSE DE PANIER.

assises horizontales posées en encorbellement, c'est-à-dire en saillie l'une sur l'autre. Quoi qu'il en soit, l'instinct naturel de la pondération avait indiqué aux hommes ce que la science leur enseigne de nos jours, savoir, que l'arc aigu est celui dont la stabilité est la plus grande, dont la poussée est la moindre. Etant donnés, en effet, deux arcs de même diamètre et d'égale épaisseur, l'un en plein-cintre, l'autre en ogive, la poussée de l'ogive est à la poussée du plein-cintre comme 3 est à 7 (Rondelet, *Théorie des Constructions*), et, de plus, il suffira de donner à l'ogive les trois quarts de l'épaisseur et de la force qu'exigeront les points d'appui du plein-cintre correspondant.

Cependant, si l'ogive est aussi ancienne que le monde, si ses propriétés de résistance ont été devinées ou reconnues bien avant notre XIIe siècle, si elle a été appliquée par les Arabes à la mosquée d'Amrou en l'an 20 de l'hégire (642), ce n'est pas à dire pour cela que le style ogival ne soit pas un art nouveau, sans exemple dans l'histoire et sans précédent. Autre chose est une forme employée accidentellement comme moyen facile et énergique ou dans une intention décorative, autre chose est un système entier d'architecture où cette forme joue un rôle tout à la fois expressif et *constructif*, un système combiné avec art et logiquement enchaîné, comme celui qui, né en France dans la seconde moitié du XIIe siècle, a dominé en Europe pendant trois cents ans.

Nous connaissons le style de l'église romane. Elle porte sur des piliers lourds et robustes, ou sur des colonnes trapues. Ses voûtes, en plein-cintre, reposent sur des murs épais flanqués de contre-forts. Elle n'a, dans la grande nef, que de petites ouvertures, ou bien, comme en Auvergne, elle n'en a point et n'est éclairée que par les fenêtres du bas-côté, presque aussi hautes que la grande nef. Elle est donc en général peu élevée, elle est sombre... D'où est venu le besoin de transformer cette église et de renoncer à un style qui était calme, imposant et fort?

Il faut rappeler ici en peu de mots ce qu'était la société française au XIIe siècle, à l'époque romane. Deux grandes féodalités pesaient sur la nation : la féodalité militaire et la féodalité monastique. La première avait amoindri la royauté, l'inquiétait, lui portait ombrage ; la seconde dominait les évêques et les éclipsait. Riches, influents, illustres, possesseurs de terres immenses, dotés de privilèges étendus, et ne reconnaissant d'autre suzerain que le pape, les abbés exerçaient la puissance seigneuriale dans leur domaine et la souveraineté de la règle dans toutes les maisons de leur obédience, d'une extrémité d'un pays à l'autre. Le monopole des arts était en leurs mains, l'architecture était partout à leurs ordres. Mais, vers la fin du XIIe siècle, ces deux féodalités commencent à décliner sensiblement. Partis pour la croisade, les seigneurs ont laissé derrière eux des créanciers qui, au retour, leur feront la loi. A la justice seigneuriale, souvent barbare, les populations préfèrent les tribunaux ecclésiastiques, plus humains et plus doux. D'autre part, la vie monastique relâchée, ouverte aux abus, est décriée par ceux qui en connaissent les désordres, et les évêques brûlent de combattre une prépondérance qui les humilie. Divers souffles de liberté ont passé sur le siècle. Abélard a introduit l'esprit d'examen dans le dogme. Une bour-

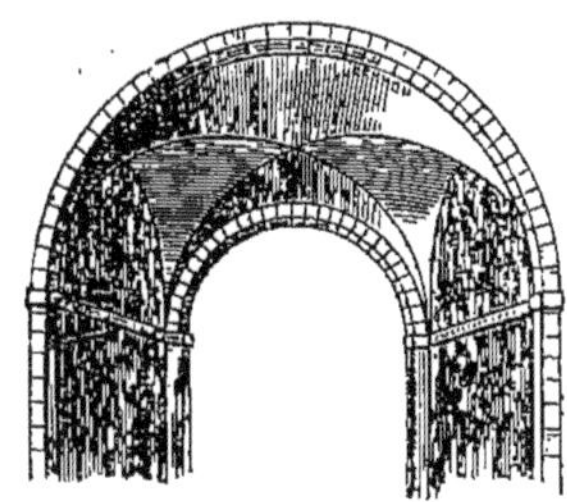

VOÛTE D'ARÊTE ROMAINE AVEC ARCS-DOUBLEAUX.

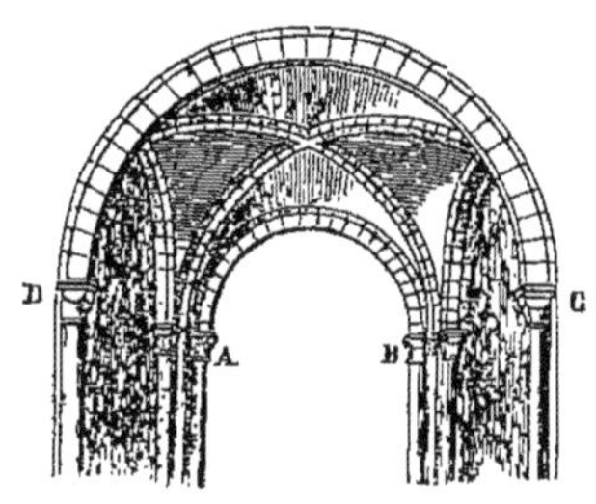

VOÛTE A NERVURES DIAGONALES: AB, DC, sont les arcs-doubleaux. ED, FC, sont les arcs-formerets.

geoisie déjà éclairée et enrichie s'est formée dans les villes, s'est reconnue, s'est constituée, et, tantôt rachetée par l'argent, tantôt affranchie par les armes, elle a juré la *commune* sous la protection

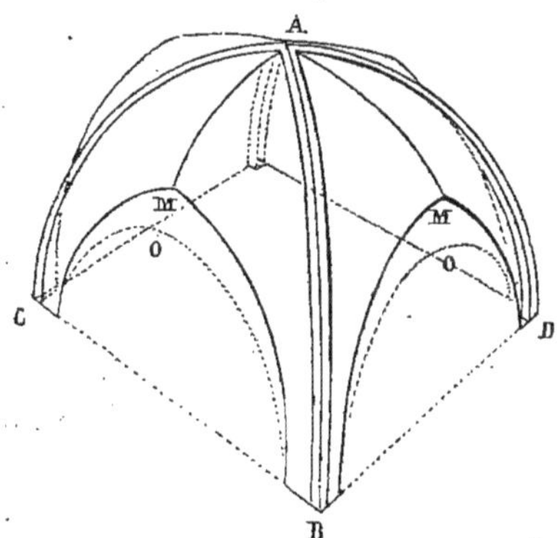

Si les arcs élevés sur les diamètres BC, BD, sont des arcs plein-cintre, le point O se trouve bien plus distant du point *A* que le point M, et chaque triangle sphérique devient plus lourd par sa courbe, plus embarrassant par son étendue et plus disgracieux par sa forme.

du roi. La monarchie, les évêques, les communes, s'entendent donc pour abaisser la puissance féodale des seigneurs et des abbayes. Dans l'ordre civil, le peuple s'allie avec la royauté contre les nobles ; dans l'ordre religieux, il prend parti pour les évêques contre les moines. Ajoutez que beaucoup d'églises romanes ont été détruites par les

Normands dans le nord de la France, et que, s'il en est beaucoup de fort solidement bâties dans le centre ouest de la France, il en est ailleurs qui menacent ruine, faute d'une habileté suffisante dans la construction des voûtes. Alors de toutes parts naît la pensée d'élever de vastes cathédrales, d'opposer aux abbayes et aux châteaux un temple qui n'appartiendra plus à une corporation, mais à tous, qui sera, comme dit M. Viollet-le-Duc, un édifice à la fois religieux et civil, une sorte de forum sacré. Ces cathédrales exprimeront une religion toute de sentiment et de cœur, la religion du peuple, qui veut désormais se réunir dans sa basilique à lui, dans celle qu'il aura bâtie de ses mains et qu'il a rêvée grande, haute et belle.

Reportons-nous vers la fin du XIIe siècle, et supposons que tous les architectes de ce temps-là ne sont qu'un même artiste et que cet homme va faire à lui seul toutes les expériences, va passer par toutes les écoles et tous les tâtonnements d'où est sorti enfin triomphant le style du XIIIe siècle. Une commune puissante, une ville entière, viennent demander à cet architecte de bâtir une cathédrale, et on lui impose le programme que voici : Couvrir, avec le moins possible de matériaux, la plus vaste surface possible, élever des nefs à la plus grande hauteur sur les points d'appui les plus légers qu'il se pourra, et percer dans ces nefs de grandes ouverturs, de manière à y ménager à la fois beaucoup d'espace, un air abondant et une franche lumière (1).

Que fera l'architecte qui a tous ces problèmes à résoudre, et de quelle manière va-t-il transformer l'église romane pour se conformer au vœu des populations et à l'esprit nouveau qui les anime ?

Expliquons d'abord ce que c'est que la voûte à nervures, déjà inventée à l'époque romane. Les Romains, nous l'avons dit, construi-

(1) Il faut lire dans le savant et précieux *Dictionnaire* de M. Viollet-le-Duc l'histoire de ces artistes français du moyen âge qui, voulant voûter les grandes nefs de leurs basiliques, apprennent à leurs dépens un art qu'on ne leur a point ou qu'on leur a mal enseigné, retrouvent les traditions perdues, inventent des perfectionnements admirables, et découvrant une loi de la statique à chaque voûte qui menace ruine, deviennent, de génération en génération, des constructeurs étonnamment habiles, et finissent par créer une architecture nouvelle, en dépit des matériaux qui les trompent, des routes qui leur manquent, des engins qui leur font défaut, et des obstacles sans nombre que leur apporte une société troublée et encore à demi barbare.

On trouve dans le livre de M. Viollet-le-Duc l'explication figurée de tous les membres de l'architecture gothique, et pour ainsi dire l'anatomie détaillée de ce grand corps. A chaque page le texte s'éclaire d'un dessin, merveilleux de relief, de vérité et de couleur, qui rend sensibles, qui fait toucher du doigt les démonstrations du maître.

saient des voûtes d'arête formées par la pénétration de deux cylindres qui se coupent à angles droits. Cette sorte de voûte, ayant une poussée redoutable, ne doit sa solidité qu'à l'épaisseur des quatre massifs inébranlables sur lesquels elle repose, et à l'excellence du mortier romain, qui fait de toute la voûte une croûte homogène, un couvercle d'un seul morceau. Les Romains avaient fortifié leurs voûtes par des arcs-doubleaux, qui sont des portions d'arc plus épaisses que le reste de la voûte et forment des bandes saillantes, des contre-forts courbes ; mais les Romains n'avaient pas songé à employer ces contre-forts courbes où ils étaient le plus nécessaires, je veux dire le long des arêtes, à l'endroit où tout le poids de la voûte est suspendu sur le vide. Les constructeurs du moyen âge firent donc un progrès notable en inventant les nervures diagonales, c'est-à-dire en bâtissant des cintres croisés qui, au lieu d'être provisoires et en bois, sont permanents et en pierre. Minces en largeur, mais fortes en profondeur, ces nervures devinrent comme l'énergique armature d'une tente sur laquelle on n'a plus qu'à jeter une toile, de telle sorte que les quatre triangles que dessinèrent les diagonales purent être couverts par un remplissage de légère maçonnerie, semblable à un voile de pierre.

Un autre progrès fut réalisé, plus considérable encore. Dans la voûte romane, les arcs diagonaux formant arêtes sont des arcs surbaissés. Or, l'arc surbaissé a une poussée encore plus forte que l'arc plein-cintre, outre qu'il est plus difficile à construire. On résolut donc d'adopter le plein-cintre pour les arcs diagonaux. Mais, comme la diagonale d'un carré ou d'un rectangle est plus grande que les côtés de ce rectangle, la clef des arcs diagonaux, tracés par un plus grand rayon, se trouva beaucoup plus haute que celle des quatre arcs élevés sur les quatre côtés. Il en résultait de graves inconvénients : d'abord l'aspect de ces voûtes était fort disgracieux et les faisait ressembler à un entonnoir, de sorte que la partie supérieure de l'édifice, divisée en petites voûtes de ce genre, perdait la continuité apparente de ses lignes et de sa grandeur ; ensuite le poids et la poussée d'une telle voûte étaient considérables, parce que les nervures (la partie forte et soutenante) se trouvaient très écartées l'une de l'autre, tandis que les quatre triangles (partie faible et soutenue) devenaient très larges.

A ces divers inconvénients il y avait un remède, c'était de faire les arcs-doubleaux et les arcs-formerets, non plus en plein-cintre, mais en arc aigu. De la sorte, on rapprochait les nervures, on diminuait les distances entre les sommets des divers arcs, et partant on réduisait les triangles de maçonnerie légère qui devaient combler ces distances. De plus, on corrigeait par le surélèvement des côtés la forme déplaisante de la voûte ; enfin l'arc aigu ayant une poussée beaucoup moindre, les triangles qui s'y rattachaient prenaient avec lui une inclinaison plus rapprochée de la verticale et devenaient moins lourds. C'est ainsi que l'ogive, qui, à l'époque romane, avait été accidentellement et obscurément employée çà et là dans les parties basses de l'édifice, lorsqu'une nécessité absolue le commandait, se montra dans les parties hautes vers la fin du XIIe siècle, et y fut accusée franchement comme jouant un rôle voulu par la construction même (1).

Les choses en étaient là, lorsque le grand mouvement historique

(1) Quelle que soit son étymologie, le mot *ogive*, qui signifie aujourd'hui arc aigu, arc brisé, signifiait, à l'origine, nervure. On appelait *ogives* les arcs diagonaux que l'on avait ubstitués aux arêtes de la voûte romaine, et comme ces arcs diagonaux se croisent à la clef, on les appelait aussi *croisées d'ogives*. Or, les nervures diagonales qui, dans le principe, étaient surbaissées, c'est-à-dire décrivaient la courbe d'un demi-ovale, furent bientôt tracées en plein-cintre, pour les raisons que nous avons dites. Il en résulterait que le mot *ogive* était appliqué à des arcs qui, le plus ordinairement, étaient en plein-cintre. Mais, comme deux pleins-cintres qui se croisent sur le papier dessinent par leur intersection un arc aigu, l'arc aigu, fut également nommé ogive, recevant ainsi le même nom que les courbes qui l'avaient engendré. Voilà comment la signification actuelle du mot *ogive* peut être en quelque manière justifiée.

Au surplus, l'arc aigu, nous venons de le démontrer, joue un double rôle dans l'arc- du moyen âge. Il n'y est pas seulement à l'état de figure ; il y est à la fois expressif et *constructif*. Nous croyons donc qu'il ne serait pas tout à fait juste de dire avec quelques archéologues, dont l'opinion est d'ailleurs d'un grand poids, tels que M. Mérimée (*Essai sur l'Architecture religieuse*), M. de Vogüé (*Églises de la Terre Sainte*), que l'ogive a fort peu d'importance dans l'architecture gothique et qu'elle n'y est pas nécessaire. On pourrait sans doute bâtir une église dans le système gothique en remplaçant les arcs aigus par des arcs plein-cintre et par des arcs surhaussés ou surbaissés (dont l'aspect, par parenthèse, est fort laid), comme à Saint Eustache, par exemple, mais il est clair que l'impression produite ne serait plus la même, car pour soutenir des arcs beaucoup plus lourds, il faut non seulement des arcs-boutants plus solides, mais des piliers plus forts ou plus serrés, de sorte que le monument perd à la fois son caractère optique, la légèreté, et son caractère moral, l'aspiration. Notre opinion, du reste, semble partagée par des écrivains non moins compétents, et qui ne font pas aussi bon marché de l'ogive, tels que M. Vitet (*Notre-Dame de Noyon*), M. Alfred Darcel (*Essai sur l'Architecture ogivale*) et M. Félix de Verneilh (*Annales archéologiques de Didron*, tome XXIII).

dont nous avons parlé fit naître dans tout le nord de la France le

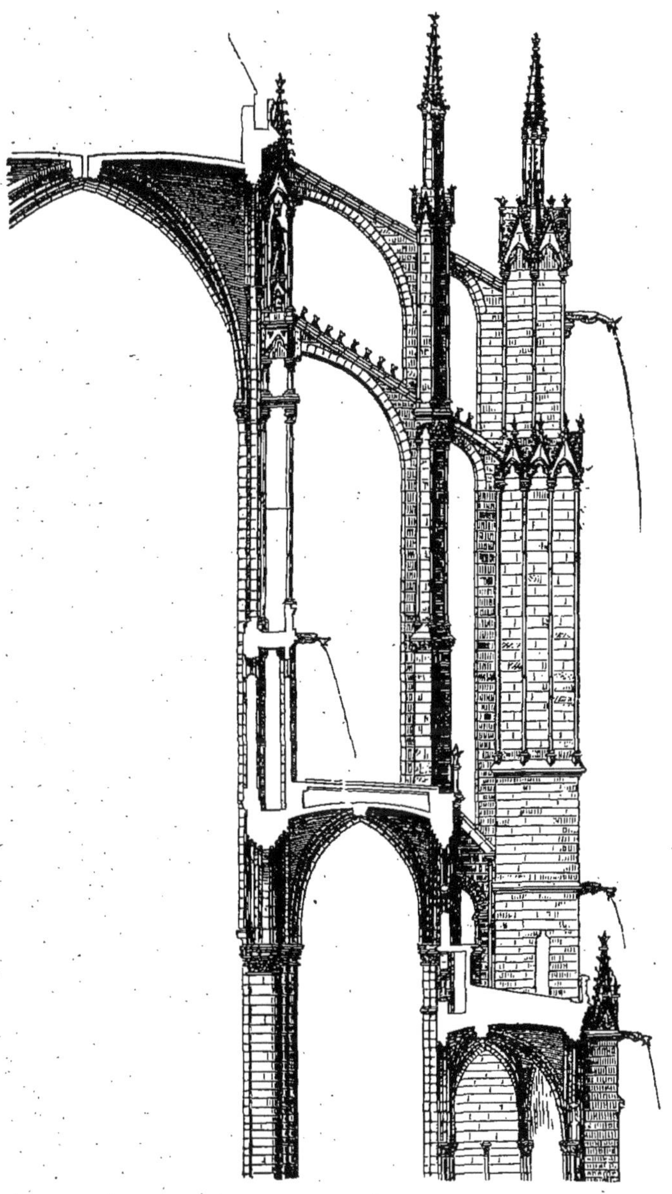

ARC-BOUTANT DE LA CATHÉDRALE DE BEAUVAIS.
(Telqu'il était au XIIIe siècle, d'après M. Viollet-le-Duc.)

besoin de bâtir de vastes cathédrales, à commencer par les villes du domaine royal, Paris, Chartres, Bourges, Beauvais, Senlis, Rouen, et surtout par celles qui avaient donné le signal de l'affranchissement des communes, telles que Laon, Reims, Amiens, Soissons, Noyon. Tout était prêt pour l'avènement d'une nouvelle architecture; mais des problèmes importants restaient à résoudre : éclairer l'église, l'agrandir, l'élever sur des points d'appui légers, tenant peu de place à l'intérieur, et laissant de l'espace à l'agglomération et au mouvement de la foule.

Un seul membre d'architecture contenait les trois solutions : c'était l'*arc-boutant* mis à découvert.

L'arc-boutant (ou butant), qui est une portion d'arc destinée à buter une voûte, était connu et quelquefois mis en œuvre dans l'époque romane, mais il y était toujours masqué; on le cachait sous la toiture des nefs latérales. Il en résultait que la grande nef était éclairée seulement par les fenêtres des bas côtés, parce qu'il n'y avait pas entre la voûte du milieu et les voûtes latérales une différence de hauteur suffisante pour ouvrir des jours.

Cependant la voûte des nouvelles cathédrales devant être portée sur des piliers isolés et minces, insuffisants pour résister à la poussée, il fallait bien que l'architecte cherchât au dehors la résistance qu'il ne pouvait se ménager à l'intérieur. Cette résistance, il la trouvait dans l'arc-boutant. Tout d'abord, il eut l'idée d'opposer à la poussée un contre-fort prolongé qui serait porté dans toute son étendue par la voûte des bas-côtés; mais il reconnut bientôt que ce contre-fort massif contenait des parties inutiles et chargeait énormément la voûte latérale, qu'on pouvait l'évider et le construire en arc de manière à résister à la poussée oblique des voûtes par une poussée oblique en sens contraire. Une fois ce contre-fort changé en arc, on se vit souvent dans l'obligation de le doubler pour atteindre à des voûtes très hautes, et pour étayer deux fois le long pilier qui les soutenait. Souvent aussi on doubla l'arc-boutant pour donner plus de force au premier en le chargeant d'un second, afin qu'il ne fût pas relevé par l'effort de la poussée des voûtes. On eut alors l'idée ingénieuse d'utiliser le second arc en lui faisant porter le conduit des eaux pluviales, qu'on pouvait ainsi rejeter promptement au dehors, au lieu de les laisser s'égoutter par le larmier des corniches du grand comble. Et si l'arc-boutant ne s'élevait pas, pour remplir sa fonction, à la hauteur de ces corniches, on lui faisait porter une construction à claire-voie qui n'était autre chose qu'un aqueduc incliné pouvant être élégamment découpé à jour.

Toutefois, l'arc-boutant n'est pas une force inerte : c'est une force agissante, un peu élastique même, qui pousse et qui est poussée. Si l'arc est trop fort, il tend à renverser la construction en dedans ; s'il est trop faible, il ne l'empêche pas de se déverser au dehors. Il faut donc calculer rigoureusement l'énergie de sa résistance, pour que cette résistance, qui est un secours, ne devienne pas un danger. Et cela même ne suffit point, car il importe de déterminer avec précision le point où devra être appliqué l'arc-boutant, c'est-à-dire où il devra exercer la pression qui fera équilibre à la poussée des voûtes. Car si ce point est fixé trop haut, la voûte qu'il s'agissait de maintenir fera son effort en dessous ; s'il est fixé trop bas, elle s'écartera en dessus, et les pressions obliques cessant de se contre-balancer, le pilier, qui n'aurait dû porter qu'une charge verticale, est renversé à l'extérieur dans le premier cas, à l'intérieur dans le second.

Certains architectes, ceux de Reims et d'Amiens par exemple, pour éviter que l'action de l'arc-boutant ne dépassât le but, lui opposèrent, à l'endroit ou il venait s'appliquer, un surcroît d'épaisseur dans le mur, et firent porter sur une colonne isolée ce surcroît d'épaisseur dont l'addition était fort bien entendue, car il est plus facile d'ajouter à la force de l'arc-boutant, s'il est trop faible, que de diminuer son action s'il est trop fort.

On le voit, c'est une invention bien ingénieuse que l'arc-boutant, mais qui n'est pas sans inconvénients et sans périls, et qui veut être maniée par un maître consommé dans l'art de bâtir. Il faut aussi reconnaître que l'arc-boutant mis en évidence nous donne l'idée d'une stabilité chanceuse, à laquelle on a pourvu par des étais permanents, et que, tout reposant sur les lois de l'équilibre, l'esprit est naturellement alarmé à la pensée qu'un seul arc-boutant peut entraîner par sa ruine la chute de tout l'édifice. Mais « demander une église gothique sans arc-boutant, dit M. Viollet-le-Duc, c'est demander un navire sans quille ; c'est, pour l'église comme pour le navire, une question d'être ou de n'être pas ». Il y a donc nécessité absolue d'employer l'arc-boutant pour soutenir un monument qui doit être, au dedans léger, vaste et haut. Que si la vue extérieure du monument en est le plus souvent gâtée, comment regretter ce sacrifice quand on songe aux effets sublimes qu'il nous a valus à l'intérieur?

Et d'abord un grand changement s'est opéré dans les lignes dominantes. Au lieu que les architectures antérieures accusent fortement les horizontales, ce sont ici les verticales qui se prononcent. L'Égypte, la Grèce, toute la haute antiquité avaient recherché les effets des grandes lignes parallèles à l'horizon, et y avaient reconnu l'expression imposante du calme, de l'immobilité et de la durée. Nos artistes du moyen âge, au contraire, impriment à leurs édifices un caractère ou plutôt un mouvement d'ascension, car ces longues colonnes, qui dans les belles églises gothiques montent sans interruption jusqu'à la voûte, elles semblent se dresser sur leurs bases. Le monument, au lieu d'être assis sur des horizontales, s'élance sur des perpendiculaires. Autre innovation, et celle-là, merveilleuse ! Dans le temps même où nos architectes laïques imaginaient le système des arcs-boutants, ce système était complété par une invention admirable qui allait transformer l'aspect intérieur de l'église gothique, ainsi qu'on va le voir.

Une fois l'arc-boutant trouvé, tout le poids de l'édifice portait sur certains points seulement, puisque la poussée (l'action oblique) était rejetée à l'extérieur et allait se résoudre sur les contre-forts, tandis que le poids (la charge verticale) était porté par les piliers intérieurs. De cette combinaison il résultait que le mur élevé entre deux arcs-boutants n'avait plus qu'une utilité restreinte et pouvait être percé de grandes ouvertures; mais encore fallait-il qu'il subsistât, car il avait une fonction à remplir; il supportait la charpente du grand comble. Pour rendre ce mur complètement inutile, quelqu'un s'avisa de faire porter sur l'arc-formeret la partie de mur destinée à recevoir la charpente, et voici comment :

Le lecteur a vu plus haut que les *formerets* sont les arcs parallèles à l'axe principal de l'édifice. Primitivement, ces arcs n'étaient qu'une bordure de la voûte, un ourlet (pour ainsi parler) encastré dans le mur latéral. Vint un artiste — un de ces grands artistes dont les noms nous demeurent inconnus ! — qui eut l'idée simple en apparence, mais singulièrement féconde, de substituer à cette bordure un arc véritable, un arc aussi solide, aussi résistant que les autres nervures de la voûte. Ainsi transformé en arc, le formeret se trouva suffisamment fort pour soutenir le comble. Dès lors le mur placé au-dessous de ce nouveau formeret devint superflu ; on put faire le vide sous les formerets entre les arcs-boutants, et ce vide put être empli par une muraille de verre.

Et maintenant quels résultats admirables vont avoir ces deux conceptions : le formeret et l'arc-boutant ?

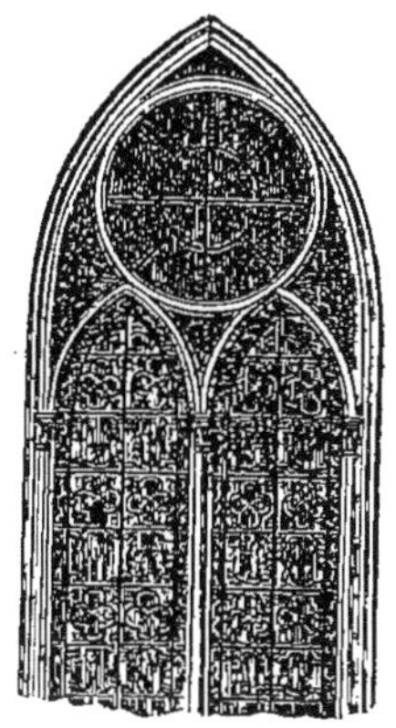

STYLE PRIMAIRE.
(XIIIe siècle.)

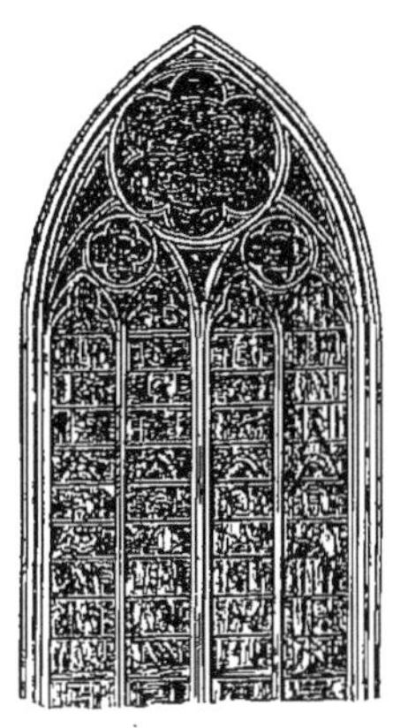

STYLE RAYONNANT.
(XIVe siècle.)

STYLE FLAMBOYANT.
(XVe siècle.)

Grâce à l'arc-boutant, l'église est haute et légère, d'autant plus légère qu'elle est plus haute, car ses points d'appui, réduits à n'être que des verticales rigides, peuvent monter, grandir, s'allonger, sans croître en épaisseur. Grâce au formeret, l'église est inondée de lumière, et la clarté en est même si abondante, qu'elle ôterait au monument sa poésie religieuse en substituant la banalité du grand jour à la demi-obscurité si imposante de l'église romane. Mais un art tout plein de prestige vient tempérer cet excès de lumière, qui serait une distraction pour l'esprit, une fatigue pour les yeux. Que dis-je? la peinture sur verre, en modérant les rayons du soleil, leur restitue les couleurs du prisme. Traversés par la lumière, les vitraux resplendissent des tons exaltés du rubis, de l'émeraude et du saphir ; ils remplissent de mystère et d'opulence les longues nefs du temple, et les courbes du sanctuaire, et les chapelles basses qui rayonnent autour du chœur, et l'abside profonde. Les trésors de l'Orient, que les mages avaient apportés jadis aux pieds d'un Dieu enfant et pauvre, ils étincellent encore dans les grandes roses du portail et des transepts, et dans ces vitres immenses qui ont le chatoiement des pierres précieuses, l'éclat des diamants et de l'or. Et au milieu de cet écrin apparaissent les hautes figures des saints et des anges, qui revêtus de leurs robes lumineuses, semblent ouvrir aux croyants les perspectives du paradis; ou bien ce sont des légendes que le peintre a distribuées dans les petits compartiments de sa grande verrière, et dont les innombrables épisodes, à travers le réseau de plomb qui les entoure et les sépare, composent un inintelligible et comme un indéchiffrable grimoire qui remplit l'âme de pensées vagues et de songes... Chose étrange! dans un édifice où la prédominance des vides sur les pleins est si frappante, les artistes du XIIIe siècle, au moyen de la peinture sur verre, qui assombrit tous les vides, ont su produire des impressions graves, préparer l'esprit au recueillement et répandre une teinte de mélancolie dans une basilique ouverte de toutes parts aux sentiments qu'inspire la gaieté du jour. Aussi ne pouvons-nous entrer dans ces vastes cathédrales, où la lumière est assourdie par la couleur, où l'ombre scintille, sans éprouver un étonnement qui interrompt soudain le cours de nos pensées et nous conduit à une certaine rêverie. « Il n'est âme si revesche, dit Montaigne, qui ne se sente touchée de quelque révérence à considérer cette vastité sombre de nos ésglises, et ouïr le son dévotieux de nos orgues. Ceulx mêmes qui y entrent avec mespris sentent quelque frisson dans le cœur. »

Cependant elles sont bien loin, nos cathédrales gothiques, d'avoir en réalité la grandeur qu'elles ont en apparence. En sacrifiant l'une des trois dimensions, les architectes ont fait paraître la hauteur plus haute, la profondeur plus profonde. Étroite relativement à sa longueur, chaque nef produit aux yeux l'illusion d'une avenue qui se prolonge et dont l'extrémité recule. Peu étendue relativement à son élévation, la voûte paraît d'une hauteur effrayante, et les piliers qui la soutiennent, composés de colonnettes grêles qui montent jusqu'à leur chapiteau sur une ligne non interrompue, semblent encore plus légers qu'ils ne sont, parce que leur diamètre réel est dissimulé par les saillants et les rentrants qui les dégagent. Ainsi tout concourt à tromper l'œil dans le sens et au profit de la grandeur, tout conspire à frapper l'imagination des fidèles, à l'étonner, à l'éblouir.

Ce n'est pas tout : il est dans l'architecture ogivale un artifice qui ajoute encore à son étendue apparente, c'est qu'elle est toujours construite à l'échelle de l'homme. On entend par *échelle* un objet de comparaison placé en certains endroits de l'édifice, à la portée du spectateur, pour lui faire apprécier facilement les dimensions de l'œuvre. « Par exemple, dit M. Mérimée (*Moniteur universel*), vous dessinez dans le désert un colosse égyptien : rien n'indiquera sa grandeur à ceux qui verront votre croquis. Vienne un Arabe qui se perche sur l'oreille de la statue, à l'instant elle devient colossale... L'*échelle* que les maîtres du moyen âge ont préférée, c'est la moyenne de la stature humaine, et non sans raison, car cette mesure est une de celles que l'œil juge le plus vite. »

Les monuments de l'antiquité, lorsqu'ils avaient une médiocre étendue, l'Érechthéion d'Athènes ou le temple de Thésée, paraissaient faits à l'usage de l'homme : mais sitôt que l'édifice venait à grandir, tout grandissait dans la même proportion ou à peu près. Chaque partie ayant un rapport secret (quoique variable), avec le diamètre de la colonne, les détails augmentaient, et il arrivait un moment où l'architecture semblait faite pour des géants. Les degrés ne pouvaient plus être enjambés, les balustrades n'étaient plus à hauteur d'appui : l'artiste s'étant préoccupé de l'art et non de l'homme. Toutefois, comme il fallait bien obéir à la nécessité, lorsque le temple avait des marches difficiles à monter, comme au Parthénon, ou impossibles à franchir, comme à Sélinonte, ou chaque degré mesurait la hauteur d'un homme ordinaire, on ménageait çà et là des subdivisions de degrés qui rendaient praticable l'accès du temple.

Il n'en est pas de même dans la cathédrale du XIIIe siècle ; elle est toujours conçue à l'échelle de l'homme. Le temple peut grandir en dimensions, les parties qui sont faites à destination humaine ne changent point. Les degrés restent les mêmes ; les portes ne s'élèvent pas plus haut qu'il ne faut pour laisser passer un évêque avec sa crosse, un guerrier avec sa lance, un prêtre avec sa bannière. Les piliers les plus élancés ont le même diamètre que les piliers les plus trapus, et à Notre-Dame de Paris, à Chartres, à Reims, comme dans une église de village, l'on peut monter les marches, s'appuyer sur les balustrades, atteindre au bénitier, et les piliers, n'étant pas plus gros ici que là, laissent passer le regard de l'homme, qui peut ainsi plonger au fond de l'église à quelque place qu'il soit assis ou agenouillé; tandis que, dans un temple colossal comme celui d'Agrigente ou de Sélinonte, l'homme devait se mouvoir à tout instant pour faire le tour des colossales colonnes qui lui obstruaient le passage et la vue. Nul doute, assurément, que l'architecture grecque, dont nous ne voyons plus que les ruines, ne renfermât quelque détail propre à servir d'échelle pour mesurer l'édifice et pour avertir les yeux de sa grandeur. Par exemple, les boucliers qu'ils avaient l'habitude de suspendre au-dessus des colonnes, sur l'architrave des façades, devaient accuser la hauteur de ces colonnes, comparée à la stature humaine. Mais dans l'architecture ogivale, l'*échelle* est partout présente, et sa présence est regardée comme un principe, « de manière que le spectateur, disait L. Lassus (*Annales archéologiques*), trouvant partout un point de comparaison avec lui-même, sent toujours sa petitesse devant la grandeur de l'ensemble. »

Quant à l'ornementation, elle se présente aussi sous un aspect nouveau. Renonçant aux chapiteaux historiés et aux feuillages fantastiques du style roman, elle devient essentiellement végétale et ne s'attache plus qu'à une fidèle imitation des feuilles et des plantes indigènes. « Mais au lieu d'idéaliser les végétaux, dit M. Vitet (*Notre-Dame de Noyon*), au lieu de leur prêter une forme conventionnelle en harmonie avec le caractère des monuments antiques, on les copie purement et simplement, on les calque d'après nature, et l'on en recherche les modèles, non plus en Orient ni sous le beau ciel de la Grèce et de l'Italie, mais dans nos forêts et dans nos champs. C'est la feuille de chêne, la feuille de hêtre, c'est le lierre, le fraisier, la vigne vierge, la mauve, le houx, le chardon, la chicorée et tant d'autres plantes, toutes de notre sol et de notre climat, qui viennent couvrir les archivoltes et composer les chapiteaux. Jamais ces végétaux modestes n'avaient reçu tant d'honneur... » Mais la vérité surprenante et voulue de ces sculptures imitatives n'est pas le seul mérite de l'ornementation gothique. D'accord entre eux, le sculpteur et l'architecte ont pris la mesure des assises que la carrière leur fournissait : ils ont prévu les joints de l'appareil, les sutures de la construction, et, tout en laissant au ciseau sa liberté, ils ont donné à leurs motifs d'ornement les limites de la pierre elle-même, ou, si le motif était plus grand que la pierre, ils ont eu soin que le joint tombât toujours dans l'axe de l'ornement, qu'il en fût la ligne médiane, de façon que chaque morceau formât un tout à lui seul, ou qu'il fût la moitié symétrique d'un autre morceau. Précautions délicates! et pourquoi faut-il que l'on dédaigne aujourd'hui de les prendre?

Non, non, ils n'étaient pas des barbares, les architectes du XIIIe siècle, les Pierre de Montereau, les Robert de Luzarches, les Villard de Honnecourt, et tant d'autres dont les noms ont péri! Au contraire, ils furent ingénieux quelquefois jusqu'à la subtilité; ils furent logiques toujours jusqu'à la rigueur. Et comme si, à travers les ténèbres du moyen âge, une lueur de l'antiquité grecque fût arrivée jusqu'à eux, ils firent revivre, en les appliquant à l'art du christianisme, quelques-uns des lumineux principes de l'art païen. Quelque radicale que nous paraisse la différence des deux styles, le style ogival et le style grec, on les trouve soumis, l'un et l'autre, à certaines lois de proportions harmoniques et à l'empire de certains nombres dont la vertu se répète et se multiplie. L'église normale présente une largeur qui est contenue trois fois dans sa longueur : la largeur de l'arcade principe (celle de la grande nef) mesure la hauteur des colonnes. Les bas-côtés ont la moitié de cette largeur qui est contenue trois fois dans la façade et neuf fois dans la longueur totale de l'église. La largeur du tout est égale à la hauteur de la voûte centrale, et cette hauteur de la voûte est à sa largeur comme 2 est à 7. La croix de l'église est rigoureusement déduite de la figure par laquelle Euclide construit le triangle équilatéral, et ce triangle, inscrit dans l'ogive de la belle époque (l'ogive en tiers-point), en mesure l'élancement et en affermit les courbes. Un rythme mathématique, une géométrie secrète, engendrent la pondération des façades comme dans le temple grec, et président à la construction de tel édifice qui semblait avoir été le produit d'un pur sentiment.

Il y a plus: selon la loi que le génie de Mnésiclès et d'Ictinus avait si clairement écrite dans l'ordre dorique, l'ordre grec par excellence, nos artistes français voulurent que la construction engendrât elle-même sa décoration ; que toute nécessité devînt beauté ; que l'architecture, cessant de porter un masque, retrouvât son éloquence dans sa franchise. Ainsi, le croirait-on ? en bâtissant nos cathédrales, ils obéissaient, sans le savoir, aux plus importants des principes qui avaient produit l'éternelle beauté de l'art grec. C'est en vertu de ces principes, différemment appliqués, que les Villard, les Pierre, les Robert, maîtres obscurs sortis du peuple, ont opéré une révolution si mémorable dans l'art de bâtir. Une révolution, dis-je, car ces contre-forts détachés, ces arcs-boutants mis en évidence, vont imprimer à l'architecture une physionomie nouvelle en accusant avec énergie, en écrivant sur le ciel l'ossature du monument et ses conditions de stabilité changées en motifs de décoration.

Il faut le répéter, en effet, dans l'architecture française du XIIIe siècle, tout s'enchaîne avec une logique rigoureuse, et la grâce y est toujours une forme de l'utile. Chaque nécessité de construction y devient le prétexte d'un ornement, et les conceptions les plus capricieuses en apparence ne sont qu'un moyen d'embellir l'obéissance de l'artiste aux lois inexorables de la pondération. Les pyramides dentelées, appelées *pinacles*, qui surmontent les piliers et les contre-forts, ne sont autre chose que les poids dont il faut charger ces contre-forts et ces piliers, pour les maintenir dans la verticale. Les constructions à claire-voie, si délicates, si élégantes, que portent les arcs-boutants sur leurs chaperons, ne sont que des aqueducs inclinés qui vont chercher l'eau pluviale à la hauteur des corniches du grand comble, pour la rejeter au dehors par le chemin le plus rapide et le plus court. Quelquefois, lorsque l'arc-boutant est double, ses deux courbes sont réunies, comme à Chartres, par des arcatures portées sur des colonnettes rayonnantes, en forme de roue, et cette élégante image n'est qu'un moyen de rendre les deux arcs solidaires dans sa légèreté, par une construction qui, a toute la force d'un mur plein. Ces grandes têtes de chérubins qui d'en haut nous regardent, ces figures d'anges aux ailes déployées, qui semblent voler dans le ciel de l'église ou s'être posées un instant sur la clef des voûtes pour dérouler les Écritures, ce n'est pas le seul besoin de la décoration qui les a fait sculpter à la rencontre des nervures diagonales de la voûte : ces belles fantaisies répondent à une loi secrète de la construction qui veut que la cléf ait un poids plus considérable que les claveaux avoisinants, afin que sa pesanteur les serre, et, en les serrant, les consolide et les empêche de se soulever sous la pression des reins. Enfin, ces figures étranges de vieux prophètes, de jeunes femmes, de moines accroupis, écrasés, grimaçants, qui font saillie aux angles supérieurs des ouvertures gothiques, elles sont là pour remplir l'office d'un support avancé, d'un *corbeau*, qui, en diminuant la portée du linteau, le soulage et en prévient la rupture.

ARC-BOUTANT DE LA CATHÉDRALE DE CHARTRES.

En résumé, quatre minces piliers reliés ensemble par six arcs, dont deux se croisent en diagonale et les quatre autres sont parallèles deux à deux;

Ces six arcs, ou cintres permanents, constituant la carcasse d'une voûte dont il ne reste plus qu'à couvrir les triangles par un remplissage de maçonnerie très légère;

Quatre arcs-boutants pour contre-buter la voûte; quatre contre-forts pour recevoir ces arcs-boutants, et ce mécanisme répété autant de fois que l'exige la grandeur de l'édifice ;

La solidité par l'équilibre substituée ainsi à la stabilité de l'entablement grec ;

L'ogive employée systématiquement pour tous les arcs grands ou petits, à l'exception des arcs diagonaux de la voûte, qui sont le plus souvent en plein-cintre ;

Les murailles devenues inutiles et pouvant être remplacées par des parois de verre qui tempèrent le jour en le colorant ;

La prédominance des vides sur les pleins;

La légèreté des points d'appui laissant à l'intérieur la circulation libre et beaucoup d'espace ;

Les moyens de solidité rejetés à l'extérieur et la beauté du dehors sacrifiée, s'il le faut, à la beauté du dedans ;

Enfin, une sculpture plus expressive que belle et une ornementation uniquement empruntée de la flore locale ;

Tels sont les éléments et les caractères, tel est l'organisme de l'architecture que l'on appelle gothique, et que nous devons appeler nationale, puisqu'il est incontestable, et maintenant incontesté, qu'elle est d'invention française.

Ici finissent nos considérations sur l'architecture. L'étude des grands systèmes de construction qui ont prévalu dans le monde nous a conduit à la notion de quelques lois générales et génératrices qui peuvent servir également à expliquer le passé, à éclairer l'avenir.

Les monuments égyptiens nous ont montré que l'immensité des dimensions, la simplicité des surfaces, la rectitude des lignes et leur continuité peuvent engendrer des effets sublimes.

Les monuments grecs nous ont appris que le beau dans l'architecture tient aux principes d'ordre, de proportion et d'harmonie; que, cependant, le canon des proportions n'est pas une règle absolue, inflexible, mais au contraire une formule élastique, une mesure que l'artiste peut enfler ou affaiblir selon les convenances créées par le sens moral du monument, par son assiette et sa perspective, par les circonstances locales et les conditions environnantes; que de simples changements dans la proportion et l'espacement des supports et dans leur relation avec les parties supportées peuvent transformer la physionomie d'un édifice en lui imprimant ou les accents de la force, où le sentiment de la délicatesse et de la grâce, ou le caractère de la magnificence, et que trois modes, trois *ordres* susceptibles de se nuancer eux-mêmes en se rapprochant ou en s'éloignant les uns des autres, ont suffi à exprimer toutes les pensées antiques.

Les Romains, plus puissants constructeurs qu'habiles artistes, nous ont enseigné, par leurs erreurs, que les formes de l'architecture, alors même qu'elles sont imaginées par la poésie ou suggérées par un libre caprice, ou puisées dans la nature, doivent épouser la construction et non la masquer, en accuser l'ossature et non la couvrir, en avouer enfin les nécessités inévitables, mais pour les convertir en beautés;

Que superposer des ordres différents, c'est donner à un seul édifice des caractères inconciliables et commettre la même faute que d'introduire les formes du madrigal dans une épopée; que les ordres ne peuvent être superposés d'ailleurs sans subir une altération essentielle, puisque l'entre-colonnement, étant un des principaux moyens d'expression dans chaque ordre, ne saurait convenir à l'un sans mentir à la signification de l'autre;

Que l'architecture en arc et l'architecture en plate-bande sont deux méthodes de construction issues de deux principes différents; qu'il ne faut point les marier, sous peine de manquer à l'unité et à la logique en employant deux supports pour soutenir le même fardeau, et parce qu'un principe, ne doit pas être l'accessoire et l'appoint d'un autre principe, pas plus qu'une pièce d'or ne peut être l'appoint d'une autre pièce d'or.

L'observation et l'analyse des impressions de chaque jour nous ont fait voir que les surfaces de l'architecture deviennent sévères jusqu'à la tristesse ou éveillent des idées de liberté et de plaisir, à mesure que les pleins l'emportent sur les vides ou les vides sur les pleins; qu'ainsi les pleins et les vides sont les longues et les brèves du langage de l'architecte, ou, pour dire mieux, les spondées et les dactyles de sa poésie.

L'étude comparée des divers styles nous a fait sentir que la préférence donnée par les divers peuples à une dimension dominante était une marque de leur génie;

Que le sacrifice de l'une des trois dimensions est un élément de grandeur;

Que l'étendue en profondeur peut produire l'expression d'une terreur mystérieuse;

Que les grandes horizontales (l'étendue en largeur) ont une expression de calme, de fatalité et de durée;

Que les grandes verticales (l'étendue en hauteur) ont un caractère d'élancement et d'aspiration qui exprime le sentiment chrétien et peut exalter les âmes;

Que les arcs, les voûtes et les coupoles répondent à des idées de hardiesse, de liberté et d'équilibre;

Que l'essentiel de la décoration doit être engendré par la construction;

Qu'il importe, enfin, à la dignité de l'architecture monumentale de n'en pas tourmenter les surfaces et de n'en pas rompre les lignes pour le seul plaisir de la variété, comme il importe à la beauté de l'ornementation de ne la point prodiguer, mais de la faire valoir en y ménageant des parties lisses, de larges repos.

Il faut en convenir, il faut le dire avec courage, ces grands principes ont été méconnus par la Renaissance. Ce qu'elle a fait *renaître*, ce n'est pas l'architecture à jamais admirable des Grecs, c'est l'architecture dégénérée des Romains. Égarés à la suite de Vitruve, trompés par ces monuments de Rome que rehaussaient le prestige de l'antiquité et la poésie des ruines, les artistes italiens ne connurent l'art grec que dans des exemplaires altérés et corrompus; ils crurent voir la perfection là où régnait la décadence. La Grèce, conquise par les Turcs au beau milieu du XVe siècle, demeura inconnue à tous ces maîtres dont le goût eût été excellent, s'ils l'avaient puisé à une source plus pure. Brunelleschi lui-même, et Léon-Baptiste Alberti, qui florissaient au commencement du XVe siècle, ne firent pas d'autre pèlerinage que celui de Rome. Bramante, Michel-Ange, Perruzzi, Serlio, Sansovino, Vignole, Palladio, Scamozzi, n'eurent sous les yeux que l'architecture abâtardie des empereurs et quelques beaux types du corinthien. Cependant les temples de la Sicile et de la Grande-Grèce étaient à leurs portes; mais aucun d'eux n'en fut averti, personne n'en découvrit, n'en soupçonna l'existence. Et cependant, pour ces hommes de génie, ne pas connaître l'antique eût mieux valu que de le mal connaître.

Les ordres grecs par excellence, le dorique si mâle et si fier, l'ionique, si précieux et si élégant, sortirent de leurs mains tels que Vitruve les enseignait, défigurés, dépouillés de leur caractère : l'un aminci, affadi, l'autre ayant perdu sa signification symbolique, ses formes intentionnelles, sa délicatesse. A l'instar des Romains, les artistes de la Renaissance ont donné une base à l'ordre dorique, comme pour en mieux marquer l'affaiblissement; ils ont monté toutes leurs colonnes sur une plinthe carrée, également contraire à la convenance et à la grâce ; ils les ont hissées sur un piédestal sans y être contraints par une différence de niveau ; ils ont superposé les ordres en greffant les colonnes sur les pieds-droits et l'entablement grec sur l'arcade étrusque ; ils ont morcelé mal à propos la hauteur de leurs monuments par des corniches qui n'ont aucune raison d'être là où elles ne sont pas le couronnement de l'édifice ; ils ont brisé, dénaturé les frontons. Faute d'avoir connu les belles antes grecques, ils ont repris la tradition romaine de ces colonnes aplaties, équarries, qui, pénétrant le mur sous le nom de pilastres, continuent d'y fleurir sur un plan carré, et présentent une image de maigreur dans ce qui doit être et paraître un surcroît de force.

Plus heureux dans l'architecture des arcs et des voûtes, dont les Romains avaient laissé de majestueux modèles, les Italiens des XVe et XVIe siècle l'ont recommencée avec beaucoup d'éclat, sans aller pourtant aussi loin que les Grecs de Byzance, qui osèrent élever une coupole immense sur quatre pendentifs, hardiesse qui n'avait pas eu d'exemple et qui n'a pas eu d'imitateurs, pas même dans la personne de Brunelleschi, à Florence, et de Michel-Ange à Rome. Brunelleschi, toutefois, eut le mérite d'inventer la coupole à double voûte, qui permet de donner à la voûte intérieure une autre courbe qu'à la voûte extérieure, en laissant un vide entre la convexité de la première et la concavité de la seconde.

La France, qui a toujours été si féconde en grands architectes, n'a fait malheureusement que suivre pendant trois siècles les errements de la Renaissance italienne, qu'elle prenait pour de l'architecture classique renouvelée, et cette longue méprise a duré jusqu'au jour où la Grèce, devenue libre, s'est ouverte aux explorations de ses libérateurs.

Par une rencontre merveilleuse, au moment où s'opérait la vraie renaissance de l'art grec, à ce moment même, il se formait en France toute une école de travailleurs, ardents à étudier l'architecture gothique, si longtemps réputée barbare. Pendant que les temples d'Égine et de Phigalie étaient rendus à la lumière, que l'expédition de Morée découvrait le temple de Jupiter à Olympie, que l'on explorait à nouveau les antiquités de l'Attique, si incomplètement et si imparfaitement dessinées vers la fin du dernier siècle ; que les monuments antiques de la Sicile nous étaient magnifiquement restitués ; que le

Théséion, la Victoire Aptère, les Propylées, le Parthénon, l'Érechthéion, se révélaient à nous dans toute leur beauté, enfin comprise ; pendant ce temps, disons-nous, une jeune génération s'élevait, animée des sentiments qu'avaient inspirés la chevalerie et le christianisme. Un grand poète évoquait tout un monde de poésie autour de Notre-Dame de Paris. Des archéologues passionnés marchaient à la découverte de ces cathédrales qui, depuis trois siècles, n'avaient pas fixé un seul regard. Celui-ci ouvrait avec autorité un cours d'antiquités nationales; celui-là, d'un style plein de dignité et de chaleur, décrivait Notre-Dame de Noyon comme il eût décrit les Propylées. Un autre fondait les Annales de l'art chrétien ; un autre transformait l'Hôtel de Cluny en un splendide musée des arts au moyen âge ; d'autres publiaient et commentaient l'Album retrouvé de Villard de Honnecourt... et, parallèlement à ces travaux, des architectes éminents, convaincus, restauraient avec une sagacité admirable nos églises romanes et ogivales, en construisaient de nouvelles, et, remontant à la tradition grecque à travers le moyen âge, ressuscitaient le principe si énergiquement écrit dans l'ordre dorique, ce principe primordial et fécond, que les grands accents de l'architecture et ses lignes dominantes doivent être, non pas un mensonge du constructeur, mais un aveu de la construction. Ainsi la vérité nous revenait par toutes les portes à la fois. La même période voyait fonder la Commission des monuments historiques et l'École d'Athènes. Un nouveau jour éclairait en même temps l'art chrétien réhabilité et l'architecture d'Ictinus, si semblable à la sculpture de Phidias.

Comment désespérer maintenant de notre architecture, quand on songe que la connaissance des beaux modèles est toute récente et que la véritable Renaissance date du XIXe siècle ? Guidée par l'étude et par une critique lumineuse, armée de toutes pièces, notre école a devant elle aujourd'hui la plus illustre carrière. Elle peut désormais, réconciliant les rivalités, couvrir des vides immenses, soutenir des voûtes à une hauteur prodigieuse, employer aux futurs besoins de l'humanité en mouvement, ou les effets sublimes de l'art égyptien, ou les expressions de force, de grâce et de magnificence inventées par les Grecs, ou les richesses de la fantaisie arabe, ou la gravité du style roman, ou la pathétique éloquence du style ogival...

Mais la régénération de notre école ne s'accomplira qu'à une condition, c'est qu'elle ne sera pas entraînée par l'archéologie dans la pure imitation du fait, et qu'elle saura au contraire ressaisir l'esprit des choses, en démêlant parmi tant de reliques les rares et grandes dées qui s'en dégagent.

FIN DU LIVRE PREMIER.

TABLE DES MATIÈRES

8061-03. — Corbeil. Imprimerie Ed. Crété.

9153-08. — CORBEIL. — Imprimerie ÉD. CRÉTÉ.

www.ingramcontent.com/pod-product-compliance
Ingram Content Group UK Ltd.
Pitfield, Milton Keynes, MK11 3LW, UK
UKHW020440200726
13857UKWH00002B/507